21世纪经济管理新形态教材·工商管理系列

绩效管理
理论与实践

尹 奎 ◎ 主编

清华大学出版社
北京

内 容 简 介

在内容安排上,本书按照理论篇、工具篇、实践篇与展望篇构建,层层推进,帮助学员搭建绩效管理整体性框架。在素材选择上,本书精选国内外经典、前沿文献,融合标杆公司绩效管理实践,以使学员实现将绩效管理的理论与实践相结合。在课程衔接上,本书穿插人力资源管理、组织行为学等课程的关键概念,助力学员理解课程之间的逻辑关系。在思维训练上,本书安排了"编者观点"栏目,学员可以批判性理解,启发学员实现认知思维的跃升。本书适用于本科生、企业管理研究生、工商管理硕士(MBA)等不同培养层次的学员。

本书封面贴有清华大学出版社防伪标签,无标签者不得销售。
版权所有,侵权必究。举报: 010-62782989, beiqinquan@tup.tsinghua.edu.cn

图书在版编目(CIP)数据

绩效管理:理论与实践 / 尹奎主编. -- 北京:清华大学出版社,2025.4.
(21 世纪经济管理新形态教材). -- ISBN 978-7-302-68851-8
Ⅰ. F272.5
中国国家版本馆 CIP 数据核字第 2025H9P984 号

责任编辑:付潭蛟
封面设计:汉风唐韵
责任校对:宋玉莲
责任印制:刘海龙

出版发行:清华大学出版社
网　　址:https://www.tup.com.cn, https://www.wqxuetang.com
地　　址:北京清华大学学研大厦 A 座　　邮　编:100084
社 总 机:010-83470000　　邮　购:010-62786544
投稿与读者服务:010-62776969, c-service@tup.tsinghua.edu.cn
质 量 反 馈:010-62772015, zhiliang@tup.tsinghua.edu.cn
课 件 下 载:https://www.tup.com.cn, 010-83470332

印 装 者:三河市东方印刷有限公司
经　　销:全国新华书店
开　　本:185mm×260mm　　印 张:17.25　　字　数:405 千字
版　　次:2025 年 4 月第 1 版　　印　次:2025 年 4 月第 1 次印刷
定　　价:55.00 元

产品编号:105787-01

绩效管理是人力资源管理的核心，也是所有人力资源管理实践中最具挑战性的活动。根据德勤发布的《2024年全球人力资本趋势报告》，只有3%的受访者表示，他们的组织在衡量员工价值创造方面采取了非常有效的方式。西方绩效管理的研究具有历史悠久、细致化、系统性等特点，而国内人力资源与组织行为学领域专注绩效管理研究的学者并不多。其复杂性与挑战性使绩效管理的研究与实践有难度、有趣味、有价值。

本书出版的直接动因是要完成学校本科教材规划项目，但我在编写的过程中才体会到写书的不易，甚至曾一度萌生放弃的想法。庆幸的是，这是一本关于绩效管理的书，而绩效管理的核心概念就是目标。这让我不禁思考，我写这本书的目标是什么？是为了完成任务，还是单纯想写一本书？我是一个喜欢把事情尽量做到完美的人，上述目标不足以支撑持续的高投入。既然要完成这项任务，何不给目标赋予一定的意义，让这项工作变得有趣呢？为此，我给自己定了一个目标——让看过这本书的人，看完后多少收获一些绩效管理方面的新知。

结构安排

全书分为理论篇、工具篇、实践篇与展望篇。理论篇侧重绩效管理的基本概念、作用逻辑、理论基础与人性假设等，这部分内容嵌入了国内外绩效管理最新综述的框架与结论，有利于读者更好地、体系化地了解绩效管理研究内容；工具篇侧重目标体系构建的方法，如 BSC、KPI、OKR 等经典工具，这部分内容根据组织战略目标解码过程来展开，有利于读者更好地理解不同工具的应用方向与价值；实践篇侧重绩效管理的过程体系，从定、做、评、用等环节具体分析绩效管理的实践步骤，这部分内容最后以编者的 MBA 学员调查结果为案例进行综合分析，有利于读者更好地理解绩效管理不同环节的价值；展望篇侧重分析绩效管理变化的影响因素，如数智化技术的发展、组织—人关系的重构、Z 世代员工的新特点，同时预测了未来绩效管理的发展趋势，这部分内容结合了国内外顶级咨询公司的研究报告数据，有利于读者更好地理解绩效管理的具体变化。

本书特色

坦诚地讲，要实现上述目标难度并不小。国内有关绩效管理的教材已有不少，中国人民大学出版社、复旦大学出版社、机械工业出版社等出版了多部优秀教材，还有一些国外经典译著。心理学研究中有个词叫作"增益效度",本书旨在帮助读者理解绩效管理,并试图在以下方面展示特色。

第一,沉淀个人思考,传授思维方式。从本科阶段算起,我学习人力资源管理已有16个年头,自任教算起,我讲授MBA课程已有7个年头,看了很多书籍与资料,也听了很多MBA学员的观点分享。借此机会,对多年学习与任教过程中的思考进行沉淀,与学员们分享,供大家一起辩证分析与讨论。

第二,追踪实践前沿,反映理论新知。书中各个章节融入了国内外企业绩效管理的最新实践、企业高管的最新观点、理论研究的最新发现。这些内容的融入,能够让读者将理论与实践相结合,感受绩效管理的"时代脉搏"。

第三,严选教学素材,传播智者智慧。为了提升书籍的思想性与实践性,本书在素材选择上按以下几个标准进行筛选:①行业标杆企业高管(尤其是离退休高管等)的观点与著作,能够在标杆企业做到高管职位相信有其过人之处,他们对实施绩效管理有自己的体会与认知;②人大复印资料《人力资源开发与管理》的转载内容,这些内容均经专家或编辑的严格筛选,且紧扣时代前沿;③绩效管理领域的经典教材;④绩效管理领域国内外知名学者发表的观点。

第四,整合工具方法,构建系统知识。本书从绩效管理体系出发,将BSC、KPI、OKR、标杆管理等方法融入组织目标体系构建、绩效管理流程环节之中,有助于学员构建系统化的知识体系。

第五,交叉引证知识,实现多课程互联。为了帮助学生更好地融合不同课程,每章设置了跨课程知识链接,将"管理学原理""组织行为学""人力资源管理"等课程的基础知识与本课程内容相连,实现不同课程之间知识的整合。

适用对象

本书同时适用于本科生、学术型研究生、MBA学员。书中既有基础的概念知识与基础工具,又包含了大量中小微案例;既有相对学术化的概念体系,又有偏实操性的工具方法。读者可以根据兴趣进行有选择的阅读。如果你对组织顶层设计感兴趣,不妨读一下第4章;如果你对绩效管理工具的发展脉络感兴趣,可以细读第5章;如果你想了解绩效管理的发展趋势,第11章将会是你不错的选择。

本书的付梓离不开学生的辛勤付出、同事的相互启发和家人的默默支持。特别感谢迟志康、许倩、牛佳、张锐、方琳、史传超、赵羚佑、刘俣睿、刘倍成等同学的辛勤付出。他们不仅协助我整理资料,而且在内容撰写、章节安排、版式设计、教辅资料整理、PPT制作等方面也贡献了智慧。成书的过程中,我们每周都要进行1~2次讨论,每每和他们讨论,我都能感受到他们的用心与努力。这次书稿的"共创"之旅虽然艰辛,但我相信这些共同经历将给我们留下很多回忆,成为他们读书期间的"闪光点"。北京科技大学郭春梅老师参与编写了第2、3、4章。此外,MBA学员的分享与基于行动学习的深度讨论都为书稿提供了宝贵素材，例如，绩效管理行为的调查。魏钧教授、董念念老师是我密切合作的同事，魏教授卓越的教学成就与丰富的授课经验让我受益良多，每次与之交谈总能收获灵感与启发，由衷感谢魏钧教授的指导与分享。董念念老师和我在科研与教学工作中有着频繁的交流探讨，可以相互启发，亦可相互督促。

为了方便教学，我们为教材提供了配套的 PPT 讲义、即练即测习题集、章节案例电子版、扩展性阅读、期末考试题，有需要的授课老师可以和出版社联系。本教材编写工作获得国家自然科学基金项目（72272011）与北京科技大学 2022 年度校级规划教材建设资助项目（JC2022YB030）联合资助，在此谨致谢忱！

受到各种客观条件的限制，书稿中难免存在纰漏，欢迎读者将建议与意见反馈给编写组，我们会认真对待大家的反馈。您的建议与意见，也将成为我们编写下一版教材的着眼点与动力源。

如有反馈建议，请联系邮箱 1450691104@qq.com。

尹 奎

2025 年 2 月 28 日于北京科技大学经管楼

理 论 篇

第1章 绩效与绩效考核 3
    1.1 绩效的含义 4
    1.2 绩效的层次与影响因素 8
    1.3 绩效考核 12

第2章 绩效管理及其作用逻辑 19
    2.1 绩效管理的含义 20
    2.2 绩效管理的重要性 22
    2.3 绩效管理的特点 25
    2.4 绩效管理的作用逻辑 27
    2.5 绩效管理的四大误区 30

第3章 绩效管理的理论基础与人性假设 35
    3.1 绩效管理的理论基础 36
    3.2 绩效管理与人性假设 45

第4章 绩效管理系统 51
    4.1 绩效管理系统 52
    4.2 绩效管理的保障体系 57
    4.3 绩效管理的制度体系 64

工 具 篇

第5章 绩效管理的目标体系 73
    5.1 绩效管理目标体系 74
    5.2 组织目标分解——战略解码 81

5.3 组织目标分解工具与方法 ··· 86
5.4 岗位目标分解工具与方法 ··· 99
5.5 目标管理的新工具——OKR ····································· 107
5.6 绩效管理工具的发展脉络 ·· 118

实 践 篇

第 6 章 绩效管理的开端——绩效计划 ································ 127
6.1 绩效计划 ·· 128
6.2 构建绩效指标体系 ··· 134
6.3 确定绩效指标权重 ··· 138
6.4 绩效指标标准的确定 ·· 141
6.5 确定考评主体 ·· 144
6.6 确定评价周期 ·· 148

第 7 章 绩效管理的过程管控 ··· 153
7.1 绩效监督 ·· 154
7.2 绩效沟通 ·· 158
7.3 绩效辅导 ·· 167

第 8 章 绩效考评 ·· 177
8.1 绩效考评 ·· 178
8.2 绩效考评的方法 ·· 179
8.3 绩效考评的常见要求——强制分布 ····························· 185
8.4 绩效考评的常见方式——年度述职 ····························· 190
8.5 绩效评价偏差的类型及防范策略 ································ 193

第 9 章 周期性绩效反馈 ··· 199
9.1 周期性绩效反馈 ·· 200
9.2 周期性绩效反馈的原则 ··· 205
9.3 发展性绩效面谈 ·· 207
9.4 绩效面谈的工具与步骤 ··· 210

第10章 绩效考核结果的应用 ·· 217
    10.1 绩效考核结果应用的工具 ··· 218
    10.2 绩效考核结果应用的原则 ··· 222
    10.3 绩效考核结果的具体应用 ··· 223
    10.4 绩效考核结果应用的问题 ··· 233

展 望 篇

第11章 不确定性时代下绩效管理的走向 ································ 241
    11.1 绩效管理发展趋向的影响因素 ·· 242
    11.2 绩效管理的发展趋向 ·· 246

参考文献 ·· 257

中英文词汇对照表 ·· 262

理论篇

第1章 绩效与绩效考核

"茶壶里的饺子，倒不出来，不产生贡献，我们是不承认的。"

——华为技术有限公司创始人　任正非

"如果说，在我奉行的价值观里，要找出一个真正对企业经营成功有推动力的，那就是有鉴别力的考评，也就是绩效考核。"

——通用电气原CEO　杰克·韦尔奇

学完本章后，你应该能够：
1. 掌握绩效的含义，举例说明绩效好坏的具体表现。
2. 理解绩效的多层次性，阐释不同层次绩效的联动关系。
3. 掌握能力—动机—机会模型，分析绩效好坏的影响因素。
4. 掌握绩效考核的基本概念，了解绩效考核的优缺点。

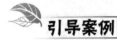

这样的晋升公平吗？

春天来临时，河东的县长着眼于河堤的加固和水利设施的修复。他深知保护水利工程的重要性，于是组织了大批人力物力，全力以赴地加固河堤，确保河流在春季雨水增加时能够正常流动，使县城及周边地区免受洪水的侵袭。而河西的县长则显得较为消极，他认为河流一直以来都很平静，没有必要过度投入资源去加固河堤。

然而，夏天来临时，洪水席卷而至。河东的河堤经过加固，安然无恙，县城百姓平安无事。河西的河堤却开始频频出现问题，情况变得岌岌可危，濒临决堤。面对突发情况，河西的县长只能匆忙组织人力，日夜守候在河堤上，全力以赴地与洪水搏斗。

一个月后，洪水逐渐退去。两个月后，全国范围内的抗洪表彰大会举行。在这次表彰大会上，河西的县长因英勇抗洪行为受到了极大的褒奖，他的勇敢和决断受到了全国人民的赞扬。半年后，河西的县长升官了，河东的县长还是县长。

资料来源：华为的《管理优化报》。

1.1 绩效的含义

要想管理好绩效就必须回答"何谓绩效"。管理大师彼得·德鲁克认为:"所有的组织都必须思考'绩效'为何物。这在以前简单明了,现在却不复如是。"因此,我们需要深入分析和界定绩效的内涵,以便更好地指导和支持组织进行绩效管理工作。目前,关于绩效的含义主要分为"结果"视角、"过程"视角、"能力"视角以及"综合性"视角四种。

1.1.1 绩效"结果论"

绩效"结果论"(又称"产出论")认为,绩效是员工最终行为的结果,是在特定的时间内,由特定的工作职能或者活动所创造的有商业价值的产出。绩效"结果论"有两个要点:一是强调结果性,关注的是任务完成的最终状态;二是服务价值创造。例如,1868 年,爱迪生发明了第一项专利——一台自动记录投票数的装置,尽管是一种结果性的产出,但是这项发明并不被当时的美国政客所接受,因为他们并不希望加快这一进程。因此,爱迪生的这一发明对其所在的组织而言并不算是绩效。又如,华为的基础研究人才在某项关键技术突破中经历 6 次失败,尽管结果不尽如人意,但也能从失败中总结出一些规律,让组织少走弯路,实现更好的研发与产品创造,6 次失败也是一种绩效。

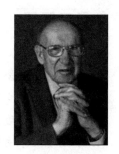

彼得·德鲁克

扩展阅读 1.1 彼得·德鲁克

在"结果论"的观点下,于组织而言,绩效是收入、利润、投资回报和客户满意等;于员工而言,绩效是职责履行、任务完成和目标实现等。这种观点有其合理性,彼得·德鲁克曾指出,"经济绩效是企业的首要职能。管理机构在做出每项决策和行动时,都必须始终将经济绩效放在首位"。许多企业,如 IBM、华为等,以及我国的公务员考核都强调以"实绩为主",任正非更是明确表示"茶壶里的饺子,倒不出来,不产生贡献,我们是不承认的"。

然而,仅仅基于"产出"界定绩效考核容易违反考核的"公正"原则。正像雷军所说,"站在风口上,猪都能飞起来",但这并不意味着这头飞起来的猪本身就具有优秀的品质。因此,是否因为"猪"会飞就认定它是一头优秀的"猪"呢?问题正是出在这里。如果组织内部对此存在分歧,组织很难就最终的绩效达成一致,进而在后续的绩效管理过程中面临诸多困难。

1.1.2 绩效"过程论"

《史记》里曾提到秦始皇出巡时,项羽和刘邦看到后各自发出了一句感慨,项羽说"可取而代之",刘邦则说"大丈夫当如是也"。从绩效角度来看,项羽是个"过程派",注重取代秦始皇的过程,即使他一路所向披靡终结了秦朝,却为了衣锦还乡而放弃了关中,最终落得兵败垓下自刎乌江的下场;而刘邦则是个"结果派",注重要做皇帝这一结果,屡战屡败,最终建立了四百多年的汉朝基业。

从过程和行为的视角出发,绩效被理解为"个人或系统的所作所为""活动本身,而不是活动的结果"。可见,绩效"过程论"强调实现最终产出的过程而非最终产出本身,认为只要过程是好的,自然就会产生好的结果。对组织而言,将绩效视为过程有助于组织通过管控过程不断改善员工的态度和行为,从而持续提升绩效水平。同时,将员工的关注点放在"做对过程"而非"做好结果"上,有助于减少员工的短期导向行为。丰田汽车的管理哲学便为"过程论"观点做了最好的说明,即强调员工要认真按照既定的工作要求在相应生产过程做好每个动作。

> ✧ **跨课程知识点链接**
>
> **角色内绩效**:员工在其正式岗位或职责范围内所展现的工作绩效,如常规任务绩效。
> **角色外绩效**:员工在超出其正式职责范围之外所展现的绩效,如组织公民行为。
> **参考书目**:潘清泉. 管理心理学[M]. 武汉:华中科技大学出版社,2020.

随着分工协作的发展与社会的进化,员工工作的过程逐渐受到组织的重视。考察员工或者组织的行为过程有其必要性:①结果是综合因素相互作用的结果,并不一定体现员工的努力程度;②结果的好坏不仅与员工努力程度相关,也与员工完成的任务相关,而任务通常是组织或者上级指派的;③过分关注结果,容易导致短期主义。

对过程绩效的考察,主要包括三个方面:①价值观行为,如组织强调"艰苦奋斗",华为 13 级以上的员工如果与组织签订奋斗者协议,同意服从组织安排去一些艰苦的地方工作,本身就是一种绩效;②角色内绩效,主要是员工按照工作说明书中规定的核心职责、动作与角色要求所采取的行为;③角色外绩效,这些行为通常是在工作职责之外的行为,与个人业绩未必直接相关,但对团队或组织有利,如知识共享、助人行为等。角色内绩效、角色外绩效的对比如表 1-1 所示。

表 1-1 角色内外绩效的对比

区别	角色内绩效	角色外绩效
定义差异	事先规定的,工作职责之内的	没有事先规定的,工作职责之外的
岗位差异	各岗位不同	各岗位相似
达成前提	能力与技能	人格

资料来源:[美]赫尔曼·阿吉斯. 绩效管理(第 3 版)[M]. 刘昕,柴茂昌,等译. 北京:中国人民大学出版社,2013.

将过程纳入考核,需要两个要件:一方面,组织拥有较高的管理水平,组织必须经过长期的经验积累才能建立起相对科学合理的"过程"体系;另一方面,"过程"经得起"结果"的检验,因为"结果"是判断组织运行状况的关键标准。即使"过程"再优秀,若没有相应的"结果"支持，组织仍可能面临失败。例如，公司的小王最近读了MBA，学历有了提升。这个行为未必能够提升绩效，不应该纳入过程绩效，除非证明读MBA确实能够提升绩效。持"过程论"观点的管理者要根据实际情况把握好"度"，避免过分注重程序、过程的正确性而忽略了结果。组织不仅要正确地做事，还要确保在做正确的事。

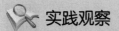

实践观察

信誉楼一线员工考核关键行为

国内连锁零售企业信誉楼在管理门店时提出员工薪资不与业绩挂钩。该公司通过岗位研究找到影响"结果"的几个关键因素，比如，柜组主任岗位包括"柜组定位、商品结构、市场考察、维护供应商利益、导购培养"等关键因素，通过对这些因素进行管理和改进，"结果"就会变好，所以该公司并不考核员工的"结果"。

资料来源：潘鹏飞. 为何你的绩效管理总是以失败告终？（4大误区及8个失败成因）[EB/OL]. (2022-03-20) [2024-03-26]. https://mp.weixin.qq.com/s/Fi1Pr6vW8CwMfDd6Fx-RXw.

1.1.3 绩效"能力论"

"能力论"认为组织必须具备创造长期绩效的能力，能够持续创造价值，而不是只关注一两个周期的绩效表现。因此，"能力论"将组织能力和个人能力纳入绩效的范畴。比如，华为提出的"不仅要多产粮食，还要增加土地肥力"便是形象说明，肥沃的土地是未来产出更多粮食的能力基础。由此可见，"结果论"着眼于过去的表现，"过程论"看重的是当下的行为，而"能力论"则基于未来界定绩效。

"能力论"在评价组织的创新工作上有重要作用，有利于鼓励组织创造长期价值。创新工作对组织的可持续发展尤为重要，但也很难在短期内转化为看得见、摸得着的具体业绩，甚至可能因创新失败而只见损失、不见业绩。如果仅基于"结果论"或"过程论"的视角进行评价就会有失公正，而通过评价"能力"则弥补了这一不足。把"能力"视作绩效也消除了组织投资未来的顾虑，管理者不用担心侵蚀了当期利润而放弃诸如研发投入、信息化建设等关键组织能力的战略性投资。

当然，"能力论"也并非十全十美。"能力"只代表有创造价值的潜力和更大的可能性，与真实的产出之间还有一定的距离。但是，在现实的管理实践中，很多企业似乎无视了这段距离，认为有能力就有产出。例如，企业对通过某项技能考试的员工进行奖励，而不问这项技能是否真的提升了组织绩效。甚至有人靠着高学历、大把的证书进入企业并拿到高薪之后，就躺在自己的老本上享清福，这种员工虽有能力却不能有效地为组织创造产出。任正非曾说："如果以考试来定级，不做贡献就给他升职，我不同意，考试怎么能证明他可以多拿工资和奖金呢？"

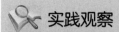 **实践观察**

华为绩效考核，不看学历

之前，华为每年的《汇报提纲》里关于人员情况的介绍中，总会提到华为的本科生、硕士生、博士生分别占公司员工数的百分比，但是任正非对此不予赞同。任正非认为，华为的绩效考核考的不是员工的学历，而是能力、业绩、适应力、潜能。谁能力强、业绩高、适应能力强、能吃苦、肯钻研，那么谁就是优秀的员工，就是华为的骨干。任正非说："我们不唯学历论，学历是重要的，但不是唯一的，到公司后一个星期内所有的学历都丧失。所有干部评价统计表上，唯有填学历这一栏没有，填的都是你在公司的实践工作，防止干部评价完全躺在学历簿上。"

资料来源：汪廷云. 华为绩效管理法[M]. 广州：广东经济出版社，2017.

1.1.4 绩效"综合论"

"结果论""过程论""能力论"都是从单一维度解读绩效的内涵，均存在一些不足。因此，一种综合了"结果""过程""能力"三种观点的"综合论"逐渐发展起来，即"绩效=能力+过程+结果"。无论是绩效管理，还是绩效考核，组织都需要综合考虑三个维度，其差异仅在于针对不同群体时，三个维度的侧重程度不同。比如，我国公务员的整体绩效包含了"德、能、勤、绩、廉"五个方面，其中"绩"是"结果"，"勤、廉"可视为"过程"，"德、能"可视为"能力"。因此，一名具备出色能力、能够处理好每个过程并做出实绩的公务员才是最符合"优秀"标准的。而在企业中，对于高层管理者，"结果"维度的权重可能更高一些；而对于一些基层员工，"过程"和"能力"的权重则会更高。

表 1-2 总结了不同视角下对绩效含义的解读。

表1-2 关于绩效含义的不同观点及划分

名称	观点	核心特点总结
结果论	• 绩效是在特定时间范围内，对特定工作职能、活动或行为产出的结果记录（Bernadin 等，1995）； • 绩效是一个人留下的东西，这种东西与目的相对独立存在（Kane，1996）	绩效是工作所达到的结果，是一个人的工作成绩的记录
过程论	• 绩效是与一个人在其中工作的组织或组织单元的目标有关的一组行为（Murphy，1990）； • 员工所控制的与组织目标有关的行为（Campbell 等，1990）； • Borman 与 Motowidlo（1993）提出"任务绩效–关系绩效"二维模型，其中任务绩效指所规定的行为或与特定的工作熟练有关的行为；关系绩效指自发的行为或与非特定的工作熟练有关的行为； • 牛津词典（Oxford Dictionary）中对绩效的解释是"执行或完成一项活动、任务或职能的行为或过程"	绩效是与一个人所属组织或组织单元目标有关的一组行为

续表

名称	观点	核心特点总结
能力论	• 用发展的眼光看待员工的绩效。绩效不是对历史的反映，也不是对当下表现的总结，而是强调员工潜力与绩效的关系，关注员工素质提升与未来发展	绩效指有助于提升绩效的能力与潜力
综合论	• 绩效指行为和结果。其中行为由从事工作的人表现出来，人又将工作任务付诸实施。行为不仅仅是结果的工具，行为本身也是结果，而且是为完成工作任务所付出的脑力和体力的结果，并且能与结果分开进行判断（Brumbrach，1988）； • 绩效是工作的过程及其达到的结果（Otley，1999）； • 绩效是一个综合的概念，它应包含三个因素：行为、产出和结果（Mwita，2000）； • 绩效是指员工在工作过程中所表现出来的与组织目标相关的能够被评价的工作行为与结果（董克用，李超平，2015）； • 绩效是具备一定素质的人通过符合组织要求的行为达成的效果和效率（彭剑锋，2018）	绩效既是行为又是结果，是两者的综合

本书中探讨的绩效，本质上也是一种综合了员工能力、行为与产出的整体性概念。绩效是指组织及个人在履行职责、执行任务过程中表现出来的符合组织要求的能够被评价的工作能力、过程与产出，其示意图如图1-1所示。

图 1-1　员工绩效示意图

资料来源：彭剑锋. 人力资源管理概论[M]. 第3版. 上海：复旦大学出版社，2018.

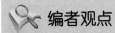编者观点

1. 尽管能力、过程与结果都是绩效的表现，但实际考核中更多地关注结果与过程。
2. 能力是抽象的，往往也通过过程中的行为来评价。
3. 区分量化与结果，能够量化的未必是结果，结果导向价值创造。

1.2　绩效的层次与影响因素

1.2.1　绩效的层次

绩效有三个层次，即组织绩效、群体绩效和个体绩效。这三个层次相互影响、彼此支撑，有十分紧密的关联。同时，根据绩效"综合论"的观点，各个层次的绩效都遵从"投入—过程—产出"的逻辑。

1. 组织绩效

组织绩效通常是指整个组织的表现，例如企业绩效或经营单位绩效。经营单位通常是指能够独立核算业绩的内设机构，可以是子公司、事业部或分公司，其绩效内涵与企业绩效基本相同。组织绩效的核心问题是：各部门究竟创造了哪些可分配的价值。在组织绩效中，"投入"表现为组织的人力资源、技术、组织结构资源等；"过程"表现为组织文化、共享价值观、集体信念等；"产出"表现为组织的利润率、市场占有率等。

2. 群体绩效

群体绩效通常是指部门层级或团队层级的绩效，是组织绩效向下一个层级的分解。在群体绩效中，"投入"表现为部门/团队的技术、知识、人才储备等；"过程"主要表现为部门/团队的工作流程效率和跨部门/团队协同效果，如人力资源部门的招聘周期，财务部门的应收账款周期，IT 部门的需求响应时间，内部客户的协同满意度等；"结果"表现为部门/团队的职责履行、任务完成和目标实现，是部门/团队的主要产出和价值贡献，如采购部门的采购成本和品质，生产部门的产能，销售部门的销售收入等。

3. 个体绩效

个体绩效通常是指岗位任职者的绩效表现，是部门/团队绩效向下一个层级的分解。在个体绩效中，"能力"表现为个体的知识、经验、技能等任职资格的水平，以及诸如组织、沟通、执行力、领导力等相关方面的胜任力水平；"过程"表现为个体在完成任务过程中所使用的方式、方法，以及呈现的态度，如敬业、责任心、专注等；"结果"表现为个体履行工作职责、完成工作任务和实现工作目标的具体情况。

组织本质上是一个复杂系统，因此组织绩效并不仅仅是部门与团队绩效的直接相加，部门与团队绩效也不是简单地由个体绩效累加而成。需要明确的是，个体绩效是部门与团队绩效的基础，而部门与团队绩效是组织绩效的基础。个体、团队、组织绩效的联动关系如图 1-2 所示。

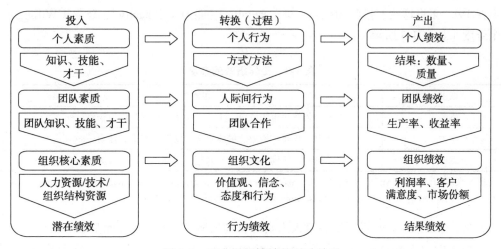

图 1-2　三个层级绩效的联动关系

资料来源：彭剑锋. 人力资源管理概论[M]. 3 版. 上海：复旦大学出版社，2018.

在实践中往往会出现个人绩效平均分大于部门绩效平均分、部门绩效平均分大于组织绩效平均分的情况，例如，员工年底考核平均 90 多分，而到了组织层面，集团在考核组织时给了 70 多分。这种情况的出现将极大地破坏绩效管理的激励性。试想一下，年底发奖金时员工认为绩效考核结果很好，但拿到的奖金比去年少了会是什么样的感受。为什么会出现这种情况呢？以下是一些可能的解释：①个人目标是组织目标的分解，年初分解目标的时候不合理；②外部环境变化大，组织的业绩受到外部环境影响，而员工考核的调整没跟上；③员工的考核标准定得过低，很容易达成；④管理者打分普遍宽松，年底评价时对员工打分较高；⑤部门之间没有协同或者建立良好的"握手"关系，没能实现"1 + 1 > 2"的效果。

1.2.2 绩效的影响因素

绩效具有多因性特征，即绩效不仅仅受某个单一因素的影响，还受到组织内、外部多项因素的影响，是多种因素共同作用的结果。总体而言，环境、机会、技能、激励是影响绩效的主要因素。经典管理学理论——AMO 理论为此提供了理论基础（见图 1-3）。

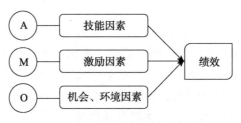

图 1-3 绩效的影响因素

在 20 世纪 70 年代中后期，梅尔文·布隆伯格与同事在美国的一家地下煤矿开展了一个关于提升安全性和工作满意度对工作绩效影响的项目。在该煤矿进行了 13 个月的现场观察之后，他们提取出了一系列影响工作绩效的变量。经过分析比较，梅尔文·布隆伯格与同事在 1982 年将这些变量归为机会（Opportunity）、能力（Capacity）、意愿（Willingness）三个维度（如表 1-3 所示）。

表 1-3 工作绩效的维度

维度	包含的变量
机会	工作条件、组织政策、工具、设备、材料、供应物资……
能力	知识、技能、智力、健康水平、受教育水平、体力……
意愿	动机、工作满意度、工作状态、焦虑、参与的合法性、态度……

资料来源：Blumberg M, Pringle C D. The missing opportunity in organizational research: Some implications for a theory of work performance[J]. Academy of Management Review, 1982, 7(4): 560-569.

而后，学者将 OCW 模型发展至人力资源管理领域，并进一步在此基础上提出了 AMO 理论，指出能力（A-ability）、动机（M-motivation）、机会（O-opportunity）是影响绩效的重要因素（如图 1-3 所示）。具体而言，技能因素是 AMO 理论中能力的体现，激励因素是

AMO理论中动机的体现，机会因素、环境因素是AMO理论中机会的体现。

1. 技能因素——能力（A）

技能是指员工的工作技巧和能力水平。技能直接关系到员工在工作中的执行效率和质量。一个技能娴熟的员工往往能够更加熟练地完成任务，减少错误和重复性工作，提高工作效率。特别是面对复杂的工作情境时，具备多方面成熟技能的员工能够更快地找到解决方案，完成工作任务。

◇ **跨课程知识点链接**

激励：组织通过设计适当的外部奖酬形式和工作环境，以一定的行为规范和惩罚性措施，借助信息沟通，来激发、引导、保持和归化组织成员的行为，以有效实现组织及其成员个人目标的系统活动。

参考书目：周三多，陈传明，鲁明泓，等. 管理学——原理与方法（第七版）[M]. 上海：复旦大学出版社，2018.

需要注意的是技能不只是单纯的专业技术能力，还包括沟通、团队合作、领导力等软技能。这些软技能对员工在团队中的角色定位、与同事之间的协作以及解决工作中的人际关系问题都至关重要。那些在工作中熟练运用软、硬技能的员工往往能表现出较高水平的绩效。因此，企业在招聘、培训等过程中，不仅要关注员工的专业技术能力，软技能同样不容忽视。

2. 激励因素——动机（M）

激励是组织通过提高员工的工作积极性来发挥作用的。如果员工能够积极承担责任、主动思考并解决工作中遇到的问题，那么他们将以更高的工作效率完成工作任务，取得更高水平的绩效。为了使激励手段真正发挥作用，组织应根据员工个人的需要结构、个性等因素，选择适当的激励手段和方式，最大化地提高员工的积极动机。

3. 环境、机会因素——机会（O）

影响绩效的机会因素可以包括环境因素与偶然性机会因素。

环境因素包含组织内部环境因素和组织外部环境因素两类。组织内部环境因素一般包括劳动场所的布局与物理条件，工作设计的质量及工作任务的性质，工具、设备、原材料的供应，上级的领导作风与监督方式，公司的组织结构与政策，工资福利水平，培训机会，企业文化和组织氛围等。组织外部环境因素包括社会政治、经济状况、市场的竞争强度等。不论是组织的内部环境还是外部环境，都会直接或间接地增加或减少员工提高绩效的机会。例如，领导刚正不阿的作风和鼓励创新、实干的行为为员工提供了提升绩效的机会，而不担当不作为、敷衍塞责的领导就极大地减少了员工绩效提升的机会。因此，组织要尽量减少或避免环境中的不良因素，进而增多而非减少员工绩效提升的机会。

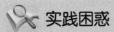 **实践困惑**

绩效的影响因素

公司每年绩效优秀的员工都是那几个人，绩效差的员工往往与生产安排有关，并非员工自主决定。例如，某款车的市场反馈不好，所以该段长 A 负责的工段经常被动安排放假，年底绩效评价时就会受影响。

资料来源：MBA 学员分享。

1.3 绩效考核

1.3.1 绩效考核的含义

绩效考核是指考核主体对照绩效目标、绩效标准，采用科学的考评方法，对员工的素质、工作行为和工作结果进行全面、系统、科学的分析、评估，并传递考核结果、处理结果申诉的过程。从绩效考核的层次上来看，绩效考核对应绩效的三个层次，也分为组织、部门和员工三个层次的考核。组织绩效指标要求客观且可量化，主要在于"核"，个人绩效主要在于"评"。从绩效考核的性质来看，绩效考核不是一项简单的任务判断性工作，而是一项发生在复杂环境下且具有较高要求的任务，涉及动机和认知。此外，需要明确的是，不能为了做绩效考核工作而进行考核，即绩效考核本身不是目的，而是一种手段。绩效考核本质上是服务于绩效管理和人力资源管理工作，为人力资源管理开发提供现有员工的信息，为员工的奖励、晋升、调配、培训、激励、辞退和职业生涯管理等工作提供科学的依据，它的合理与否，将深刻影响企业的经营管理与发展。

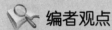 **编者观点**

1. 组织绩效的重要性大于个人绩效的重要性，应该特别关注团队或组织层次绩效考核的正确性。

2. 严格意义上，绩效考核包括打分与周期性反馈两个核心动作，而实践中大多认为绩效考核≈打分。

1.3.2 绩效考核的分类

绩效考核依据时间、主体、形式和内容的不同可以进行以下分类。

第一，根据考核内容的不同，绩效考核又分为能力导向型、行为导向型、结果导向型以及综合导向型，如表 1-4 所示。能力导向型考核的中心围绕员工的个人能力，如专业技术能力、沟通能力、合作能力等；行为导向型考核的中心围绕员工在工作过程中表现出的工作行为，如按标准和程序工作，服从上级安排等；结果导向型考核的中心围绕工作数量、质量，如销售员的销售量、销售额等；综合导向型是对上述三类考核内容的综合。

表1-4 不同绩效考核导向的考核指标

能力指标	行为指标	结果指标	综合指标
专业知识	服从指令	销售额	
成就欲望	按时出勤	利润	
领导力	热情待客	浪费	综合前面三个方面
自我认知与自我控制	服务周到	事故	
创造性	按标准和程序办事	客户满意度	

资料来源：彭剑锋. 人力资源管理概论[M]. 第3版. 上海：复旦大学出版社，2018.

第二，根据考核时间的不同，绩效考核可以分为周期性考核与日常考核。周期性考核是指按照一定固定周期进行的考核，如月度考核、季度考核和年度考核。日常考核则是指对被管理者的日常工作行为所做的经常性考评。

第三，根据考核主体的不同，绩效考核可以分为自我考核、他人考核（包括同事考核、上级考核、下属考核和顾客考核），企业中最常用的就是上级考核。

第四，根据考核形式的不同，绩效考核可以分为定量考核与定性考核。定量考核是以分数的形式呈现考核结果，结果通常以分值的形式表现，如"98、95、88、78"。定性考核是利用划分等级或使用精练的短语来评价员工工作表现和能力的方法，结果通常以文字表现，如"优秀、良好、及格、不及格"。

第五，从考核的目的来看，绩效考核可以分为评估型绩效考核、发展型绩效考核。前者强调以区分、评价为主要目的，强调通过绩效评价为薪资分配提供依据，后者强调员工发展与绩效提升，关注组织未来的发展需求。已有研究证实了发展型绩效考核能够提升员工的公平感，进而提高其工作投入度。

1.3.3 绩效考核的一般流程

绩效考核有一套相对统一的流程，主要包括以下步骤。

第一，人力资源部发起考核。人力资源部负责根据绩效计划和绩效沟通结果草拟绩效考核方案，设计绩效考核工具，并对管理者进行培训。

第二，部门负责人组织员工进行绩效考核。部门负责人根据被管理者的工作目标完成程度、考勤记录、统计资料、个人述职等，在对被管理者的各方面表现充分了解的基础上，负责进行客观、公正的考核评价，并提出对被管理者的期望或工作建议，交由部门上级主管审核。

第三，员工本人进行绩效自评。所有员工对本人在考评期间的工作业绩及行为表现（工作态度、工作能力）进行总结，核心是根据企业对自己的职责和目标要求进行自我评价。

第四，直接上级进行绩效打分。员工的直接上级对员工本人所做的绩效自评进行客观、公正的绩效打分。

第五，部门负责人根据绩效得分评定绩效等级。部门负责人分别听取员工的汇报，对重点结果进行讨论和平衡，纠正考核中的偏差，确定最后的绩效等级。

第六，单位审核绩效等级。单位对部门负责人与员工确定的最后绩效等级进行审核确认，形成对被管理者的最终评估结果。

学生可以通过对老师的教学情况进行全面评价来感受绩效考核的流程，如图1-4所示。

对老师的教学情况进行全面评价有助于他们更好地理解和改进自己的教学实践。请对下面8个项目分别打分，其中最高分7分代表"优秀"，4分表示"一般"，最低分1分表示"需要改进"，另外，对于您认为不适用的问题请用"不适用"表示。

_____ 这位老师能够认真备课。
_____ 这位老师实际讲授的课程与课堂目标是一致的。
_____ 这位老师最后给我的课程分数是公平的。
_____ 这位老师对课程进行了仔细的规划和组织。
_____ 这位老师在公布的学生接待时间是在办公室的。
_____ 这位老师能及时回复学生的在线咨询。
_____ 这位老师的知识和(或)经验能够胜任教授这门课程。
_____ 对这门课程的总体评价如何？

图1-4　学生对教师的模拟评价

资料来源：[美]加里·德斯勒. 人力资源管理[M]. 刘昕，译. 北京：中国人民大学出版社，2023.

1.3.4　绩效考核的作用

1. 实现上下目标融合

绩效考核通过设定指标和标准，并对员工的职责和目标任务进行后续评估，有意识地将个体的努力与组织的整体发展目标相结合。这种紧密联系的建立是确保组织更好地发展的关键。在此过程中，绩效考核为员工提供了清晰的方向和目标，并通过引导和约束，确保他们朝着组织规划的方向努力。员工在面对考核时会更加注重自身行为和工作结果，努力使其与组织期望一致。这种注重个人绩效与组织目标的一致性有助于提高组织绩效，并确保员工的行动与组织的使命和价值观保持一致。

2. 塑造组织绩效文化

组织进行绩效考核就必然得出绩效考核的结果，组织根据绩效考核结果，严格按照既定标准对不同人员实施不同强度的激励，建立起"绩效高者优"的奋进、向好文化氛围，进而打破员工"当一天和尚撞一天钟""差不多就行"的应付心态。通过奖励行为、业绩好的员工可以起到正强化的作用，对行为、业绩差的员工进行适当惩罚可以使当事人吸取教训、继续改进。

3. 服务组织管理决策

绩效考核的首要目标在于有力支持组织目标的达成。尤其是在制定关键决策时，绩效考核能够为管理者和团队成员提供关键支持。通过及时发现问题并纠正，绩效考核有助于确保在制订初始计划阶段就能够避免偏差，减少工作失误。这为制定最佳决策提供了至关重要的参考依据。

4. 调动员工工作动力

企业的发展与员工的工作积极性息息相关，绩效考核可以让员工端正思想，让员工认识到自己在企业的价值和责任，明确个人目标与企业目标的关联。这种清晰的认知能够进一步调动员工的积极性，激发员工的工作热情。

5. 鉴别员工发展潜力

若不进行绩效考核，员工之间的行为态度、业绩表现就难以分辨。通过对组织中的员工实施全面考核，客观评价其行为表现和工作绩效，可以鉴别其素质、才能、实绩和贡献。这样"优、良、中、差"就一目了然，有助于识别能为组织绩效带来更大贡献的高绩效的员工。

6. 帮助员工个人发展

绩效考核不仅能够反映员工的优势，还能揭示员工的不足和改进空间，充当一面有益的"镜子"。在这个过程中，员工不仅能够获得来自他人的评价和反馈，也有机会深入了解自己的工作表现。这有助于员工更好地认识自己，更具体地了解自己在当前组织情境中的优势，以及需要进一步完善的地方。通过绩效考核，员工能够明确自己的发展方向，以及如何在后续的工作中保持优点、改进不足，努力争取在下一阶段取得更佳的绩效表现。

1.3.5 绩效考核的不足

绩效考核对组织、群体、个体有利无弊吗？答案是否定的。索尼公司前常务董事天外伺朗通过《绩效主义毁了索尼》一文的发声便是最佳的佐证。因此，绩效考核无疑是一把"双刃剑"，使用得当，可以大幅提升企业的管理水平；使用不当，则不仅会增加企业的用工成本，还会造成员工与企业关系紧张、员工士气低落等管理混乱的现象。具体表现在以下几方面。

1. 强化员工"计算式"思维

员工的"计算式"思维是指他们通过"成本—收益分析"来做决策的思维方式。尽管绩效考核能调动员工的积极性、提高工作效率和企业绩效，但也可能导致员工过度追求业绩指标，而忽视其他方面。特别是绩效考核常常与员工之间形成经济交换关系，激励个体完成其角色内的行为。在此过程中，员工的"计算式"思维可能会被激发和加强，导致员工更加关注并对比自身每一步行动所带来的成本与收益，短视地聚焦于眼前的利益，甚至为取得高绩效而不择手段，忽视可能会给组织带来的长期负面结果。

2. 引发员工的工作压力与职业倦怠

绩效考核通常分为周期性考核和日常考核。然而，一旦确定了考核标准和指标，员工工作的全方位、全过程以及各个环节都会自然而然地受到考核的影响。这种情况会给员工带来绩效考核的压力，特别是在考核标准较高、任务时间紧迫、难度较大的情况下，员工会感到更大的绩效考核压力，进而产生工作的紧迫感和危机感。在这种情况下，员工可能会选择"躺平"，即对工作感到厌倦并消极地对待工作，甚至选择"摆烂"。因此，组织在设置绩效考核标准时，应该根据实际情况，尤其需要考虑员工的能力，把握好绩效压力的尺度，避免让员工感受到过大的工作压力。

3. 导致同事间关系紧张，恶化组织氛围

在绩效考核中，往往会出现员工之间、部门之间相互对比绩效的情况。有时，组织甚至会公开强调绩效的高低，并将不同员工/部门之间的绩效进行对比。这种比较往往会激发员工之间的竞争心态，使工作环境的氛围变得紧张并加剧竞争。员工可能会感受到来自同事的竞争压力，不得不努力追求更好的绩效，但同时也可能陷入恶性竞争的境地，导致团队合作与协作氛围削弱，造成内部关系紧张和氛围恶化，进而影响组织整体的运作效率。因此，组织要善用绩效排名等，并时刻关注组织氛围，避免员工或部门之间陷入不良竞争。

4. 容易出现主观偏差

绩效考核成功与否主要取决于评估者提供的评估结果是否准确和公正。组织中时常有人抱怨"现在的绩效考核不公平，那些不努力的人反而比工作努力的人得到更多的奖励"。这恰恰反映了绩效考核的"系统偏差性"。即使现在有不少企业在绩效考核过程中应用了数字化工具，但现阶段绝大多数企业的绩效考核工作仍然离不开人（评估者）的作用。评估者正是绩效考核体系中最薄弱的环节，因为他们是人，会因犯错误或是受情绪、利益关系的影响而无法客观、全面地考核。例如，评估者在考核的过程中为了打压与自己关系不好的人而特意给其较低的评价，或是因为害怕得罪有关系的被评估者而给其高的评价。

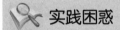 **实践困惑**

绩效考核中的怪相"轮流坐庄"

我在某企业总部工作，总部所有部门均为职能部门，与业务不挂钩。最近两年的部门考核中，我均圆满完成了年初定的目标，并及时向领导汇报，但是这两年的考核结果却有较大差距，令人费解。经过与领导沟通反馈，领导对我的工作结果、工作态度都比较满意，但本着好事轮流上的态度，还是调整了我的考核等级。

资料来源：MBA学员分享。

本章小结

结果论、过程论与综合论是三种常见的绩效含义解读方式。其中，综合论观点，即认为绩效是一个"行为+结果+能力"的综合概念，得到了更广泛的支持。

绩效包括个体绩效、群体绩效、组织绩效三个层次，三个层次互相影响和作用。

根据 AMO 理论，影响绩效的因素可以分为三类：能力、动机、机会。

绩效考核是指考核主体根据绩效目标、绩效标准，采用科学的考评方法，对员工的素质、工作行为和工作结果进行全面、系统、科学的分析、评估，并传递考核结果、处理结果申诉的过程。

绩效考核是组织的必要性工作，在激励员工、为组织决策提供依据等方面具有重要作用，但也不全是优点，同时存在着评估者主观偏差、加大员工压力等不足之处。

复习思考题

1. 常见的绩效含义解读方式有哪些？哪种观点应用最为广泛？
2. 绩效有哪些层次？相互之间的关系如何？
3. 绩效的影响因素有哪些？理论基础是什么？
4. 绩效考核的含义是什么？有什么作用？

拓展阅读

[1] 朱飞. 绩效管理：如何"治乱"不"添乱"[EB/OL]. (2020-06-19) [2024-04-15]. https://mp.weixin.qq.com/s/qx6H48qoc98gyrxvZ8ap7w.

[2] 加布里埃拉·罗森·凯勒曼，马丁·赛利格曼. 绩效与幸福感，可以兼得吗？[EB/OL]. (2023-08-14) [2024-04-15]. https://mp.weixin.qq.com/s/iEI2BVNnYzJpI3NupXl1Zg.

[3] 穆胜. 大厂的绩效考核，也治不了"造轮子"？[EB/OL]. (2022-07-28) [2024-04-15]. https://www.huxiu.com/article/620652.html.

[4] 孙波. 绩效不是管出来的[EB/OL]. (2020-11-06) [2024-04-15]. https://mp.weixin.qq.com/s/mpPnTGfWbosf5t2tEkSvQQ.

[5] MBA 学员自制视频：中后台职能部门员工绩效考核的难点。

应用案例

腾达公司绩效考核的问题

腾达公司是一家生产精密仪器配件的私营企业，每年临近年终时，按照公司惯例，各部门经理必须对自己部门的工作人员进行一次年度绩效评估。李军是腾达公司的营销部门经理，下属有 B、C、D、E 和 F 五名员工。其中 B 工作业绩一般，而且体弱多病，经常向李军请假去医院看病。李军考虑到她年纪比较大，又是公司的老员工，因此将她的工作表现记为"优秀"。C 是腾达公司人力资源总监的亲戚，虽然工作能力不强，并且在工作中时有偷懒现象，但李军怕得罪人力资源总监，也将 C 的工作表现记为"优秀"。D 的性格耿直，情绪容易激动，曾多次在部门会议上对李军表达过不同意见，甚至有理有据地顶撞李军，让李军说不出反驳的理由，虽然 D 工作效率较高，还时常超额完成工作任务，但李军将他的工作表现记为"一般"。E 性格温和，但做事比较缓慢，为此还经常加班。F 头脑比较灵活，精力充沛，完成工作任务一般比其他人快，工作完成后他喜欢浏览新闻网站，还多次被李军看到。因此，李军认为 E 工作非常努力而 F 相反，分别将 E 和 F 的工作表现记为"优秀"和"一般"。另外,在"团队精神"一栏中,除了D一人记为"一般",李军将其他人都记为"优秀"。绩效评估完成后,李军将评估结果直接送往人力资源总监处归档,评估结果并不对被评估者公开,也根本谈不上绩效评估信息的反馈。同时,虽然名义上评估结果与被评估者年终奖金挂钩,但最后B、C、D、E和F年终奖数额全部相同。

腾达公司其他部门同样存在类似的问题。公司员工的工作积极性由此受到压制,许多人甚至公开表示自己是在混日子,反正干与不干、干多干少都是一个样,公司的销售业绩近年不断下滑。为此,公司各个部门之间相互指责,认为正是对方的原因才造成了这种局面,公司的战略目标形同虚设,公司的生存和发展也受到严重威胁。在这种情况下,公司紧急召开董事会议,经过讨论,大家一致认为问题的关键在于公司没有一套完善的绩效评估系统。会议最后决定由人力资源部总监主持开发和实施一套绩效评估系统,以使公司的人力资源管理工作走上正轨和实现高效。然而绩效评估系统运行一年多后,效果并不理想。虽然整个绩效评估系统设计得较为合理,但评估者仍然不知道如何对工作人员进行迅速、合理和真实的评估,甚至有评估者认为评估过程太过烦琐,简直就是在耽误时间;一部分被评估者也对绩效评估提出质疑,认为公司的绩效评估就是烦琐地填表和交表,更有甚者认为评估就是找自己的不足与缺陷,是某些人故意给自己"穿小鞋"。每当绩效评估结束后,被评估者经常以评估结果不公正为由,直接向人力资源部申诉,搞得人力资源总监疲于应付而影响了其他工作。

资料来源:吴志华,刘晓苏,路锦非. 人力资源开发与管理[M]. 2版. 北京:高等教育出版社,2016.

思考题:通过阅读以上案例,你发现腾达公司在绩效考核方面存在哪些问题?

即测即练

自学自测 扫描此码

第2章 绩效管理及其作用逻辑

"绩效管理是20世纪最伟大的发现之一。"

——现代管理学之父　彼得·德鲁克

"绩效管理不能僵化教条，不能形式化。"

——华为技术有限公司创始人　任正非

 学习目标

学完本章后，你应该能够：
1. 掌握绩效管理的含义。
2. 阐述绩效管理与绩效考核的区别。
3. 论证绩效管理对组织发挥作用的逻辑。
4. 描述绩效管理的常见误区。

 引导案例

既考核成功率又考核失败次数

绩效不仅需要考核，而且需要管理。考核不是目的，员工增值才是根本。华为在考核员工时不重视其学历和工龄，而是将焦点放在员工的自我成长及其实际贡献和所创造的商业价值上。华为的目标管理包括两个部分——目标细分和指标分配。为了做好目标细分，华为组建了跨部门管理团队，多维度地对企业目标进行细分。高级管理者负责制定战略性目标；中层管理者负责制定战术性目标；基层管理者负责制定初级目标；员工负责制定具体方案和任务。这使得目标实现了极大的细化和明确化，华为的任职资格制度基本涵盖了所有岗位的任职资格标准。以此为参照，员工便可知道"升级"需要做什么——关键行为、所需的素质和所要掌握的知识、技能等。对研发人员的考核，华为别出心裁，将开发与技术分离，除了考核其成功率，还要考核其失败率，将失败次数作为一个考核指标。一般来讲，华为员工的任职资格需要一年认证一次，半年复核一次。员工只有达到了相应级别的标准，才可以申请相应级别的岗位。

资料来源：蒋石梅，孟静，张玉瑶，等. 知识型员工管理模式——华为案例研究[J]. 技术经济，2017，36(5)：43-50.

2.1 绩效管理的含义

2.1.1 绩效管理的含义

绩效管理的概念最初于 20 世纪 70 年代后期提出，随着人力资源管理的发展逐渐引起人们的重视，并经历了逐步完善的过程。人们对绩效管理的定义主要包括三种观点，如图 2-1 所示。

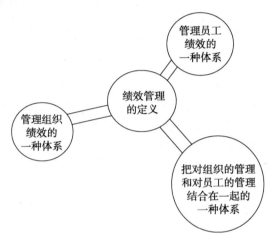

图 2-1 绩效管理含义的三种观点

1. 绩效管理是管理组织绩效的体系

该观点强调绩效管理的目标在于持续改善组织结构、优化业务流程、营造良好的工作环境氛围、持续激励员工，并提高组织的效率。有效的绩效管理系统应该涵盖组织的远景目标、战略规划、运营过程和活动、绩效指标和水平、激励制度，以及促进组织学习的绩效控制机制等方面，以有效地管理组织。

2. 绩效管理是管理员工绩效的体系

该观点通常将绩效管理视为一个周期，认为绩效管理是组织对员工工作成绩以及发展潜力的评估和奖惩过程。

3. 绩效管理是管理组织绩效和员工绩效的综合体系

该观点强调绩效管理是一种综合体系，涉及管理组织绩效和员工绩效。然而，在这一综合体系内部，由于侧重点不同，概念也存在差异。一种侧重于员工绩效，认为绩效管理的主要目标在于激发员工潜力、提高员工的积极性、改善员工的绩效，并通过将员工的个人目标与组织目标相结合来提高组织整体绩效水平。另一种侧重于组织绩效，认为绩效管理通过将每位员工或管理者的工作与组织宗旨相连接，以支持组织的整体战略目标。

如今，人们更普遍地认同第三种观点，即绩效管理是将对组织的管理和对员工的管理结合在一起的一种体系，是识别、衡量以及开发个人及群体绩效，并使这些绩效与组织的目标保持一致的持续性过程。我们可以将绩效管理的六大基本要素总结如下。

第一，目标共享。这意味着在整个公司中沟通整个企业的目标，然后将这些目标转化为可实现的部门目标、群体目标以及个体目标。

第二，目标整合。这是指找到一种方法，使管理者和员工都能看清自己的目标与所在部门的目标以及整个公司的目标之间存在的联系。

第三，持续绩效监控。这通常涉及运用计算机化的系统对员工在实现其绩效目标的过程中取得的进展情况做出评价，然后通过电子邮件向他们发送进度报告或异常报告。

第四，持续性反馈。这涉及通过面对面的方式以及计算机发送报告的方式，对员工在目标实现过程中取得的进展提供反馈。

第五，辅导和开发支持。这应当是整个反馈过程中不可分割的一个组成部分。

第六，认可和报酬。这有助于确保以目标为导向的员工绩效保持在正确的轨道上。

此外，需要注意的是，绩效管理与经营计划存在协同关系，但并不是同一概念。经营计划是根据企业的经营目标，对生产经营活动以及所需资源在时间维度和空间布局上进行整合规划而形成的计划体系。二者的协同关系如图2-2所示。

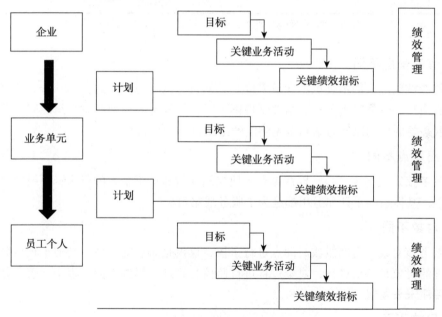

图2-2　绩效管理与经营计划的协同关系

资料来源：彭剑锋. 人力资源管理概论[M]. 3版. 上海：复旦大学出版社，2018.

2.1.2　绩效管理与绩效考核的区别

绩效考核作为人们对绩效进行管理的早期形式，在绩效管理的历史上起到了重要作用。然而，很快学者们就意识到了它的诸多不足，在文献以及实际操作中都对其进行了诸多批评，并逐渐在其基础上进一步完善，延伸出了更为丰富的内容，发展成为绩效管理，有效弥补了单纯绩效考核的不足。具体而言，绩效管理与绩效考核有以下区别（如表2-1所示）。

表 2-1 绩效管理与绩效考核的区别

区别	绩效考核	绩效管理
假设前提	假定人们不会也不知道采取主动的行为以实现组织的目标，战略目标的制定和实施与员工无关	假定人们都愿意与组织同舟共济，会主动采取必要的行为以努力达到事先测定的组织目标和个人目标
出发点	以控制为中心，旨在更有效地控制部门和员工个人的行为	以战略为中心，其体系的设计和运用都是为战略目标服务的
对象	对某一时间段或时间点的考核	对整个过程的监控与管理
	仅仅是事后的考核评估	事前、事中、事后相结合
	主要评估过去的表现，向后看	关注过去，更关注未来的发展
方法	主要手段就是考核，自上而下地单向考核，被管理者只是被动接受	计划、监控、考核、沟通、反馈相结合，被管理者主动参与，全员参与
目的	主要目的是为实施奖惩提供依据，主要是薪酬调整和奖励	主要目的是促进企业战略的落实、绩效的改进以及员工的成长

资料来源：林新奇，蒋瑞. 绩效管理[M]. 北京：中国人民大学出版社，2020.

1. 假设前提不同

绩效考核假定人们不会也不知道采取主动的行为以实现组织的目标，认为战略目标的制定和实施与一般员工无关。而绩效管理则不同，它假定人们都愿意与组织同舟共济，会主动采取必要的行动以努力达到事先测定的组织目标和个人目标。

2. 出发点不同

绩效考核以控制为中心，旨在更有效地控制部门和员工个人的行为；而绩效管理以战略为中心，其体系的设计和运用都是为了服务战略目标。

3. 对象不同

绩效考核对某一时间段或时间点进行考核，仅仅是事后的评估，类似于秋后算账。而绩效管理的对象是整个过程，对全过程进行监控与管理，强调事前、事中、事后相结合，并更加关注未来发展。

4. 目的不同

绩效考核的主要目的是为实施奖惩提供依据，主要体现在薪酬调整和奖励方面；而绩效管理的主要目的是促进企业战略的落实、绩效的改进以及员工的成长。

2.2 绩效管理的重要性

绩效管理已成为现代企业的必选之题，对组织的可持续发展十分重要，具体而言，绩效管理的重要意义主要体现在以下方面。

1. 弥补绩效考核不足

绩效评价存在一些明显的缺陷。首先，对绩效的评定往往带有主观性，依赖于个人印象，以及片面判断。其次，不同管理者的评价往往难以进行比较。最后，延迟的反馈可能会导致员工因为好的绩效未能及时得到认可而感到沮丧，或者因为过去的不足而感到挫败。绩效管理是对传统绩效考核的延伸和发展，被证明是弥补这些不足的有效途径。第一，通过绩效管理，企业能够实现绩效的持续提升，促进形成以绩效为导向的企业文化，激励员工更加投入地工作，促使员工挖掘自身潜能并提升工作满意度。第二，绩效管理有助于增强团队凝聚力，改善团队绩效，并通过持续的工作沟通和交流，促进建设性且开放的员工与管理者之间的关系。第三，绩效管理为员工提供了表达工作愿望和期望的平台，从而提升了员工的参与度和归属感。

2. 适应组织结构变化

绩效管理在适应组织结构调整和变化方面发挥着重要作用。许多结构调整都是对社会经济状况的一种反映，表现形式多种多样，例如，减少管理层次、规模调整、灵活性适应、团队合作、高绩效工作系统、战略业务单元、赋权等。随着组织结构的调整，管理思想和风格也需要相应地调整，例如，赋予员工更多的自主权，以更快更好地满足客户需求；为员工提供更多参与管理的机会，以提升他们的投入度和工作满意度；为员工提供更多的支持和指导，不断提升他们的能力等。而所有这些都需要通过建立绩效管理系统来实现。

3. 降低管理时间成本

时间是最宝贵的资源，对于一个要处理诸多组织事务的管理者而言更是如此。而绩效管理能够帮助管理者节约时间，从而将更多时间放在更重要的事务上（如重要决策）。第一，通过绩效管理，员工能够明确了解自己的工作任务和目标，了解管理者对自己的期望以及可以做出的决策，必须将工作完成到何种程度，以及何时需要管理者的指导。第二，绩效管理通过帮助员工找出错误和低效率的原因，可以减少差错的发生，避免重复犯错，避免未来付出更大的时间代价。第三，绩效管理为员工提供必要的知识，以帮助他们做出合理的决策，从而减少因职责不明确而产生的误解。因此，管理者无须对所有事务进行过度管理，从而节省时间来处理更重要的事务。

4. 促进员工个人成长

绩效管理对员工的个人发展具有重要促进作用。通过绩效管理，员工能够明确自己的工作目标，并清楚了解达到这些目标后可能获得的奖励。这将鼓励他们不断提高自己的期望，例如，通过学习新知识和技能来提高工作能力，从而取得更出色的成绩。这种持续的自我提升不仅有利于员工个人的成长，也有助于整体绩效水平的提升。IBM明确提出，绩效管理的根本目的是引导并激励员工贡献于组织的战略目标，同时实现组织和个人的共同成长。它不是绩效考核，而是一个管理过程。华为则进一步阐释了绩效管理的根本目的是导向冲锋，保证产出，实现组织与个人的共同成长；落实公司的业务发展战略，强化基于奋斗与贡献的价值导向，逐步形成自我约束、自我激励的机制，不断提高人均效益和增强公司的整体核心竞争力。

◇ **跨课程知识点链接**

质量管理：为了实现质量目标而进行的所有管理性质的活动。
参考书目：钱坤，俞荟，朱蕾. 企业管理[M]. 北京：北京理工大学出版社，2020.

---

5. 提升质量管理水平

数量和质量是组织绩效的两个方面。近年来，质量已经成为组织特别是有可持续发展抱负的组织必须重视的一个方面，质量管理已经成为备受关注的焦点。实际上，绩效管理的实施有助于加强全面质量管理的实践。通过绩效管理，管理者可以获取全面质量管理的技能和工具，从而将其视为组织文化的一个关键组成部分。因为一个经过科学设计的绩效管理过程本身就是一个追求质量的过程，其目标是达到或超越内部和外部环境的期望，从而使组织成员将精力集中在提高质量目标上。

6. 助力组织流程优化

企业管理涉及对人和事的管理，对人的管理主要是约束与激励问题，对事的管理主要是流程问题。所谓流程，就是一件事情或者一个业务如何运作，涉及因何而做、由谁来做、到哪里去做、做完了交给谁的问题。在富于效率的绩效管理过程中，各级管理者都会从公司整体或本部门角度出发，尽量提高处理事情的效率，在上述四个方面不断进行调整，使组织运行效率逐渐提高。

理论前沿

多维度积分制绩效管理模式

多维度积分制绩效管理模式在积分指标设定上坚持数据真实、客观，激励与考核标准统一、可量化，兼顾组织目标的实现与员工个人职业发展需要，同时可随着企业发展、员工成长不断修正与优化，在实际应用中能够充分适应企业的发展战略和目标。该模式将员工的教育背景、专业技术职务、职业能力等指标自动计算，可实时更新公布员工积分，同时将分数与奖金分配、职务晋升、福利待遇等挂钩，充分体现公平、公开、公正。积分制绩效管理模式中要素权重和分值设定可根据不同企业实际情况灵活调整，形成可直接沿用的激励管理机制，推广适用性较强。多维度积分制绩效管理模式将有酬激励与无酬激励划分为三个维度，即个人价值维度、绩效考核维度和企业贡献维度。

资料来源：孟庆胤，安广曾，李莹，等. 多维度积分制绩效管理模式[J]. 企业管理，2023(5)：114-119.

2.3 绩效管理的特点

绩效管理具有五注重、五强调的特点。这些特点也使得绩效管理能够在组织绩效提升方面做出重要贡献。

1. 注重系统思维，强调战略导向

战略导向是绩效管理的思想精髓，它被视为战略管理的工具，旨在成为实现组织战略目标的主要载体和杠杆。与传统的绩效考核相比，绩效管理更加注重与组织整体战略目标的对齐，而不仅仅是简单地评估员工的表现和成果。因此，确立战略管理思想是做好绩效管理的关键，这与传统绩效考核有着显著的区别。在参与绩效管理的过程中，每一个部门、每一个人都需要树立战略管理意识，以确保其行动与组织整体战略目标保持一致。

2. 注重有效沟通，强调双向互动

绩效管理的设计原则之一是双向互动，这意味着既要强调自上而下的指标分解，也要重视自下而上的层层支撑。它是一个让管理者与员工共同协调、充分参与的全方位管理过程。在这个过程中，管理者需要清楚地了解组织的战略及规划，以便指导员工逐层分解战略目标。而每一位员工则应该根据组织的战略规划和上级的指导，积极参与设计自己的绩效目标计划，并与管理者达成一致。绩效管理不仅仅是人力资源部门的职责，更是直线经理的职责，是各相关部门、各员工共同参与的事业。其中，高层管理者的支持和参与是决定绩效管理成败的关键。因此，绩效管理需要建立起一个管理者与员工之间密切互动和沟通的机制，以确保目标的顺利达成和绩效的持续提升。

3. 注重结果实现，强调行为正确

一方面，绩效管理看重过程。在实践中，强调绩效管理的过程性意味着组织需要持续关注员工的工作方法和行为表现。例如，一个销售团队可能达成了销售目标，但如果其销售过程中存在欺诈行为或不正当销售手段，尽管这有助于组织实现当期的销量目标，但显然不利于组织的长远发展。因此要注重过程，保障结果取得的合理性。另一方面，绩效管理看重结果。组织实施绩效管理的目的就是实现组织目标，取得一个好结果。即使过程做得很好，但得不到有效的产出也是徒劳的。只有结果、过程一起抓才能做好绩效管理工作，为组织的长远发展提供支持。

4. 注重绩效改进，强调闭环管理

绩效管理不是一个时点或者一个阶段性的工作，而是一个完成的循环——通过管理者与员工之间持续不断地进行业务管理的循环过程，实现业绩的改进，所采用的基本手段为PDCA循环。PDCA代表着绩效管理的四个阶段。一是目标与计划。根据组织战略将目标层层向下分解，建立组织的目标责任体系，并制订具体的工作计划。二是辅导与执行。跟踪工作计划执行进度和目标实现过程，为员工提供指导与支持，及时解决可能出现的偏差与问题。三是评估与反馈。根据目标要求与实际完成情况开展绩效考核，并将结果反馈给相关人员。四是激励与改进。根据绩效考核结果做出相应的薪酬激励、人员调整、培训开发等人力资源管理决策，通过经营检讨总结成败经验，并制订后期的业绩改进计划。如图 2-3 所示。

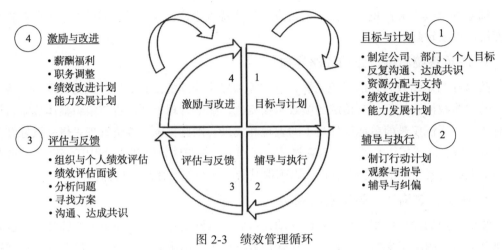

图 2-3　绩效管理循环

资料来源：彭剑锋. 人力资源管理概论[M]. 第 3 版. 上海：复旦大学出版社，2018.

5. 注重动机激发，强调牵引引导

绩效管理注重对员工进行牵引而不是威胁，不是为了单纯地将员工分出高低等级，更不是单纯的"干得不好就开除你"的惩罚，而主要是为了引导员工与企业共同成长和发展，改进组织与员工个体的绩效。当员工认识到绩效管理是一种牵引和帮助而不是责备和威胁的过程时，他们会更加积极地配合组织的绩效管理，和管理者更加坦诚地相处。所以，绩效管理既重视组织的发展，也重视员工的发展，在实现组织目标的同时，实现员工的个人价值。它可以使员工与团队、组织目标一致，确立"共赢"观念，实现"共赢"的目标。

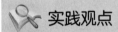 **实践观点**

"绩效最大化"的绩效管理体系

英国电信环球服务公司（BT Global Services）是一家员工超过两万名的全球性通信服务企业，其采取了若干步骤来有效推行名为"绩效最大化"的绩效管理体系。这个绩效管理体系的目的在于以一种更具有持续性的方式来管理和开发员工，同时营造出一种高绩效文化。

该公司采取的绩效管理的第一步就是进行一系列的沟通工作，这样做的目的是向员工传递一个清晰的信号，从而向他们阐明三个问题：第一，为什么要设计一个新的绩效管理体系；第二，员工应当在其中扮演什么样的角色；第三，这些不同的角色是

怎样帮助公司取得成功的。

英国电信环球服务公司采取的第二步就是对经理人员进行培训，包括两个方面：一是经理人员应当如何同员工一起制定有效的目标；二是经理人员如何通过为员工提供反馈和教练式辅导帮助他们实现个人成长。在这之后，英国电信环球服务公司还会对绩效管理体系实施持续监控，通过员工调查、经理人员的面对面会谈以及团队会议等方式来收集各种数据。

资料来源：方振邦，杨畅. 绩效管理[M]. 2版. 北京：中国人民大学出版社，2019.

2.4 绩效管理的作用逻辑

绩效管理通过三条路径对组织绩效产生影响。一是绩效管理通过影响员工来影响组织绩效；二是绩效管理通过影响管理者来影响组织绩效；三是绩效管理直接作用于组织绩效的驱动因素等对组织绩效产生影响。具体而言，绩效管理作用的产生过程包含以下"组件"，它们之间的因果关系和作用传递构建起绩效管理的作用逻辑。

1. 绩效管理相关的反应

绩效管理相关的反应指的是员工和管理者对整个绩效管理体系或其具体方面的感受或思考，如评级、评估、反馈面谈等。尽管员工是被评估者，但学术研究和管理实践都已证明，由于管理者负责推动和实施绩效考核，绩效管理的有效性在很大程度上取决于管理者。因此，员工和管理者的反应都至关重要。具体而言，员工和管理者的绩效管理反应包括情感、认知、效用和满意度四个方面。情感反应是指员工或管理者对预防性维护事件或系统的感受，包括不适（如对绩效评估的不适）、沮丧、焦虑、压力或其他情感反应。认知反应是指员工或管理者如何看待绩效管理事件或系统，包括感知的公正（如对绩效管理公平的认知）、感知的可接受性、适当性，以及感知的评估准确性。效用反应是指对绩效管理事件或系统的感知有用性或价值，例如反馈的效用。而满意度反应通常作为绩效管理系统或事件的一般评估来测量。

2. 绩效管理相关的学习

绩效管理相关的学习是指员工和管理者从绩效管理中获得的相关原则、事实或技能，有助于明确绩效管理系统是否能够发挥作用，以及如何帮助员工和管理者实现目标。具体而言，绩效管理相关的学习主要包括认知、态度/动机和技能三个方面。在认知方面，绩效管理学习涉及参与者所获取的认知策略和具体知识（包括程序性的知识、陈述性的知识、隐性知识）。态度/动机方面包括参与者对绩效管理的态度变化和动机倾向，主要指通过参与绩效管理系统而形成的态度和动机。技能方面代表参与者在绩效管理学习中所获得的与技能相关的行为变化。

管理者和员工需要通过学习来提升绩效管理的水平。管理者在绩效管理方面的表现可能直接影响员工对绩效管理的反应，并且个体的认知、态度/动机和技能在理论上应该随着绩效管理经验的增加而提高，例如，理解什么是良好的绩效、学会更有建设性地接受反馈、对绩效管理有责任感等。此外，对管理者而言，绩效管理学习还包括评估质量，它体现了管理者从绩效管理学习中获得的认知、态度/动机和技能。

3. 转换

转换是指绩效管理学习如何影响个体的行为和态度，进而对组织绩效产生影响，其中包括员工转换和管理者转换。对于员工转换，学者们主要视其为员工在工作中运用所学原理和技术的行为和表现。主要包括以下方面：工作态度、公平/正义观念、组织吸引力、动机赋权、幸福感、工作情感、创造力、绩效（如任务绩效、关系绩效）、反生产行为和离职，以及 KSAOs（Knowledge，知识；Skill，技能；Ability，能力；Other Characteristics，其他特点）。对于管理者转换，管理者更加关注绩效管理对其工作方式或员工看法的改变程度，包括管理者对员工做出的决策质量，与员工建立的关系质量，以及其他一般管理有效性指标。其中，管理工作中的决策活动与人际交往格外受到学者和实践中管理者的重视。绩效管理被认为是制定有效人力资源决策的重要工具，管理者在这方面的有效性成为一个重要的评价标准。管理者的转换能力可能会受到其在绩效管理方面知识的影响，同时也受到员工对绩效管理反应的影响。反之，管理效率的提高会影响员工的态度和行为，进而影响组织的结果。管理者对员工所做决策的质量综合起来就是组织层面人力资本决策的质量，这决定了组织"利用"可用人力资本的能力。

4. 人力资本

员工转换构建了知识、技能、能力和其他特征的集合，形成了组织层面的人力资本资源，从而影响企业的运营和财务绩效。根据 AMO 理论，员工的能力、动机和机会是绩效的关键决定因素。人力资源系统也能够通过这三个要素影响组织绩效，例如，人力资源实践（包括绩效管理）可能会影响组织层面的能力和技能，而这些组织层面的能力（或人力资本资源）会进一步影响运营成果。具体而言，在基于战略人力资源中 AMO 模型的基础上，绩效管理有效性评估模型将组织人力资本资源分为两类："技能/能力/潜力"和"激励"。

5. 驱动因素

组织绩效的微观基础不仅是员工的 KSAOs，还是构成这种驱动过程的社会和心理机制。因此，驱动因素主要包括认知机制、情感心理状态和行为过程三类。驱动因素不仅是员工转换和组织层面人力资本资源关系间的关键影响因素，也是人力资本资源和业务绩效（运营结果）的直接决定因素。此外，通过影响人力资本的可用性，组织层面决策的质量将有效调节员工转换和组织层面人力资本资源间的关系。具体而言，绩效管理有效性评估模型中的驱动因素包括氛围、文化和领导力，管理的信任，组织学习和知识共享，团队凝聚力，以及信任和协作，组织人力资本决策的质量。

6. 组织绩效

绩效管理有效性评估模型最后指向的是组织层面的绩效，包括运营结果和财务结果。运营结果包括生产率、产品质量/数量、组织创造力、安全绩效、企业社会责任等。财务结果包括投资回报率（ROI）、总资产收益率（ROA）、销售增长、市场竞争力等。在实际操作时，要根据绩效管理的目标和具体有效性问题来决定相关的运营结果和财务结果指标。

如图 2-4 所示，绩效管理通过影响个体进而影响组织的作用逻辑分为管理者和员工两条路径。首先，绩效管理系统促进管理者/员工产生与绩效管理相关的反应；其次，管理者/员工会进行与绩效管理相关的学习；再次，管理者与员工的关系质量、决策质量以及员工的工作态度、绩效等将受到影响，这也被称为绩效管理效果由个体层次向组织层次的迁移、转换，且管理者的转换会对员工的转换产生影响；紧接着，组织的氛围、文化等能够驱动组织业务绩效（如劳动生产率）的因素受到影响，组织的人力资本资源也将得到提升，且组织的驱动因素会调节员工层次的态度、绩效向组织人力资本资源进行聚合转化的过程；最后，组织业务绩效的提升将带来更为直观的绩效——组织财务绩效的改善。除上述个体路径的作用逻辑外，绩效管理还能够直接作用于组织层次，对组织的驱动因素、绩效等产生影响。

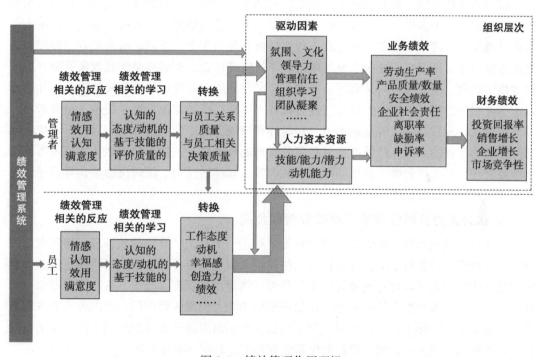

图 2-4　绩效管理作用逻辑

资料来源：Schleicher D J, Baumann H M, Sullivan D W, et al. Evaluating the effectiveness of performance management: A 30-year integrative conceptual review[J]. Journal of Applied Psychology, 2019, 104(7): 851-887.

> **编者观点**
>
> 1. 直线经理是绩效管理的主要责任人，对绩效管理的成败发挥着决定性作用。
> 2. 绩效管理的价值不仅在于激发员工动力，更在于倒逼管理者发展目标制定、绩效辅导、沟通反馈等技能，从而提升组织的整体管理水平。

2.5 绩效管理的四大误区

美世咨询《全球绩效管理调查报告》显示，3%的企业表示绩效管理具有卓越价值，48%的企业认为传统的绩效管理作用发挥不够明显，39%的企业曾重新评估其绩效管理。这很有可能是陷入了绩效管理误区。目前，越来越多的企业开始接受绩效管理的概念，并在管理实践中，或者借助外脑或者自己动手，设计和实施绩效管理体系。然而，不少企业似乎遇到一个同样的问题，即绩效管理的方案迟迟推行不下去，结果是企业花费了大量的时间、精力和财力，却收效甚微，甚至出现员工紧张、直线管理者反感，人力资源管理部门伤透脑筋的现象。

1. 认为绩效考核就是绩效管理

将绩效考核等同于绩效管理是组织最容易陷入的误区。绩效管理与绩效考核的区别虽已清晰界定了二十多年，但实践中依然存在将二者混淆的情况。陷入这一误区的企业大多从狭隘的视角看待绩效管理，没有真正理解绩效管理的含义，下意识地将绩效管理理解为绩效考核。还有很多组织缺少系统与规范的绩效管理体系，有的只是年底发布通知开展绩效考核。然而，绩效考核只是测评员工在一定考核周期内对规定职责的履行程度，并评价其工作业绩的过程。但绩效管理与绩效考核并不等同，绩效管理发展并超越了绩效考核，绩效管理在传统绩效考核的基础上进一步延伸和发展，是一个包括计划、沟通、考核、反馈等环节的完整的系统。绩效考核只是绩效管理的环节之一，如果简单地认为绩效考核就是绩效管理，那么就忽略了其他同样重要的内容，如绩效计划、绩效反馈等，导致绩效管理未能发挥出应有的作用。

2. 认为人力资源管理部门对绩效管理负责

想要做好绩效管理，组织的管理者首先要纠正一个有关"谁为绩效管理工作负责"的观念。在管理学的教科书中，绩效管理往往被定义为人力资源管理的二级模块，但这不意味着其他相关者就不需要对绩效管理工作负责。然而，在管理实践中，有的管理者如同照猫画虎般，简单地将整个绩效管理工作划给组织的人力资源管理部门，交由人力资源管理部门独立负责。实际上，人力资源管理部门仅仅承担组织绩效管理的组织工作，甚至仅仅是绩效考核的组织工作，而不应被当作绩效管理工作的唯一责任主体。

组织和管理者对绩效管理职能的重视不足是导致上述错误观念和行为的主要原因。在组织管理的各个领域中，绩效管理应与战略、研发、营销、财务等同等重要，但很少有组织会成立专门部门来承担绩效管理责任。结果是"人人有责，但无人担责"，组织绩效管理依赖自觉管理。因此，如何凝聚组织整体责任主体性，让所有相关责任主体积极担责、自主管理是组织绩效管理的一大挑战。

3. 赶时髦，追求"新"的绩效管理方法

在如今的管理实践中，存在一种"赶时髦"的现象，大家蜂拥而上学习或引进当下标杆企业的绩效管理工具，每隔几年就会形成一波新的潮流，并把上一种方法拍在沙滩上。KPI如此，BSC如此，OKR亦如此。但技术方法的更新能完全解决管理上的问题吗？不断应用新技术、新方法也许能够让管理者感到慰藉，认为自己公司借鉴行业标杆企业的做法后肯定可以带来很大的改变，甚至为了学习和引进新方法不惜耗费人力、物力。但是，需要明确的是现有的绩效管理方法很多，每种方法都是优势与不足并存，最佳的绩效管理解决方案是不存在的。不断追求和变换组织的绩效管理方法不一定会带来组织绩效管理工作效率的提升，反而可能导致组织找不到适合自己的方法并长期保持，积累优势。

新潮的绩效管理方法能够流行大概有以下几个原因：一是行业的标杆企业甚至世界级的知名企业采用了这种绩效管理方法；二是很多培训机构和咨询机构为了扩大客户量，不断渲染新方法的有效性和重要性，仿佛不使用他们推荐的新方法就会导致组织跟不上时代发展；三是很多管理者对新方法的出现过于敏感，且对看似年代久远的经典管理方法不太重视，不断追求那些看上去更高级的管理方法；四是部分人力资源管理部门的管理者想通过为组织引入新方法来彰显自己的新理念，让公司管理者重视自己的价值，但出了问题又会抱怨其他部门配合执行不到位；五是一部分发展不佳的组织到处寻找"灵丹妙药"，企图通过方法的转变来救活组织。真正关注和思考"新"方法比"旧"方法好在哪里、对自己的企业是否真的有用的人比较少。

4. 认为绩效导向有违"以人为本"

组织内很多人认为绩效导向不符合"以人为本"的原则，甚至还有人以此为由反对或不配合组织的绩效管理工作。表面上看起来业绩考核结果要和扣奖金、辞退等惩罚性决策挂钩。但绩效导向带给员工的并不只是惩罚，更多的是对广大员工的激励、引导和帮助。组织进行绩效管理的初心也不是为了惩罚、控制员工，而是实现组织这个大家庭的目标，进而更好地让每一位员工从组织的发展中受益。试想，如果组织发展得很差，即使所有人吃大锅饭也可能很难吃饱。但是，在进行绩效管理的组织中，员工反而能在"绩效导向"制度和"绩高者优"的环境下，通过努力工作让自己和家人有更高质量的生活，更有能力给予子女良好的教育，照顾父母，也许这才是真正的"以人为本"。

本章小结

对绩效管理含义的解读有"绩效管理是管理组织绩效的体系""绩效管理是管理员工绩效的体系""绩效管理是管理组织绩效和员工绩效的综合体系"三种观点。目前，人们更普遍地认为绩效管理是对组织和员工的行为以及结果进行统一管理的一个体系，是充分发挥员工潜力、提高其绩效，并将员工目标与企业战略目标相结合以提升组织绩效的一个过程。

绩效考核是人们对绩效进行管理的早期形式。绩效管理在其基础上进行了延伸和发展，它们具有不同的假设前提、出发点、对象和方法。

绩效管理在组织发展过程中起着重要作用，例如，弥补绩效考核不足、适应组织结构变化、降低管理时间成本、促进员工个人成长、提升质量管理水平和助力组织流程优化。

绩效管理特点包括：注重系统思维，强调战略导向；注重有效沟通，强调双向互动；注重结果实现，强调行为正确；注重绩效改进，强调闭环管理；注重动机激发，强调牵引引导。

绩效管理通过三条路径对组织绩效产生影响。一是绩效管理通过影响员工来影响组织绩效；二是绩效管理通过影响管理者来影响组织绩效，三是绩效管理直接作用于组织绩效的驱动因素等对组织绩效产生影响。

绩效管理存在认为绩效考核就是绩效管理、认为人力资源管理部门对绩效管理工作负责、过度追求"新"的绩效管理方法、认为绩效导向有违"以人为本"等误区。

复习思考题

1. 对绩效管理含义解读的常见观点有哪些？目前最常见的是哪种观点？
2. 绩效考核与绩效管理有何区别？
3. 绩效管理的特点是什么？有何重要作用？
4. 绩效管理的作用逻辑是什么？有何误区？

拓展阅读

[1] 潘鹏飞. 组织绩效管理的八大经典问题[EB/OL]. (2020-03-14) [2024-04-15]. https://mp.weixin.qq.com/s/QPwj_HS8vuYCcUcfBE7BLQ.

[2] 李宁，尹奎，彭剑锋. 国有企业高管绩效管理体系优化探索与实践——以 BZ 集团为例[J]. 中国人力资源开发，2016(14): 44-53.

[3] 黄文君，林新奇. 40 年来企业绩效管理演进及国内外研究进展——基于中国企业管理环境变迁的视角[J]. 河北师范大学学报（哲学社会科学版），2022, 45(4): 137-147.

应用案例

九机公司绩效管理的问题

九机（原三九手机网）创立于 2006 年，是一家以 IT 技术为支撑、以客户体验为导向的科技型互联网企业，业务范围主要涉及电子商务九机网、零售云九讯云。九机网主要是集 3C 电子产品销售、物流配送、售后维修于一体的 O2O 平台。九讯云主要是把这十多年积累的零售能力以及 IT 系统以云化的方式开放给传统的零售商，赋能给合作伙伴，帮助他们实现新零售转型。九机拥有独立的 IT 研发团队，自主研发 App 线上商城和 OA 智慧管理系统。将线上商城与线下门店有机融合，开创了销售、服务一体的全链条新零售闭环，构建一站式的购物体验场景。从成立至今，九机秉承"一个手机，一个朋友"的经营理念，坚持"只卖对的，不卖贵的"，追求极致的客户体验。截至 2021 年，历时 15 年的发展，九机已成为华为、苹果、OPPO、vivo、荣耀、三星等国内外手机品牌全国最高级别授权零售商。门店覆盖云南、贵州、湖南三省，员工超过 3300 人，门店数量超 300 家，遍布 50 多个城市，服务 550 多万会员。各大区分公司称为公司的前端，公司总部 HQ 各中心称为公司的后端。2006 年创立之初，九机便启用了基于关键业绩指标（KPI）的绩效管理模式，一月一考核，考核结果关联月度绩效薪酬。

2019年年末的某个工作日早上，小钱来到了夏总的办公室，一脸怨气地说："夏总啊，咱们公司现在实行的KPI考核指标太单一了，考核指标长期一成不变，每个月做来做去就那几个指标，公司那群年轻人都快没有工作的积极性了，天天跟个提线木偶似的，一点儿活力都没有。而且本来我们的工作量就大，公司还经常给我们安排许多不在KPI指标之内的工作任务，即便做好了，绩效考核也不会因此得高分，以至于现在的员工都只盯着那几个KPI指标工作，其余的不管是我安排的工作还是公司各种政策的推行都不放在心上，最近还有人因为不习惯咱们这里的工作氛围而辞职了。您可得想办法完善一下公司的绩效管理制度，不然我手底下员工都要走光了！"夏总安慰道："小钱啊，你先别急。你说的这些我或多或少也都了解，问题肯定是要解决的。前几天刚推行了一项新的人力资源管理政策，但发现大家对这件事的关注度很低；绩效指标分解和绩效面谈也越来越趋于形式，现在大家的积极性真的很需要提升啊，公司正准备对绩效管理方案进行一些变革，马上就有结果了。"小钱离开后，夏总不禁扶额，长期以来，在员工的分配制度上，"大锅饭"、平均主义的现象非常严重，员工干多干少、干好干坏一个样，不能科学合理地拉开收入分配差距，究其原因就是没有建立起一套科学、量化的绩效考核体系，看来公司绩效管理变革的确已经刻不容缓了。

小钱走后，夏总将赵主管叫到了办公室："小赵啊，最近经常有分公司的员工来我这里抱怨咱们公司的绩效管理制度，公司对这个问题也很重视，多次开会都提及这个问题，现在到了必须进行整改的时候了。就由你来负责公司绩效管理变革的相关事宜吧，有需要公司支持的地方你尽管提，公司一定全力配合。虽然我对公司目前的绩效管理问题已经有了一个大致的了解，但不够具体和详细，你先去收集一下大家对现在的绩效管理方案的反馈信息，根据大家反馈的信息再对绩效管理方案进行调整和优化。"赵主管领命离开，一星期后，一份收集到的问题报告安静地躺在夏总的办公桌上。

首先，公司员工总体呈年轻化，传统的KPI绩效指标单一，无法激发他们的积极性和工作热情；公司仅在月中跟进业绩情况，其实不利于给大家营造一种以业绩为导向的考核观念，大家的内部竞争意识不强，只关注自己的指标完成情况，内部缺少"赶、学、比、超"的良性竞争氛围。特别是当自己的考核指标完成时，就开始松懈，管理强度开始下降，很难有突破自我和创造新高的自驱力，导致员工的工作效率低下。

其次，员工工作量大，每月还有很多KPI考核之外的工作任务需要完成，且这些工作不与考核结果、奖励挂钩，因此每个月在完成既定任务后，存在"磨洋工"现象。

再次，在分公司层面KPI指标提取采用自上而下的指定分解原则，缺少与各个部门主管和员工的沟通，员工参与不积极，制定的KPI指标以及指标的分配方式过于僵硬，主管和员工只能被动接受；公司分解指标时较为随意，为了图省事，分解时并不结合部门职责而直接进行平均分配，导致有的部门人数多但分到的指标和标准却与部门人数少的一样，有些部门分解指标与工作内容不一致，完成起来非常困难。各个部门主管对KPI指标的排名意见不统一，经常引发内部矛盾；此外，因为业绩复盘周期较长，不利于总部对分公司经营进行及时的试错、改善和优化，不利于及时进行业务痛点分析、业务精细化管理，造成的影响是业务痛点发生了一段时间，改善措施才跟进，改善效果也需要一段时间来检验，造成对业绩的抓手不够牢固。

最后,由于员工对绩效管理体系的不满,公司推行的各项政策很难得以执行,员工对公司推出的政策以及制度基本不会关注,执行力很弱。各个绩效管理环节也是越来越形式化,无法通过绩效管理促进公司目标的实现。

看完报告,夏总很忧心,没有想到公司的绩效管理问题已经如此严重了。

资料来源:黄波,王延玲,谢立新,等. 乾坤未定,你我皆是黑马——九机游戏化绩效管理的衍变之路. 中国管理案例共享中心案例库,HRM-0430,2022.

思考题:九机公司为何会出现上述问题,应如何解决?

即测即练

自学自测　扫描此码

第3章 绩效管理的理论基础与人性假设

"思想权和文化权是企业最大的管理权,思想权和文化权的实质是假设权。"
——华为技术有限公司创始人 任正非

"一个企业只能在企业家的思维空间之内成长,一个企业的成长被其经营者所能达到的思维空间所限制!"
——现代管理学之父 彼得·德鲁克

学习目标

学完本章后,你应该能够:
1. 介绍目标管理理论的基本内容,阐述其对绩效管理的启示。
2. 讲述目标设置理论的基本观点,描述其对绩效管理的启示。
3. 理解组织尊重理论的基本内容,了解其对绩效管理的启示。
4. 阐述组织公平理论发展,分析组织公平理论对绩效管理的启示。
5. 了解人性假设的发展历程,知晓人性假设的基本观点。
6. 举例阐述绩效管理与人性假设的关系。

引导案例

战胜危机的根本法则

人性就是在一定社会制度和历史条件下形成的人的本性。当代文学家张荣寰在2009年4月重新诠释了人性:人性是真理性在人身上的自由表达。

社会危机的形成,归根结底是人性的问题。一切危机,都是人性的危机。如何认识和对待人性,正是区分好思想与坏思想的试金石。因为贪婪,引发了2008年的世界金融危机;因为恐惧,造成了1929—1933年的美国大萧条。

企业要想对抗危机,就必须构建员工与企业的利益共同体,进而形成命运共同体。员工在一家企业工作,追求职位晋升和加薪是出于人性的正当需求。好的体系设计是让员工主观上为自己挣钱,客观上为企业挣钱。

华为34年,逆势增长、不断胜利。正是出于对人性的深刻洞察,华为形成了卓越的人力资源管理理念:管住人性的恶,构筑起善的制度。华为的人力资源管理从来不回避如何赚更多钱的问题,反而会在新员工入职培训的人力资源课程中,开宗明义地讲,在公司改变命运的途径有两条:一是奋斗,二是贡献。

《人性的弱点》中提到:"人的天性之一,就是不会接受别人的批评,总是认为自己永远是对的,喜欢找各种各样的借口为自己辩解。"因此,要承认人都有贪婪的一面,与此同时，需要组织构建如何引导人实现目标的底线。

喜欢钱没错，公司提供让员工通过奋斗和贡献挣到大钱的机会，这是正道。同时，用制度让吃里扒外、损公肥私、吃拿卡要等不当行为的犯错成本居高不下，继而员工就会聚焦在如何提升业绩、如何做好工作上。其结果便是随着个人能力的提升，公司的目标也得以实现。

喜欢名也没错，华为非常鼓励员工的成长。30多岁的小伙子就有机会参与联合国国际电联的专家会议，并可能成为某个小组的主席。像华为终端董事长余承东，华为就给予其一个巨大的舞台，助其成为世界第二大终端电子消费品公司的掌舵人。这种机会，任正非向来都大度地给予奋斗的人。

资料来源：田涛，宫玉振，吴春波，等. 打胜仗[M]. 北京：机械工业出版社，2021: 119-120.

3.1 绩效管理的理论基础

绩效管理作为组织管理的一部分，其理论基础与管理学原理课程中的理论有着千丝万缕的联系。本书选取了与绩效管理密切相关的几个理论重点介绍，主要包括目标管理理论、目标设置理论、社会承认理论与组织公平理论。上述理论相互补充，为组织构建科学有效、系统完备的绩效管理体系提供了指南。

3.1.1 目标管理理论

视频 3.1 彼得·德鲁克视频介绍

从绩效管理的发展脉络来看，彼得·德鲁克的目标管理理论具有划时代的意义。在目标管理理论提出之前，绩效管理更多地强调外部控制，学者与管理实践者更多地关注绩效标准、人际关系等外部因素对绩效提升的作用。自彼得·德鲁克提出目标管理的理论之后，越来越多的学者与管理实践者意识到自我控制、内在动机的积极作用。鉴于目标管理理论对绩效管理发展的重要性，本章首先介绍目标管理理论。

1. 目标管理理论的产生与发展

明确管理者目标时通常会遇到三重挑战：管理者专业技能上的"自我沉醉"，即管理者过于追求与关心自己的专业技能或职能性工作；管理者期望理解上的"自以为是"，管理者喜欢有意无意地揣测上级的意图，并以此作为工作的重点；管理者角色定位上的"自作主张/自行其是"，由于管理层级与分工的不同，管理者习惯履行本职工作，只见树木，不能从全局考虑来处理问题。针对管理者的目标是什么以及如何确定管理者目标等问题，1954年，在《管理的实践》一书中，有现代管理学之父之称的彼得·德鲁克提出了目标管理与自我控制的思想。在书中，目标管理与自我控制被视为一种管理哲学，这一哲学理念有助于组织实现让每个人发挥专长、凝聚共同愿景、建立团队合作、调和个人与组织目标四大管理原则。国内多数教材将上述思想翻译或者归纳为目标管理理论。为了与多数教材保持一致,我们同样以目标管理理论来归纳和梳理。20世纪80年代,彼得·德鲁克的理论被引入中国,2004年,德鲁克管理学全面进入中国的管理教育。在20世纪80年代,我国众多企业引入目标管理,比如,蒙牛、联想、海尔、TCL等知名企业。

2. 目标管理理论的基本内容

在《管理的实践》一书中,有关目标管理与自我控制的主要观点如下。

第一,管理者的工作是为组织整体绩效负责。管理者的目标中应该说明自己管辖的团队对组织经营目标的贡献。为此,管理者应该首先确定组织的整体目标、组织下属其他单位的目标,其次要确定自己或自己分管单位如何直接为组织整体目标或如何协同其他单位间接为组织整体目标做出贡献。

第二,管理者的目标应该兼顾短期与长期,既包括有形的经营目标,又包括员工培养、管理者培养、员工态度、社会责任等无形的目标。

第三,管理者的目标是向上负责,自行发展和设定单位目标是管理者的首要责任。每层管理者都应该负责参与有关目标的讨论。只有这样,上级管理者才知道管理者的期望,并据此提出明确的要求。

第四,目标管理是自我控制的前提,而实现自我控制的有效方式是能够衡量自己的绩效与成果。这就要求组织能够对每个关键业绩领域提供简单清晰、易于理解的绩效评估方式。这些评估方式未必都是量化的、客观的,但必须与目标相关。每位管理者应该能够拥有评估自己绩效所需的信息,这有利于管理者及时修正做法,达到预期目标。

第五,管理者拥有如何完成目标的自主决策权。除了公司明令禁止的或者不道德的做法,在限定范围内,管理者拥有自由决定的权力。为此,组织应该把报告和程序保持在最低程度,不能用报告和程序来衡量管理者的绩效。

3. 目标管理理论对绩效管理的启示

尽管目标管理理论提出时主要是针对管理者的,但上述内容仍适用于不同规模的企业,也适用于不同职能和级别的管理者。因此,彼得·德鲁克将其视为一种管理哲学。哲学具有普适性,目标管理与自我控制的理念也同样适用于组织的普通员工。

第一,强调绩效管理中组织整体目标的重要性。在上一章中我们提到了绩效的层次性,而目标管理理论也强调了管理者目标以组织整体目标为指引。因此,从组织整体来看,目标的层次越高越重要。

第二,提出了管理者绩效的实现方式,为目标体系内容设计提供了直接参考。例如,每位管理者应有明确的目标,目标中应包括管理者及其管辖范围应达到的绩效、对公司所有经营目标的贡献、期望其他单位做出什么贡献,以协助他们达到目标。上述论述能够为管理者的绩效管理在考核内容上提供直接启示。

第三,强调目标的平衡性,为后期组织绩效管理指标体系的设计提供启示。目标管理理论中所强调的考虑其他单位或部门目标、平衡短期与长期目标、平衡有形与无形目标等观点,为随后的平衡计分卡等思想提供了借鉴。

第四,强调了主动目标参与的重要性。管理者在明确组织整体目标的情况下,应该主动思考并自行设计目标，为绩效管理中的目标设置上下级参与提供启发，也是后续目标和关键结果法（OKR）的直接思想来源。

第五，目标管理的重要贡献之一是以自我控制的管理方式替代强制式管理。德鲁克明确提出了自我控制这一概念，强调了人的主观能动性，这启示绩效管理中应该更加注重员工内在动机的激发。自我控制更多指的是行动计划、目标完成过程的自主性，而非无目标的自我监控。这启示员工在实现目标的过程中，组织应该适当授权、赋能，让员工充分发挥自己的优势，从而激发员工的活力。

第六，是否能够及时提供衡量目标完成的信息对自我控制具有重要意义，这启示绩效管理中反馈的重要意义，也为组织明确绩效评估的目的提供了指引。

3.1.2 目标设置理论

根据 AMO 模型，动机是影响绩效的重要因素。在课程"管理学原理"中已经学习了阿布拉罕·马斯洛（Abraham H. Maslow）的需求层次理论、弗雷德里克·赫兹伯格（Frederick Herzberg）的双因素理论、大卫·麦克利兰（David G.M. Clelland）的成就需求理论、维克多·弗鲁姆（Victor H. Vroom）的期望理论、伯勒斯·弗雷德里克·斯金纳（Burrhus Frederic Skinner）的强化理论。上述理论尽管都能够为绩效管理提供启发，但与绩效管理最相关的当属埃德温·洛克（Edwin Locke）所提出的目标设置理论（Goal-setting Theory）。接下来，具体介绍目标设置理论的产生与发展、基本内容及其对绩效管理的影响。

埃德温·洛克

扩展阅读 3.1 埃德温·洛克简介

1. 目标设置理论的产生与发展

从动机的视角来看，为什么有些员工的绩效高于其他员工？目标设置理论正是为了系统地回答这一问题而提出的。课程《管理学原理》中介绍的动机相关理论包括阿布拉罕·马斯洛的需求层次理论、弗雷德里克·赫茨伯格的双因素理论、大卫·麦克利兰的成就需求理论、维克托·弗鲁姆的期望理论等。目标设置理论相比上述理论更加关注目标的作用，为绩效管理提供了直接参考。

在系统地提出目标设置理论之前，需要明确两个问题：目标驱动的行为特点是什么，行为动机的来源是什么。在第一个问题上，根据埃德温·洛克的观点，目标根源上体现的是目标驱动的行为。根据生物学的原理，目标驱动的行为是为了满足人类自身的需求与发展。目标驱动的行为可以分为无意识的自动行为与有意识的自主行为，前者与进化论观点一致，后者与社会认知与发展一致。目标设置理论关注的是人们有意识的自主行为，强调个体可以通过经验学习、选择、评价等发展目标，用以指导自身行为。

在第二个问题上，埃德温·洛克认为目标本身就具有激励作用，这与控制理论的观点有所不同。例如，控制理论强调人们具有消除目标与现实差距的动机，但埃德温·洛克对此提出了质疑,认为消除差距的最简单的方式是取消目标,而非为消除差距付出努力。目标设置理论认为人们一般都在有意识地创造差距(即现实状态与期望目标之间的不匹配)以实现更好的发展,缩小差距的努力其实就是一种动机导向的行为,只是对目标的另外一种解读。基于上述两个问题的认识,埃德温·洛克发表了一系列的文章,埃德温·洛克和加里·莱森(Gary Latham)在1990年出版了《目标设置与绩效》一书,归纳了系统性的目标设置理论观点,该书截至2024年4月2日,谷歌学术被引次数达到18174次。

2. 目标设置理论的基本内容

第一,目标是指行动的目的,包括目标内容与目标强度两个属性。前者是指所追求结果的状态,例如,利润率提高50%。目标难度与目标具体性的研究都属于目标内容的研究。目标强度是指设置目标所需付出的努力、特定目标在个体目标层次中的位置以及个体是否对目标达成做出承诺。目标强度的研究主要关注目标承诺对绩效的影响。

第二,目标难度与绩效水平正相关。埃德温·洛克1967年发现制定困难目标的人相比制定简单目标的人,绩效水平平均高出250%。

第三,具体、有挑战性的目标相比没有目标或目标模糊,能够带来更高的绩效水平。

第四,具体且有挑战性的目标通过四种路径对绩效产生影响:选择、努力、坚持与任务策略,如图3-1所示。具体而言:①选择是自发的,一方面能够让个体自动关注目标相关的任务,另一方面能够激活个体所拥有的达成目标相关的知识与技能;②努力,高的目标会让个体投入更多的精力;③坚持,清晰、有挑战性的目标会让个体投入更多的时间;④任务策略,当任务太难、太复杂时,具体、有挑战性的目标可能会让个体认知受限,不利于绩效的提升。

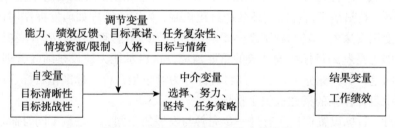

图3-1 目标对绩效产生影响的路径

资料来源:Locke E A, Latham G P. New developments in goal setting and task performance[M]. New York: Routledge, 2013.

第五,影响目标与绩效权变因素包括能力、绩效反馈、目标承诺、任务复杂性、情境资源/限制、人格、目标与情感等。具体见表3-1。

第六,人们往往高估了目标设定方式差异对绩效的影响,低估了合法授权与支持型领导风格的作用。目标设定分为自我设定、分配设定、参与式设定三种。在任务难度保持不变的情况下,分配式目标制定与参与式目标制定在绩效表现上没有差异。参与式的目标设定可能形成较高难度的目标,并且更可能让个体更好地理解目标如何被执行。

第七,绩效同时受到目标与自我效能感的影响。这与本书第一章所提的AMO模型的观点具有相似性:目标是动机,而自我效能感是能力的自我评价。

表 3-1 目标与绩效关系的权变因素

权变因素	主要结论
能力	具体、挑战性的目标需要匹配相应的个人能力才能更好地实现高绩效
绩效反馈	绩效反馈能够帮助个体更好地调整行动方向与策略,强化目标与绩效的关系。与此同时,绩效反馈能够影响目标设置,进而影响绩效
目标承诺	高目标承诺的个体目标与绩效的关系更强,目标承诺来源于提高个体对目标重要性的感知;提高个体对完成任务的信心
任务复杂性	当任务比较直接或个体有足够知识与技能完成任务时,目标与绩效的关系强度更高
情境资源/限制	缺乏必要的资源会降低目标与绩效的关系,如必要的任务信息、设备等
人格	根据情境强度理论,具体、有挑战性的目标是强情境,弱化了人格对绩效的影响
目标与情绪	当实现目标能够激发个体积极情绪时,目标与绩效的关系增强

资料来源:Locke E A, Latham G P. New developments in goal setting and task performance[M]. New York: Routledge, 2013.

第八,目标可以分为竞争型目标、标准型目标、过程型目标。竞争型目标是指内部排序,反映的是人与人之间的竞争;标准型目标是指目标与标准做比较,反映的是人与标准的比较;过程型目标是指有助于绩效提升的相关技能的进步。此外,在 2013 年,埃德温·洛克和加里·莱森提出了延展目标(Stretch Goals)的概念,即非常有难度、近乎不可能的目标概念,这一概念有助于个体跳出思维定式,探索提升业绩的新思路。

3. 目标设置对绩效管理的启示

不同于目标管理理论,目标设置理论聚焦于员工个体层次,系统分析了目标设置的原则与原理,为绩效管理中的目标设置提供了直接启示。具体而言,一是,从目标内容来看,其关注了目标的清晰性与难度,为 SMART 等绩效管理原则的提出奠定了基础;二是,从目标影响来看,其归纳了目标影响绩效的过程机制,为绩效管理如何发挥作用指明了方向;三是,从权变因素来看,其归纳了众多影响因素,为绩效管理如何有效开展提供了众多启示,例如,能力是制约目标影响绩效的重要情境,这启示能力建设是绩效管理发挥作用的必要条件;四是,从目标分类来看,其将目标分为竞争型目标、标准型目标、过程型目标,为绩效管理中目标体系的搭建提供了指导。

尽管如此,目标设置理论还有进一步完善与发展的空间:一是员工同时面临多种目标,多目标如何管理有待进一步讨论;二是上述结论更多的是针对个体目标,团队目标设置与个体目标设置有哪些相同点,哪些不同点有待考察;三是目标设置理论的上述研究结论是否存在东西方差异还有待检验。

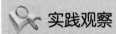
实践观察

对目标的热情和执着,比能力更重要

如果让你招聘人,一个能力更强,另一个更有热情,你会选哪个?可能大部分人都会说:当然选前者,能力更重要。恰恰相反,研究建议你选后者。组织专家卡迪、科胡特和奈芬格的研究发现:信任获得管理者的两个基本要素是"热情"和"能力",而热情要高于能力。也就是说，对目标的热情和执着，比能力更重要。相比能力，拥有强烈的目标感更能够达成高绩效、高成就。这就是我曾在《企业家的认知差距》一文中写过的，李书福、王玉锁、苏志刚等人，学历并不高，起初能力并不强，但由于他们对目标的强烈执着，反而坚持下来获得了大成就。

资料来源：朱岩梅. 卓越的管理者，善用制度驾驭人性的热情和欲望[EB/OL]. （2022-09-26）[2024-02-29]. https://mp.weixin.qq.com/s/g4AXKEUGBe7B20eT3KaPRg.

3.1.3 组织尊重理论

当下，在关注组织绩效的同时，也越来越关注员工的幸福感。人力资源管理的批判性视角，认为绩效管理将员工当作工具，会增加员工压力，不利于员工的幸福感。社会承认理论（Social Recognition Theory）则强调，幸福感来源于被爱、权力与自尊，其中，在职场中体现为组织尊重（Organizational Respect）。社会心理学研究也表明，被尊重对个人幸福与集体功能发挥具有重要作用。以此来看，被尊重感是员工消融被剥削感的重要利器。接下来，具体介绍组织尊重理论的产生与发展、基本内容及其对绩效管理的启示。

1. 组织尊重理论的产生与发展

尊重是员工从工作环境中获得的最重要的社会暗示之一，被尊重感是他人相信自己具有价值的体现。在组织中，员工得到的尊重远比期望的少得多。员工进入组织后，与组织建立了交换关系，这种交换关系可以是显性的经济交换，也可以是隐性的社会互动。员工基于组织如何对待自己来判断自身的价值，从而影响员工的态度与行为。在领导力的研究中对尊重有所提及，强调有效管理者应该表现出对员工的尊重，例如，魅力型领导、伦理型领导等。尽管"尊重"一词总被提及，对其的理论研究并不多见。克里斯蒂·M.罗杰斯（Kristie M. Rogers）和布莱克·E.阿什福思（Blake E. Ashforth）2017年在管理学刊（*Journal of Management*）发表了一篇系统性综述，总结了组织尊重理论的定义、表现、影响因素与影响结果。

2. 组织尊重理论的基本内容

第一，组织尊重可以分为承认尊重与评价尊重。承认尊重（Recognition Respect）是指个人作为独立个体理应受到的对待，强调人人平等，体现为法律和道德的约束，承认对方存在的独立性与价值，与一个人的地位和成就无关。评价尊重（Appraisal Respect）是指个人的能力、特长、行为、价值、贡献被组织或组织成员认可，强调人与人之间的差异，与一个人的表现与特征密切相关。

第二，不同类型的尊重影响因素不同，如图3-2所示。承认尊重的影响因素主要是组织尊重氛围、组织的社会地位。评价尊重的影响因素主要是组织成员对被评价者是否符合角色原型、组织成员原型、团队特征原型的判断。

第三，不同类型的尊重影响结果不同，如图3-2所示。承认尊重主要是满足个体近端的归属需要以及远端的心理安全感。评价尊重主要是满足个体近端的地位需要，以及远端的角色认同需要。与此同时，两者都能提升个体的组织自尊、组织认同。

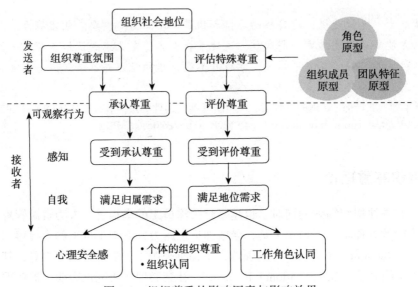

图 3-2 组织尊重的影响因素与影响效果

资料来源：Rogers K M, Ashforth B E. Respect in organizations: Feeling valued as "we" and "me"[J]. Journal of Management, 2017, 43(5): 1578-1608.

3. 组织尊重理论对绩效管理的影响

第一，组织尊重理论证明了绩效管理的价值。组织尊重理论关注了组织中的尊重这一现象，而绩效管理本身代表的是一种价值评价，与组织尊重理论中的评价尊重相契合。这说明，绩效管理是组织尊重员工的重要体现，有利于满足员工的地位需要，提高其组织自尊与组织身份认同，有利于形成完整的自我概念。

约翰·斯塔希·亚当斯

扩展阅读 3.2 约翰·斯塔希·亚当斯简介

第二，组织尊重理论指导了绩效管理的实施。如果将尊重视为绩效管理发挥作用的重要机制，那么承认尊重与评价尊重的二分类框架为绩效管理如何实施提供了启发。承认尊重强调人人平等，意味着无论员工的绩效表现如何，组织应该以礼貌、平等的态度对待员工，保证员工的知情权、参与权等基本权利；评价尊重强调人的差异性，意味着组织要通过绩效考核的方式体现员工个人的价值，包括其能力、行为与结果。

第三，组织尊重理论启发了绩效考评的内容。组织尊重理论强调可以通过角色原型、组织成员原型与团队特征原型对个体进行评价，以此反映对其的尊重。在进行年度绩效考评时，可以借鉴上述分类。例如，角色原型反映了岗位职责要求，组织成员原型反映了价值观，团队特征原型反映了伦理道德规范。

3.1.4 组织公平理论

从人力资源管理的角度来看，组织公平理论对企业绩效管理的发展具有重要的指导意义。在课程管理学原理中已经学习了约翰·斯塔希·亚当斯（John Stacey Adams）的公平理论，随着理论的发展与完善，杰森·A. 科尔奎特（Jason A. Colquitt）基于前人的研究提出组织公平理论（Organizational Justice Theory）的四元结构——分配公平（Distributive Justice）、程序公平（Procedural Justice）、人际公平（Interpersonal Justice）与信息公平（Informational Justice）。它在指导企业绩效管理过程中起着重要的作用，为企业采取的绩效管理手段奠定了理论基础。接下来，具体介绍组织公平理论的产生与发展、基本内容及其对绩效管理的启示。

1. 组织公平理论的产生与发展

组织公平是指员工在工作场所中所感知到的组织对待他们的公平程度。组织公平理论经过了四个发展阶段，如图3-3所示。1965年，约翰·斯塔希·亚当斯提出了分配公平的概念，注重个人与他人之间分配差距的比较，当个体得到的结果与分配的隐性规范（公平或平等）相一致时会促进分配公平；1975年，约翰·蒂博（John Thibaut）和劳伦斯·沃克（Laurens Walker）发现在法庭环境中判决的公正性和导致判决的过程通常是独立的，因而提出了程序公平，它注重计划与执行决策过程中的公平感知，可以通过在决策制定的过程中建言来促进程序公平；1986年，罗伯特·J.贝斯（Robert J. Bies）和约瑟夫·S.莫格（Joseph S. Moag）提出了互动公平，它注重决策实施过程中对人际方面的公平感知，当领导以尊重的态度对待员工并为其解释决策的基本原理时，互动公平就会得到加强；2001年，杰森·A.科尔奎特分别通过大学环境与野外环境条件下的两项独立研究发现，互动公平应分解为人际公平和信息公平两个部分，由此最终形成了组织公平理论的四元结构——分配公平、程序公平、人际公平与信息公平。

			人际公平
		互动公平	
			信息公平
	程序公平	程序公平	程序公平
分配公平	分配公平	分配公平	分配公平
1965年 亚当斯	1975年 蒂博和沃克	1986年 贝斯和莫格	2001年 科尔奎特

图3-3 组织公平理论的发展脉络

资料来源：Colquitt J A. On the dimensionality of organizational justice: a construct validation of a measure[J]. Journal of Applied Psychology, 2001, 86(3): 386-400.

2. 组织公平理论的基本内容

组织公平理论的四元结构包括分配公平、程序公平、人际公平与信息公平，如表3-2所示。

第一，分配公平，是指员工对决策结果公平性的感知，侧重于对"我的所得"占"我的付出"的比例与"他的所得"占"他的付出"的比例之间的比较。第二，程序公平，是指员工对计划与执行决策过程（即程序）是否公平的感受。程序公平具有过程控制和决策控制两个标准，其中，过程控制是指在程序中表达个人观点和论点的能力，决策控制是指影响实际结果本身的能力,这些基于控制的程序公平标准也在后续的文献中得到了强有力的支持。如果规则得到遵守,那么程序就是公平的。因此,为实现程序公平,规则需满足以下五个特点,①一致性,在处理不同的人和在不同的时候处理时应有一致性;②无歧视性,不存在对某些群体的歧视;③合伦理性,应该符合道德伦理标准;④参与性,政策制定收集了准确可靠的信息,员工对决策有发言权;⑤可纠偏性,应该有改正错误决策的机制。第三,人际公平,是指在决策实施过程中受到的人际对待的公平性。管理者以尊重的态度对待他人,有利于形成人际公平,具体体现为友好地对待他人、倾听他人、尊重他人以及不被无端指责。第四,信息公平,主要指是否给当事人传达了应有的信息,即要给当事人提供一些解释,如为什么要用某种形式的程序或为什么要用某种特定的方式去分配结果。管理者尽可能多地为员工提供相关信息,有利于形成信息公平,具体体现为解释决策程序、解释合理性、频繁地及时沟通与无偏传递信息。

表 3-2　公平理论的概念与特点

组织公平理论	概念	特点	具体体现
分配公平	员工对决策结果公平性的感知,侧重于对"我的所得"占"我的付出"的比例与"他的所得"占"他的付出"的比例之间的比较	一致性、无歧视性、合伦理性、参与性、可纠偏性	\
程序公平	员工对计划与执行决策过程(即程序)是否公平的感受,计划和执行决策的过程才是感知公平的决定性因素	\	\
人际公平	在决策实施过程中受到的人际对待的公平性	\	友好地对待他人、倾听他人、尊重他人以及不被无端指责
信息公平	是否给当事人传达了应有的信息,即要给当事人提供一些解释,如为什么要用某种形式的程序或为什么要用某种特定的方式去分配结果	\	解释决策程序、解释合理性、频繁地及时沟通与无偏传递信息

资料来源:Colquitt J A. On the dimensionality of organizational justice: a construct validation of a measure[J]. Journal of Applied Psychology, 2001, 86(3): 386-400.

3. 组织公平理论对绩效管理的影响

第一,组织公平理论为绩效管理的意义提供依据。组织公平理论关注了组织中的公平这一现象,而实施绩效管理的关键之一就是保证公平,大多数企业依据绩效进行薪酬的发放,使员工劳有所得,与组织公平理论相契合。这说明绩效管理是组织重视员工工作成果的重要体现,有利于提升员工的公平感。

第二,组织公平理论为绩效管理的实施指明方向。如果将公平视为绩效管理发挥作用的关键因素,那么分配公平、程序公平、人际公平与信息公平的四元结构为绩效管理如何实施提供了启示。分配公平侧重于对决策结果公平性的感知,这意味着绩效管理应确保员工最终所得到的评价是公平公正、有据可依的;程序公平侧重于对计划与执行决策过程公平性的感知,这意味着绩效管理应确保每个相同岗位与职责的员工其工作考核过程都是一致的;人际公平侧重于决策实施过程中受到人际对待公平性的感知,这意味着人力资源管理部门及一线管理者要以尊重、平等的态度对待员工；信息公平侧重于是否了解应有信息公平性的感知，这意味着绩效管理应确保员工熟知绩效管理流程，保证信息的有效传达。

第三，组织公平理论为绩效考评制度奠定基础。组织公平理论可分为分配公平、程序公平、人际公平与信息公平四个方面，分别对应决策结果、计划与执行决策过程、受到的人际对待、对应有信息的了解四个关键点。组织的绩效考评制度应确保绩效评价的结果是能够反映员工实际产出的，绩效考核的过程是一个步骤接着一个步骤实现的，绩效考评与反馈时上级是以友好、尊重的态度倾听他人并进行考评的，绩效考评整个流程涉及的信息是让每个员工所知晓的。

3.2 绩效管理与人性假设

合理、有效的绩效管理制度体系设计离不开组织对人性的洞察。在好的管理体系下，"坏人"找不到漏洞，也会变成事实上的"好人"。相反，在差的管理体系下，"好人"经不住诱惑有可能变成"坏人"。

3.2.1 绩效管理与人性假设

管理理论之母玛丽·帕克·福列特提到"人是所有商业活动的中心，也是所有活动的中心"。任何管理活动都必须建立在对现实人性理解的基础上。假设人性善或人性恶对管理方式的选择具有决定性影响。绩效管理作为一种组织管理活动，离不开对人性的洞察。现代管理学之父德鲁克认为"目标管理与自我控制是管理哲学"；管理哲学之父查尔斯·汉迪认为激励人性才是管理的真谛，他提到"世界会改变但人性不会变，我们所努力探究的就是人与人之间的关系"。张瑞敏在接受董宇辉采访时提到"管理一定有一个落脚点，这个落脚点就是你到底要员工怎么发展，人的价值最大化是最重要的"。孙新波（2023）也提到"管理学必须重新考察人的基本假设及管理的内在逻辑，进行根本性的理论创新，这样才能找到管理学研究的逻辑起点，进而应对时代的挑战"，"管理的两大基本问题之一是对管理客体的认知，即管理对象的人性假设"。在推行绩效管理或者绩效考核时，组织要思考其目的是给员工施加压力还是增强员工动力，在不同的人性假设下，组织管理者会有不同的绩效管理目的。

3.2.2 人性素假设的提出

对人的理解将影响绩效管理的设计、规划与实施，有效的绩效管理离不开对人性的认识。传统西方管理文献对人性的假设基本沿"经济人→社会人→成就人→复杂人→文化人"的路线。

上述内容与管理学原理部分内容重叠，本书仅做简单精要性概括，不做详述（见表3-3）。值得注意的是，东北大学孙新波教授回顾了古今中外64种人性假设，认为人性假设的提出与提出者的个人背景（人）、所处时代背景（时空）密切相关，每种假设的提出都是为了满足其所在时空下的社会主导性需求以及由此提供问题解决方案。基于中国传统文化，孙新波教授提出了人性素假设,认为:素是人性的本质,是人性的根本性假设;以往的人性假设是人性素假设的部分成分;随着时间、空间与人的认知不断变化,人性假设也会不断变化;人性素假设是过程性假设而非状态性假设,是演化性假设而非存在性假设。人性素假设包括六大特征:对称破缺性、整体决定性、多元相对性、环境交互性、相互吸引性、系统演化性。人性素假设让人们更加完整、客观地看待人性,其过程性特点也凸显了可塑性,肯定了人的主观能动性与自我发展性。人性素假设的提出反映了当下从确定性思维走向不确定性思维的趋势,满足了时代发展的要求。

表 3-3　人性假设相关理论

人性假设	核心观点与管理实践启示	代表性人物
经济人（X理论）	人生性懒惰,厌恶工作;人缺乏进取心,不愿意承担风险和责任;人习惯明哲保身,反对变革;人缺乏理性,易受外界和他人影响 管理启示:管理需采用"胡萝卜+大棒";应该少数人参与管理;任务管理是重点	弗雷德里克·泰勒
社会人（Y理论）	人受到的激励主要来源于社会需求满足;人从工作的社会关系中寻找乐趣和意义;管理中的激励与控制对个体影响很大;上级满足个体的社会性需求有利于调动员工的工作积极性 管理启示:关心任务,更要关心人;注重培养员工归属感;重视团队奖惩而非个人;注重倾听员工心声,反映员工意见;鼓励员工参与管理;关系型管理	乔治·梅奥
成就人	人是勤奋的,乐于动手和动脑;人能够实现自我指导与自我控制;人从事工作是为了获得成就感;人有解决问题所需的想象力和创造力,人的智力只有一小部分得到了开发 管理启示:创造有利于发挥个人潜力的工作环境;服务型管理;通过内在激励满足人的成就需求;设计有助于员工展现自我的管理制度	麦格雷戈
复杂人（超Y理论）	人的需求各不相同;人在同一时间内有各种需求和动机;动机模式是内在需求与外部环境相互作用的结果;不同单位的个体或同一单位不同部门的个体产生不同需要;不同的人对不同管理方式产生不同反应 管理启示:管理要因事而异,因人而异	埃德加·沙因
文化人	正确的企业文化能够引导人、约束人、凝聚人和塑造人 管理启示:组织对员工实行终身雇用;组织不仅要让员工完成生产任务,还要培养人;既要控制,也要对人的经验和潜力进行诱导;决策采用集体研究和个体负责方式;员工参与管理;大胆引进无经验的新人	威廉·大内
人性素	素是人性假设的核心成分,是人性的根本假设;人性素假设是过程假设而非状态假设,是演化假设而非存在性假设;人性是全面的整体结构,要承认人各种需求的合理性;人同时具有自我实现的动力与潜能	孙新波

资料来源:编写组整理。

3.2.3　人性素假设对绩效管理的启示

人性有两面性,"性本善"与"性本恶"都是对人性的极端假设,但绩效管理制度不能建立在对人性的极端假设之上。如果过度信任员工,肯定会纵容"坏人",反之,也会委屈"好人"。遗憾的是,大多数组织往往从人性恶的假设出发推行绩效管理,这种管理是控制性的,而非引导式的。人性素假设启发组织绩效管理应注重过程(性善与性恶的转化)而非仅关注结果（非善即恶）。只关注结果容易将管理者与被管理者的关系演化为敌对关系，影响组织的整体表现。

1. 人性本素强调人性的整体性，启发绩效管理要客观看待人性

人性是全面的整体结构，要承认人各种需求的合理性。绩效管理要客观看待人性的成分，例如，"教会徒弟，饿死师父"不能简单理解为一种自私。绩效管理要客观认识上述问题，要能通过绩效管理设计达到让员工主观利己、客观利组织的效果。例如，很多餐饮连锁门店的店长不想带后备店长。这是人性使然，很多人都有这样的想法。在此情况下，组织如何设计有效的考核与激励制度以实现组织与个人利益的双赢就很关键。员工主观利己、客观利他是一种比较理想的制度设计。例如，海底捞对店长的薪酬设计了 A 和 B 两种方案，A 方案按照店长自己管理的门店利润的 2.8%进行提成；B 方案是"店长薪酬 = 自己管理门店利润的 0.4% + 徒弟管理门店利润的 3.1% + 徒孙管理门店利润的 1.5%"。一般情况下，门店店长都会选择 B 方案，这样的制度设计会让店长为了获得更高的薪酬来辅导后备干部与新人（吴梦涵，2018）。

2. 人性本素强调人性的过程性，启发绩效管理要能够惩恶扬善

以往人性假设大多是非黑即白的，人性素假设认为人性本素，善恶是素在个人与外部环境互动下发展而来的。绩效管理要做的是惩恶扬善，对人性的弱点逆向做功，同时激发人的善性，这有助于提高人性中善的成分。例如，人性中包含了"以自我为中心，以上级为中心""以裙带关系为本，以论资排辈为本""意志力下降，成长性瓶颈""追求安全感，倾向自我保护"等主客观人性的弱点（见图 3-4）。为此，华为分别提出了以客户为中心、以奋斗者为本、长期艰苦奋斗、坚持自我批判的核心价值观，目的就是通过建立标杆、赞

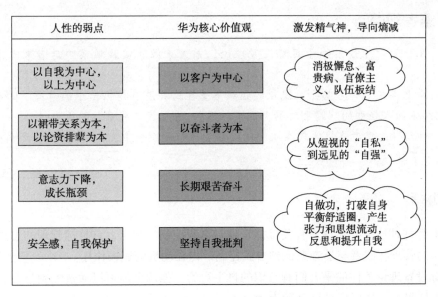

图 3-4 人性的弱点与管理应对

资料来源：孙新波. 管理哲学[M]. 北京：机械工业出版社，2018.

美引导、文化入魂、培育人才等方式，抵消人性的弱点，更好地展现人性的"真善美"。例如，在绩效考评中，往往会出现裙带关系、论资排辈等影响考核公正性的问题，针对这一问题，华为提出坚持以奋斗者为本，绩效管理中应该强调对贡献的重视，这有利于实现绩效管理的公平、公正。又如，在绩效指标制定过程中，下属往往会以上级需求为出发点，选择那些能够让上级开心或展现功绩的指标，但这些指标未必是对组织有价值的。华为所提的以客户为中心，"眼睛盯着客户，屁股对着老板"正是为了克服人性这一弱点。再如，随着员工岗位等级的提升以及收入的增加，老员工往往会出现意志力下降、激情衰减等问题，影响绩效管理的有效实施，为此，华为针对管理者的末位淘汰一直沿用至今，目的就是激活组织。

3. 人性素假设提出的本源性，启示绩效管理要牢记回归初心

根据孙新波教授的观点，人性素假设是所有人性假设的本源。这启发绩效管理者要透过现象看本质，绩效管理中切忌"就事论事，头疼医头，脚疼医脚"。例如，一位老师上课时发现，很多人迟到，老师一不高兴，就拍桌子抱怨"怎么这么多人迟到啊！太不像话了"。事后老师会发现拍桌子的对象错了，迟到的人根本没有来，来的这些人恰恰应该是给予表扬的，结果来的人挨了顿骂。当遇到绩效管理中的问题时，不妨回到问题的原点，思考"组织当初到底想要什么"。多数企业强调绩效考核的目的是实现公平，而很多具体做法与实现公平的初衷并不一致。以销售人员为例，按照"底薪+固定提成"的模式考核销售人员，给其定 100 万元的销售指标，这合理吗？这需要思考的是完成前 70 万元和后 30 万元的难度是不是一样，而后 30 万元往往是组织更期望看到的。以此来看，将销售指标进行分档，每档设置不同的提成比例更符合公平原则，也更能体现对人的尊重，即付出的努力与收获是对等的（许玉林，2018）。

> ## 编者观点
>
> 1. 目标管理理论不等于目标设置理论，前者来源于实践观察，后者来源于理论思辨。
> 2. 尊重存在东西方差异，现在的组织尊重理论并没有挖掘出中国情境下的独特因素，例如中国人强调的"滴水之恩当涌泉相报"，并重视"关系"的重要性。
> 3. 对人性的思考直接体现在组织的经营管理哲学理念中，但多数组织缺乏明确的哲学理念与管理原则。

本章小结

目标管理理论主要体现为有关目标管理与自我控制的观点，自目标管理的思想之后，越来越多的管理实践者与学者意识到自我控制、内在动机的积极作用。

目标设置理论关注的是人们有意识的自主行为，强调个体可以通过经验学习、选择、评价等发展目标，用以指导自身行为。

组织尊重可以分为承认尊重与评价尊重，不同类型的尊重的影响因素不同，并且不同类型的尊重的影响结果不同。

组织公平理论的四元结构，包括分配公平、程序公平、人际公平与信息公平，它在指导企业绩效管理过程中起着重要的作用。

人性素假设包括六大特征：对称破缺性、整体决定性、多元相对性、环境交互性、相互吸引性、系统演化性。

人性素假设对绩效管理的启示包含三个方面，一是人性本素强调人性的整体性，启发绩效管理要客观看待人性；二是人性本素强调人性的过程性，启发绩效管理要能够惩恶扬善；三是人性素假设提出的本源性，启示绩效管理要牢记回归初心。

复习思考题

1. 目标管理理论的基本内容是什么？它对绩效管理有何启示？
2. 目标设置理论的基本内容是什么？它对绩效管理有何启示？
3. 组织尊重理论的基本内容是什么？它对绩效管理有何启示？
4. 组织公平理论的基本内容是什么？它对绩效管理有何启示？
5. 人性素假设的基本观点是什么？它对绩效管理有何启示？

拓展阅读

[1] 朱飞. 激励员工的人性"按钮"[J]. 企业管理，2020(9): 28-30.
[2] 宁高宁. 以人为本，人是管理的起点与终点[EB/OL]. (2023-09-16) [2024-04-15]. https://mp.weixin.qq.com/s/4DQa_6NdsaLqZATaHcjawg.
[3] 德鲁克. 学会目标管理和自我控制，才能充分发挥团队潜能[EB/OL]. (2020-10-17) [2024-04-15]. https://mp.weixin.qq.com/s/idE_U-AsgR9HkWRaqE9PRA.

应用案例

应用案例：丰田绩效考评体系的公平之道

丰田公司绩效考评称为面谈培养。言下之意，就是通过面谈，确定考核目标，评价目标达成度；通过面谈，了解下属需要哪些支持，下属在达成目标过程中的态度、能力以及需要改进的地方；通过面谈，提出今后工作的期待，下属发扬优点改正缺点的过程，实际上是下属实现从量变到质变的转化，促进下属不断成长，这个过程其实也是人才培养的过程。

面谈考核的宗旨是"能力主义"和"成果主义"。一个优秀的员工，既要体现在能力上，又要体现在工作业绩上。对于资格/职务较低的员工，在"成果主义"的基础上更多地体现"能力主义"；对于资格/职务较高的员工，在"能力主义"的基础上更多地关注"成果主义"。首先谈一谈"成果主义"。丰田公司体现成果主义的考核方法就是方针管理，方针管理不完全等同于目标管理（MBO）。方针管理关注结果，但更关注过程；方针管理关注目标的层层分解，更关注上下交流、上下同心。

每年年末，公司上下在年终盘点的同时，也在进行一次轰轰烈烈的年度目标设定活动。首先是制定公司目标。公司目标的制定通常有两种方式：一种是公司总经理根据公司战略、经营环境提出明年经营目标,下发到各部门进行讨论、修改,再反馈上去,反复几次最终定稿;另一种是总经理不提公司目标,由各部门根据本部门实际、公司战略提出部门目标,总经理根据公司战略、经营环境,进行归纳提炼,加入自己的观点,制定公司次年经营目标,下发到各部门进行讨论、修改,再反馈上去。采取哪种方式取决于不同总经理的不同的管理方式。

公司目标确定后,一方面要报日本丰田公司本部,作为次年考评总经理的必要要件;另一方面,下发到各部门,制定部门以及部门内每个员工的年度工作目标及工作计划。公司、部门年度目标和计划确定后,将贴在公司显眼位置,如会议室,对全体员工公开。然后,上司同下属通过面谈方式共同确定每一个员工的年度工作目标及月度分解目标。在每月月末,目标达成度点检的同时制定次月的工作目标,将目标填入公司统一制作的月度考核面谈表。到了月末,上司同下属又一起逐一对每一个目标就目标重要性以及每一目标的工作进度、完成情况、取得效果进行评价,确定等级,评定分值。每个员工面谈考核分值确定后,该部门各个员工的表现情况就一目了然了。

上司同下属共同确定了下个月的工作目标后,并不是放任不管,在发挥员工主动性、能动性的同时,需要不时了解员工的工作情况,给予必要的帮助和指导。这成为丰田工作方法之一的"联络·汇报·商量"。

对中高级管理者来说,部门目标达成度点检通常每半年进行一次,公司总经理会按照部门年度目标逐项进行检查,目标是否达成、达成的效果如何,被评价者除了自我评价外,还要接受总经理近乎苛刻的提问和严格的点评。年中、年末点检也是各位管理者极为恐惧的一天。通常,为此点检,部门上下会紧张忙碌近一个月。

方针管理是就双方达成共识的项目进行工作和评价,锻炼了员工独立解决问题的能力,同时要求上司参与员工工作的各个方面。"能力主义"考评主要针对职务、资格较低的员工。考评主要集中在员工工作技能、专业知识、工作态度等方面。实际上,就是丰田价值观的评价。不同职务、不同资格的员工,其能力要求不同,专业知识要求不同,考评的侧重点也不同。比如,对于基层主管,更多侧重于对领导能力、人才培养、方针管理、成本管理等方面;对于一般文员,倾向于改善、问题意识、团队精神、遵守规章制度等方面;对于操作工人,考评主要集中在安全、品质、改善、多能工、4S、团队协作等方面。

"成果主义"和"能力主义"的面谈考评中,丰田公司考评员工绩效但不唯绩效,真正关注的是通过考评促进员工能力的提高和个人的成长。这才是丰田公司绩效考评的价值所在。

资料来源:HR案例网. 解读丰田人力资源管理的精髓[EB/OL]. (2019-09-24) [2024-04-05]. https://mp.weixin.qq.com/s/TMj0-PHRYyvjkZ2rDaGhPg.

思考题: 丰田的绩效考评体系从哪些方面体现了公平原则?

即测即练

自学自测　扫描此码

第4章 绩效管理系统

"我们的活力曲线之所以能有效发挥作用,是因为我们花了十年的时间在我们企业里建立起一种绩效文化。"

——通用电气原 CEO　杰克·韦尔奇

"最优秀的公司领导人会给自己的公司带来高绩效的公司文化……拥有高绩效文化的公司,就一定是商业领域的赢家。"

——IBM 公司原总裁　路易斯·郭士纳

 学习目标

学完本章后,你应该能够:
1. 掌握理论上绩效管理理论系统六要素。
2. 阐述实践中绩效管理实践系统四体系。
3. 了解绩效考评委员会的组成及其职责。
4. 阐述人力资源管理部门与直线经理的绩效管理职责。
5. 描述绩效管理保障体系的基本内容。
6. 了解绩效管理制度体系的基本内容。

 引导案例

乡镇供电所卓越绩效管理体系构建

供电所是公司服务"三农"的前沿主阵地,加强供电所建设,提高管理水平和服务能力,是公司服务国家乡村振兴战略的迫切需要。然而,随着乡村振兴战略的深入推进,供电所改革发展迎来了新的挑战。一方面是客户对电力可靠性、稳定性要求越来越高,另一方面是数字化转型带来新设备、新技术、新应用、新业务对员工素质有较高的要求。

以落实乡村振兴战略目标为引领,以夯实基层基本功为着眼点,抓住降维、实操两个关键点,构建乡镇供电所"双循环、两融合"卓越绩效管理体系。融合卓越绩效管理、可持续管理、对标管理、QC 小组活动等企业管理理论方法,按照 PDCA 循环工作思路,实践"编制工作指南—导入工作指南—全面评价诊断—实施改进提升"的企业管理"业务循环融合"。"双循环、两融合"卓越绩效管理体系的特点及优势可以概括为:"业务循环融合"集卓越绩效管理、标准化管理、对标管理、可持续发展等业务于一体,能够发挥企业管理整体效能,解决"帽大头小"困境。

设计供电所卓越绩效标准体系。从客户视角出发,利用卓越绩效的"识别—设计—实施"方法以及价值流分析工具，编制37项评价条款，明确各条款分值，逐条逐款制定管理要点、管理目标、详细要求3项内容，形成以易指导、可操作为核心的管理规范。围绕核心业务过程的4个模块、12项条款，以乡镇供电所同业对标指标体系为参照，选取数据客观真实的21项指标，确定各指标分值，设计精准监测过程、数据自动采集的关键绩效指标。

建立供电所卓越绩效工作体系。立足乡镇供电所运转规律，明确"标准导入—评价诊断—精益改进—创新提升"4个工作阶段，细化为12个管控节点，形成标准化工作流程体系。标准导入以前期准备、宣贯培训、健全工作机制为主，评价诊断涵盖供电所自评、市县公司现场诊断两个部分，精益改进落实"定义—测量—分析—改进—控制"五步法，创新提升注重卓越绩效与星级供电所、星级现场等活动的循环融合。

打造供电所卓越绩效工具体系。研究《评价导则》的过程和结果评价法，转换为供电所作业场景语言，分别形成37项过程条款和21项结果指标的评价诊断模板。围绕21项结果指标，筛选出因果图、系统图、流程图3项，明确各工具特征以及应用场景，建立以实用、科学为核心的要因分析工具库。融合标准化作业工具，制定对策实施阶段的5W1H要点表，编制以标准、规范为导向的对策制定表。

发挥卓越绩效管理理念优势，融合生命体班组。发挥卓越绩效核心价值观的思维引领性，开展以人为本的组织管理变革行动、系统协调的业务模式创新行动、学习改进与创新的班组活力激发行动，指导供电所生命体班组建设。

发挥卓越绩效管理架构优势，融合星级现场。将卓越绩效管理架构作为供电所建设星级现场的重要抓手，分别利用"领导作用、战略秉承、客户与市场"3项驱动型模块、"核心业务过程、资源保障"2项从动型模块、"测量分析改进"价值链等方法工具，实现星级现场的推进要素、管理过程、服务结果全面提升。

发挥卓越绩效管理方法优势，融合星级供电所。将卓越绩效的"方法—展开—学习—整合"过程评价法融入星级供电所建设中，以卓越管理过程落实评价标准的各个子项目，解决星级供电所创建活动存在的"重结果轻过程"困境。

资料来源：赵超，刘国涛. 乡镇供电所卓越绩效管理体系构建[J]. 企业管理，2022 (S1): 332-333.

4.1 绩效管理系统

绩效管理是一个循环的动态系统，为了帮助组织更好地理解绩效管理系统并使其顺利运行，需要从理论、实践两个层面来理解绩效管理系统。理论上，绩效管理系统由绩效管理的输入、输出、任务、流程、参与者等要素构成。在实践中，一般将绩效管理实践体系分为目标体系、过程体系、制度体系以及保障体系。

4.1.1 绩效管理的理论系统

针对绩效管理的理论与实证研究是零散的，例如，目标设置的研究更多是组织行为学动机研究领域的话题。此外，近年来绩效管理中出现了一些新的争论，例如，绩效管理中的非正式因素（如氛围）是否比正式要素（如年度绩效面谈）更重要？绩效考评通常是不准确的，是否要废除？是否应该精简绩效管理活动，剔除一些低价值的部分？为了对绩效管理有一个更系统的认识，也为了更好地解答上述疑问，来自德克萨斯农工大学的戴德拉·J.施莱希尔（Deidra J. Schleicher）等学者基于一致性系统模型（Congruence Systems Model），构建了一个绩效管理系统模型（见图4-1）。根据这个模型，绩效管理系统包括输入、输出、任务、参与者、正式流程与非正式流程六个要素，其中，后四个要素为过程性要素。该模型提供了一个系统性思考框架，一方面，有利于更好地理解绩效管理的运行；另一方面，也能帮助大家更好地理解绩效管理问题的复杂性。

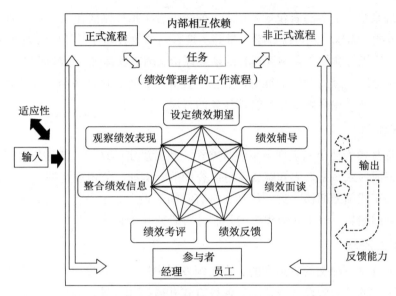

图4-1　绩效管理系统模型

资料来源：Schleicher D J, Baumann H M, Sullivan D W, et al. Putting the system into performance management systems: A review and agenda for performance management research[J]. Journal of Management, 2018, 44(6): 2209-2245.

1. 任务

绩效管理任务是指绩效管理的工作流程或绩效管理过程中涉及的具体活动。绩效管理任务具体包括设定绩效期望、观察绩效表现、整合绩效信息、绩效考评、绩效反馈、绩效面谈与绩效辅导七个要素。

一是设定绩效期望。已有研究表明，任务澄清和合理的目标设定可以提高员工的绩效表现。二是观察绩效表现。尽管理论上观察绩效（如工作日记）有利于提高评价的准确性，但这方面的研究很少，尚缺乏足够的证据来揭示忙碌的管理者如何观察员工的绩效表现。三是整合绩效信息。这一活动体现了管理者如何整合不同的信息，以做出更佳决策，是一种认知过程。但遗憾的是，这方面的研究还很少。四是绩效考评。它在绩效管理过程中发挥着重要作用，但关于绩效考评的价值，研究结果喜忧参半。有学者发现正式绩效考评可以积极影响组织氛围和工作满意度，也有研究发现正式绩效考评对员工满意度、组织承诺和离职等结果没有影响。五是绩效反馈。360度反馈可以增加员工对组织支持的感知，有助于提高员工的绩效以及绩效考核系统的有效性。六是绩效面谈。有效的绩效面谈可以在绩效管理系统中发挥重要作用。当绩效审查会议被认为是有帮助的时候,有助于提高员工感知到的组织公平性。七是绩效辅导。绩效辅导区别于高管教练(Executive Coaching),它发生在管理者与员工的日常互动中。彼得·A.赫斯林等学者认为绩效辅导主要包括指导(如澄清绩效期望、建设性绩效反馈等)、协助(如协助探索解决绩效问题的路径)、激发(如鼓励员工开发自身潜能)三个维度。

2. 参与者

绩效管理系统中的参与者包括评估者(如管理者)和被评估者(员工),他们的个体差异(知识、技能、需求、人口统计学变量等)是影响绩效管理任务开展的关键因素。例如,员工的能力、技能与绩效会影响管理者的绩效评价、绩效反馈等。管理者的绩效管理知识、技能与能力也会影响绩效考评的准确性、公平性等。此外,评估者与被评估者的互动关系(如领导成员交换)也会影响绩效管理任务的开展。

3. 正式流程

正式流程是指为使个人表现与组织战略相一致所设定的结构、流程与程序。正式流程通常存在于书面形式,是人人知晓或者可以查询的。例如,公司规定每年6月份开展一次上下级之间的正式绩效面谈,这一活动通常有时间、地点、记录等。有关正式流程的研究整体呈现下降的趋势,但正式流程中的强制分布研究并未衰减。

4. 非正式流程

非正式流程是不成文的、隐含的、在组织发展中所形成的流程。非正式流程通常涵盖两类内容:正式的绩效管理任务活动以何种方式开展,如领导在咖啡馆与员工聊天,进行非正式绩效反馈;哪些因素影响了绩效管理任务活动的开展,如组织政治氛围、上级支持、支持型人力资源实践等。有关非正式流程的研究呈现上升趋势。几个典型的绩效管理实践活动,无论是正式的还是非正式的,都被认为是有利于绩效提升的,例如,员工参与对多数绩效管理任务是有帮助的。

5. 输入

输入是系统的既定因素,主要指组织必须使用的资源和开展工作的环境,这些因素会对系统提出要求或产生一定的限制。输入涉及环境、资源和战略等方面,主要包括国家文化、企业所有权类型和结构、组织文化和氛围、组织资源(如领导支持)、组织战略和绩效管理战略等内容,具体而言:一是绩效管理系统输入事项,既影响绩效管理的其他组成部分(如任务、流程),也影响绩效管理的最终有效性;二是绩效管理实践可以在不同的环境中有效,但是也会在不同的环境中变化,特别是国家文化、组织文化会对绩效管理有很大的影响;三是人力资源实践的其他模块(如招聘、选拔、薪酬奖励、培训、发展和工作设计等)对绩效管理也是一个重要的输入。

6. 输出

绩效管理的输出是绩效管理系统所带来的各种结果,它提供了关于系统运行状况的关键信息，可用其控制或校正绩效管理系统。绩效管理系统的典型输出包括绩效考评结果、绩效反馈结果（例如，反馈接受度、反馈有用性等）、绩效改进计划、职业发展规划、行政决策建议等。未来可以探索不同系统要素的组成与配置是否可以产生相同的输出或结果。

4.1.2 绩效管理的实践系统

绩效管理体系是由绩效管理的目标体系、绩效管理的过程体系、绩效管理的制度体系以及绩效管理的保障体系四个部分组成（林新奇，蒋瑞，2020），如图 4-2 所示。

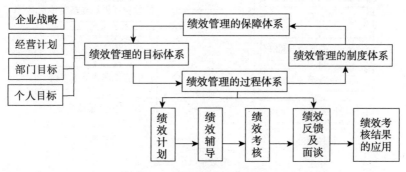

图 4-2　绩效管理体系构成

资料来源：林新奇，蒋瑞. 绩效管理[M]. 北京：中国人民大学出版社，2020.

第一，绩效管理的目标体系。它包括企业层、部门层以及员工层的目标，制定目标体系需要从分析企业战略开始，将企业战略层层分解为具体部门以及岗位的目标（企业层级 KPI—部门/团队 KPI—岗位 KPI），确保每个部门、团队与员工的工作目标与企业的战略目标相一致。

第二，绩效管理的过程体系。它包括绩效计划、绩效管控、绩效考评和绩效反馈四个环节，以保证绩效目标顺利实现，最终将企业战略落到实处。绩效管理过程体系中最为关键的是一线管理者。往往会出现这样一种现象，一线管理者未能承担起相应的绩效管理责任，在绩效管理中投入度不够或者当甩手掌柜。

第三，绩效管理的制度体系。它是指保证绩效目标得以实现的与之相应的一系列管理制度，例如，上下级沟通制度、绩效考核制度、基于员工绩效的奖惩制度、培训制度等，健全完善的绩效管理相关制度有利于确保绩效管理过程顺利进行并成功实现绩效目标。

第四，绩效管理的保障体系。它是指保障绩效目标得以实现的团体或组织，例如，公司绩效管理委员会、绩效管理办公室、绩效管理推进小组等，职责明确的组织保障体系有利于提高企业绩效管理的效果。

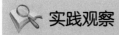 实践观察

华为的绩效管理体系架构

华为的绩效管理体系架构如图 4-3 所示。首先，绩效管理的流程呈现"绩效目标—

绩效辅导—绩效评价—结果反馈——绩效目标"的一个闭环模式；其次，绩效管理组织划分为四个部分，一是企业战略目标，二是企业业务重点与 KPI，三是部门业务重点与 KPI，四是岗位业务重点与 KPI；再次，绩效责任体系分为高层管理者绩效考核、中层管理者绩效考核以及基层员工绩效考核；最后，绩效体系的构成由三个部分组成：KPI 设计、绩效考核以及绩效应用，而这三个部分通过绩效管理组织和绩效责任体系来实现。

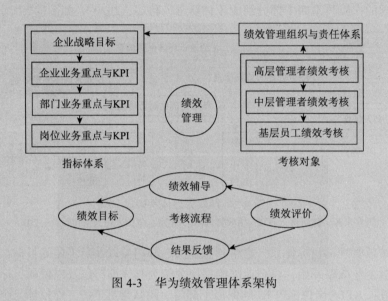

图 4-3　华为绩效管理体系架构

资料来源：HR 赋能工坊. 深度解析华为的绩效管理体系及应用[EB/OL]. (2023-11-01) [2024-02-29]. https://mp.weixin.qq.com/s/gTTlUD-Cgh82kMHtxYxJog.

4.1.3　绩效管理实践体系的构建过程

绩效管理体系的设计步骤主要包括五个阶段（林新奇，蒋瑞，2020），如图 4-4 所示。

第一个阶段是评估企业绩效管理体系的现状，了解现行考核指标、结果应用、考核结果如何反馈以及直接主管在考核与薪酬分配上的权限。

第二个阶段是提出关键成功因素（KSF），明晰企业愿景与经营策略，并借鉴已有的项目成果来提炼出企业的关键结果领域。

第三个阶段是目标关联，逐层分解战略目标形成企业层、部门层 KPI，基于工作分析成果并结合岗位核心职责提炼岗位 KPI。

第四个阶段是目标沟通，与各层人员沟通制定的考核指标并通过培训建立岗位 KPI 的目标值。

第五个阶段是形成制度，明确为什么考核、考核谁、谁负责考核、怎么考核、结果如何应用、结果如何反馈，从而形成具体的绩效管理制度。

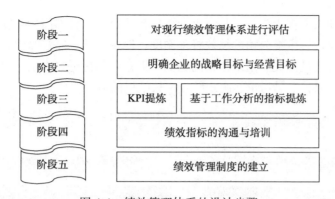

图 4-4 绩效管理体系的设计步骤

资料来源：林新奇，蒋瑞. 绩效管理[M]. 北京：中国人民大学出版社，2020.

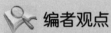 编者观点

1. 无论从实践体系还是理论体系来看，绩效管理都极其复杂，涉及方方面面。依此看，绩效管理即管理不无道理。

2. 相同的考核制度为什么在不同企业实施效果不同，非正式过程发挥了重要作用，而实践体系缺乏对这一过程的充分论述。

4.2 绩效管理的保障体系

完善的绩效管理保障体系有助于组织的绩效管理体系正常运行，组织的分工保障、文化的氛围保障与信息的技术保障为绩效管理的保障体系打下了坚实基础。在绩效管理的保障体系内部，各个部门分工协作、密切配合，为绩效管理的顺利开展提供充分的保障。接下来，具体介绍绩效管理的组织保障、文化保障与信息保障。

4.2.1 组织保障

绩效考评委员会、人力资源管理部门与直线经理肩负起组织保障的重担，明确具体的分工职责，提升了组织保障的效率。接下来，具体介绍绩效考评委员会的组成和职责、人力资源管理部门的职责以及直线经理的绩效管理职责。

1. 绩效考评委员会的组成和职责

绩效管理机构依据绩效管理制度的要求和管理流程开展工作，而绩效管理委员会则对整个过程进行监管，保障在一个公平、公正、公开的环境下进行绩效管理工作。根据考核对象的不同，绩效考评委员会的人员组成不尽相同，根据公平、公正、公开的原则，可以由公司领导班子成员、各部门负责人、员工代表及外部聘请的专家等组成。

绩效考评委员会在绩效管理的过程中需要承担七项职责，如图 4-5 所示。一是讨论、

审定公司的年度绩效考核指标；二是审批和下达各子公司、各部门的年度绩效考核指标；三是讨论修改、审核、审批公司的绩效管理制度；四是指导、监督绩效管理制度的实施过程；五是协调、处理员工关于绩效考核问题的申诉；六是讨论、决定、审批或调整、修正绩效考核的最终结果；七是讨论、决定绩效考核结果的运用。

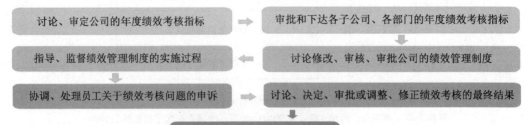

图 4-5　绩效考评委员会的七项职责

资料来源：林新奇，蒋瑞. 绩效管理[M]. 北京：中国人民大学出版社，2020.

2. 人力资源管理部门的职责

> **实践困惑**
>
> 　　在我们公司，每个季度都有对各部门员工的重点工作和日常工作的考核评价，人力资源部门发布考核评价收口时间，各业务部门需要在规定时间内完成员工自评和主管领导的审核打分。这个过程看似简单，但业务部门对此项工作不重视，不是完成时间不及时，就是评价不规范，打分不严谨，每位员工的分数基本一致。而且，部门领导、员工都认为这项工作是人力资源部门的任务，他们只是配合完成，造成为了考核而考核。

　　人力资源部的绩效管理职责共分为组织协调工作、评估工作、宣传与制定工作、培训工作、日常管理工作与后续工作六个方面，如表4-1所示。

　　第一，组织协调工作。人力资源部进行组织协调工作是保证企业绩效管理变革顺利进行的基础。首先，应协调企业内部各个部门及其员工的关系以营造有利于推进绩效管理建设的和谐稳定的人际环境；其次，应协调企业与外部专家的关系，发挥人力资源部沟通桥梁的作用。

　　第二，评估工作。根据企业的实际情况与目前现存的问题进行工作评估是企业形成新的绩效管理体系的关键，人力资源部应评估企业的文化和价值观、评估企业所处的行业和发展阶段、评估企业的基础管理能力与评估企业原有的绩效管理制度和体系，形成符合企业文化的新的绩效管理体系。

　　第三，宣传与制定工作。人力资源部进行宣传与制定工作为企业的绩效管理打下了良好的基础。首先，应宣传绩效管理对企业、对员工的积极作用；其次，应与外部专家一起制定或改革本企业的绩效管理制度与体系以及协助外部专家分解企业战略目标，形成各级KPI。

第四,培训工作。人力资源部应在实施绩效管理前对绩效管理主体等相关人员进行培训,比如,绩效评估工具的运用、如何设立绩效标准并确认良好绩效等。

第五,日常管理工作。人力资源部为推进绩效管理体系应做的经常性工作,具体包含:考核过程的监督与检查、收集有关绩效管理的资料并反馈信息、汇总并统计考核评分结果、建立员工考核档案以及协调并处理员工的申诉问题。

第六,后续工作。人力资源部应在绩效管理体系实施的过程中分析问题、进行经验教训总结、最终提出改进的意见,以使绩效管理体系更加全面、完善。

表 4-1　人力资源管理部门的主要职责及其内容

主要职责	职责内容
组织协调工作	协调企业内部各个部门及其员工的关系
	协调企业与外部专家的关系,发挥沟通桥梁的作用
评估工作	评估企业的文化和价值观
	评估企业所处的行业和发展阶段
	评估企业的基础管理能力
	评估企业原有的绩效管理制度和体系
宣传与制定工作	宣传绩效管理对企业、对员工的积极作用
	与外部专家一起制定或改革本企业的绩效管理制度与体系
	协助外部专家分解企业战略目标,形成各级 KPI
培训工作	组织和协调企业内外各项培训资源,制订培训计划
	对企业各级管理者和员工进行绩效管理培训
日常管理工作	考核过程的监督、检查
	收集有关绩效管理的资料并反馈信息
	汇总、统计考核评分结果
	建立员工考核档案
	协调、处理员工的申诉问题
后续工作	绩效管理体系实施过程中的经验教训总结
	提出改进的意见

资料来源:林新奇,蒋瑞.绩效管理[M].北京:中国人民大学出版社,2020.

 实践观察

人力资源部门员工的角色定位

碧桂园集团原营销学院院长何欣将基于战略与业务角色的人力资源部的职责与定位分为三种:教练、政委与合作者(见表 4-2)。政委角色是人力资源业务合作伙伴(HRBP)的变形,其角色定位是基于人的问题的合作伙伴,人力资本的增值者,员工与公司之间的桥梁,组织文化的诠释者、倡导者与捍卫者。阿里巴巴实行中国特色的政委体系就是典型代表。为解决企业层级多的问题，在跨区域发展情况下，政委可以使组织价值观在一线员工中传承，同时为业务和人才培养提供更便捷的支持。阿里对政委的选拔条件是：工作5年以上，精通人力资源专业、优先管理经验者；其功能定位是提效能、促人才和推文化。具体而言，通过对人、团队与组织的理解，推进组织绩效；助力组织搭建干部梯队，确保业务持续发展；帮助业务团队建立信任、简单的组织氛围；结合业务策略和一线需求，通过招聘、选拔、激励等人力资源管理活动，推动组织文化落地。在授权体系上，各层政委受总部垂直管理，不向业务条线汇报。目前，政委体系主要在电商、互联网、O2O等快速成长行业有较广泛的应用。

表 4-2　基于战略与业务的人力资源角色定位

HR 角色定位	主要职责	个人与组织要求
教练	对业务部门的人才及组织管理事项提出建设性辅导建议	阅历丰富；轮岗或一线管理经验；情绪管理能力
政委	深入一线，协助业务管理者做出决策，对业务单元人才管理做出独立判断，并有部分或者充分决定权	专业能力强；业务理解深刻；内心强大；授权到位
合作者	人力资源管理制度建设，着重宏观调控，体现制度政策的水平、政策的公平程度并且保证政策的实施效率	招到合适的人，实现人—组织、人—岗与人—人匹配，其中人—组织匹配是核心

资料来源：何欣. 找准定位，方能对位[J]. 人力资源，2022(19): 16-20.

3. 直线经理的绩效管理职责

管理者是绩效管理过程的核心执行者。组织绩效管理是绩效管理的重要组成部分，但是全球90%以上非中方背景的世界500强企业中，组织绩效由财务部门负责，而人力资源管理部门主要承担员工绩效管理，但绩效管理的第一责任者非人力资源部门而是直线经理。由此可见，直线经理对员工绩效管理的有效性至关重要。具体而言，根据绩效管理的理论系统，直线经理可以在绩效任务、参与者、非正式过程、正式过程、输入和输出等多方面对绩效管理产生影响。

直线经理有责任为绩效管理建言。直线经理可以向高层反映业务发展与人力资源管理实施情况，促进企业战略的有效制定，影响组织的人力资源管理战略选择，包括绩效管理的相应规定、流程、程序等。

直线经理有责任实施绩效管理具体任务。绩效管理的实施情况直接影响了绩效管理的有效性。员工的绩效目标设定、绩效监督、绩效辅导、整合绩效信息、绩效考评、绩效面谈都是直线经理做出的。

直线经理有责任选择绩效管理实施方式。在完成绩效管理任务时，直线经理可以选择正式实施，也可以选择非正式实施。例如，在绩效目标制定过程中，可以通过部门会议让员工正式参与，也可以与员工私下沟通。直线经理的能力决定了正式与非正式流程选择的质量。

直线经理有责任营造绩效管理的相应氛围。直线经理可以通过营造有利于绩效管理的团队氛围，如定期向员工提供反馈，为绩效管理实施提供文化保障。

直线经理有责任甄选绩效管理的参与者。直线经理对部门用人负责，直接影响了部门人员的招聘与选择，对团队成员的构成产生直接影响。

直线经理有责任助力团队绩效的提升。直线经理可以通过自身的业绩对团队输出产生直接影响，也可以通过增强团队凝聚力、团队合作，为员工个体能力的发挥提供有利条件。

4.2.2 文化保障

"资源是会枯竭的，唯有文化生生不息。"

——任正非

组织氛围是指在特定的环境下工作的感受，包括影响个人和群体行为模式的规范、价值观与政策等。在高绩效型的团队中，员工的潜力得到充分的发挥；在激发型的团队中，员工的潜力发挥了80%；在中立型团队中，员工的潜力大概只发挥了60%；在低绩效型的团队中，员工的潜力只发挥了不到50%。由此可见，营造良好的组织氛围可以更大程度地发挥员工的潜力，提高组织绩效和产出。美国哈佛大学的詹姆斯教授通过一系列的调查发现，薪酬制度仅能让员工发挥20%~30%的潜力，而良好的工作氛围则可以让员工发挥80%~90%的潜力。所以为了提升组织的绩效，应该注重营造组织的良好氛围，而70%的组织氛围取决于管理者的管理风格。

组织氛围的背后是企业文化。在全球互联网搜索引擎数据中，相较于"人才"，"文化"一词有着更多的点击量，而它也是2014年《韦氏词典》（*Merriam Webster*）的年度热词。管理学大师彼得·德鲁克也曾表示："文化能把战略当午餐吃掉。"文化作为企业的关键能力，对组织来说具有很高的业务影响力，许多企业都在进行文化变革来站稳脚跟并赢得市场。尽管在理念层面组织文化的表述各异，但不能否认的一个基本事实是组织文化的核心是绩效文化。绩效文化的重要之处在于它是一个组织的价值主张，旗帜鲜明地指出企业倡导什么、支持什么、反对什么、要做什么以及不要做什么，这是一家企业区别于其他企业的底层"DNA"。任正非曾称："我们强调要创造高绩效的企业文化，要把绩效管理上升到战略高度去。绩效考核的目的并非裁员，而是为了通过考核把大家放到合适的岗位上，保证每个人的能力能够实现绩效目标，通过个人绩效目标实现完成公司总体目标。"因此，绩效文化需要组织让内部成员总是以高效的方式做正确的事情。

◇ **跨课程知识点链接**

组织文化：组织文化是指组织在长期的生存和发展过程中所形成的、为组织多数成员所共同遵循的最高目标。

参考书目：《组织行为学》编写组. 组织行为学[M]. 北京：高等教育出版社，2019.

企业文化主要涉及价值观念、行为准则、决策机制、沟通方式与人际关系五个要素，而这与多数国内企业根据手册"做得很漂亮、老板很喜欢、员工不认同"特点提炼出的口号文化有着本质的不同。企业文化在组织内部所形成的氛围，会发挥引导和调节员工行为的作用，形成企业的凝聚力和向心力，组织成员如果接受并认同企业文化，就会主动地按照企业文化的要求规范自己的工作态度与行为。所以组织必须重视企业文化在绩效管理中发挥的作用，建立一套有效且可实践的高绩效文化体系。

在价值观念上，组织应明确所提倡、反对、包容与在乎的内容，而不是注重"假大空"的口号，并且对涉及对错的内容应设立清晰的标准，给予明确的界定，比如，企业对撒谎与加班的态度、对守时的看法等，使大家无须去猜和悟而是直接放心勇敢去干，激发员工潜能并营造积极正向的氛围，形成"人好管、活好干、队伍好带"的良好风气。

在行为准则上，组织应明晰员工做事时需遵循的基本原则。一是说到做到，履行承诺，没有任何借口；二是做事之前认真准备，先慢后快，考虑周全；三是换位思考，方便他人，助人为乐；四是从后往前看，做好计划，做好预算；五是遇到问题首先要自己思考解决方案，再去征求上司的意见等。

在决策机制上，组织应界定各级管理人员与所有员工的知情权、参与权与质询权。比如，是自上而下的还是自下而上的决策机制，一家企业的各级领导是否愿意以身作则、是否愿意接受监督以及是否有平等心态。

在沟通方式上，组织应完善沟通机制，规划正式、定期的沟通、非正式定期的沟通等，实现信息的上传下达。比如，企业是否有"广播机制"，定期传递信息以确保大家对企业中发生事情的知情权。

◇ **跨课程知识点链接**

沟通：正式沟通是指在组织内，根据组织的明确规定进行信息的传递和反馈；非正式沟通是指通过正式沟通渠道以外的信息交流和传达方式。

参考书目：《组织行为学》编写组. 组织行为学[M]. 北京：高等教育出版社，2019.

在人际关系上，组织应营造积极健康的企业文化使员工能够开心、舒心、放心，注重员工之间的关系是否友好互助的，通过内部网站、公众号、视频号等线上途径以及对员工的培训开发、参观展览馆等线下活动，切实有效地宣传企业文化，提升员工在企业工作中的幸福感。

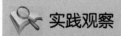
实践观察

"狼性文化"是什么

华为在 20 世纪 90 年代提出了"狼性文化"的管理理念。一时间，"狼性文化"成为一种管理学范本，引起各大公司纷纷效仿。百度、联想、阿里巴巴、腾讯……越来越多的公司站队"狼性文化"。但需要警惕的是不少公司实施的"狼性文化"越来越变味。只是简单地把表象的东西强加在员工身上，无休止的加班、粗暴的管理、不容置疑的独裁等都不是"狼性文化"。"狼性文化"的实质是什么？要结合华为当时提出的历史背景来看。任正非在《华为的冬天》中提到，狼有让自己活下去的三大特征：一是敏锐的嗅觉；二是不屈不挠、奋不顾身的进攻精神；三是群体奋斗的意识。敏锐的嗅觉要求一线员工能够及时洞察市场变化和竞争对手的动向，第一时间抓住机会，抢占市场；奋不顾身是指在商业竞争环境中，遇到问题不妥协，在强敌面前不退缩，不给自己留退路；群体奋斗意识强调的是相信团队的力量，企业要想成功，只有在集体努力的前提下，才能获得最终的成功。在华为，所有员工都认同"只要努力干，就不用为钱发愁"的信条。对于基层员工，注重挖掘"企图心"，让他们对奖金、对晋升、对成功有渴望；对于中层管理者，华为则制造"危机感"，通过实行严格的强制比例淘汰机制，每年至少10%的管理者要被辞退或者转为普通员工。华为高层要保持"使命感"，寻找能够持续自发奋斗，能力与价值观都符合组织发展的员工。可以看出，华为的"狼性文化"不只是精神上的刺激，背后有一套强大的薪酬激励机制作为保障（王玉昊，2018）。

华为是一家高绩效文化导向的公司，强调以客户为中心，以奋斗者为本，长期艰苦奋斗，不断自我批判，这也是华为企业文化的核心。在绩效管理方面，华为通过高压力、高绩效、高薪酬的"三高机制"，驱动团队艰苦奋斗，同时倡导"不让雷锋吃亏"的理念，把团队导向冲锋、导向激励，导向打胜仗，这成为华为最具特色的绩效文化（沈小滨，2023）。

资料来源：王玉昊. 你对"狼性文化"有什么误解？[J]. 人力资源开发与管理，2018 (12): 3.
沈小滨. 绩效管理如何导向激励[J]. 企业管理，2023 (5): 35-37.

4.2.3 信息保障

基于信息论的观点，绩效管理的过程是绩效信息传输与处理的过程，及时系统地进行数据收集与记录是绩效管理发挥作用的基础与保障。人力资源管理信息系统在绩效管理过程中对不同的对象发挥着不同的重要作用，对人力资源部门而言，需要充分、及时地了解企业绩效管理体系的整体运行状况，帮助其进行绩效管理的相应决策；对管理者而言，需要通过信息系统及时了解员工在整个绩效管理过程中的绩效信息，发现存在的问题，并对员工进行及时的指导、帮助与支持，助力员工完成个人的绩效目标，而人力资源管理信息系统帮助管理者实现了对绩效管理的全过程监管，及时跟踪绩效管理的各个环节，实现绩效数据与个人信息实时同步，避免因调换岗位或临时调动而造成数据不匹配等问题；对员工而言，通过信息系统了解自己目前工作任务的完成情况并得到及时反馈，有利于员工不断调整并改进自己的工作。因此，信息系统对企业的整体运行、管理者的管理决策以及员工的日常工作都发挥着关键作用，在企业发展过程中所出现信息的传输滞后或信息内容不实等情况都会对企业绩效管理体系的正常有效运行造成严重的影响。

绩效管理的信息保障体系既包括企业的信息网络系统、各种终端设备等硬件系统，也包括人力资源管理操作软件等软件系统。如图 4-6 所示，整合的人力资源管理信息系统可分为决策支持系统（DSS）、管理信息系统（MIS）、电子资料处理（EDP）三个方面，并且在每一个系统下都具体划分了人力资源规划、招聘任用、绩效管理与培训开发以及薪酬管理系统。在决策支持系统中，实现了绩效管理模拟的功能，帮助管理者更好地做出有利于企业长久发展的决策；在管理信息系统中，管理者可以进行出勤管理，及时了解员工的到岗情况，并进行绩效评估分析，对员工给出合理公正的绩效评价，还可以实现对员工的满意度调查，更好地调动员工工作的积极性和主动性。整合的人力资源管理信息系统可以帮助企业记录员工的相关信息，并将其与企业的财务系统与生产管理系统等进行有机连接，帮助收集与绩效有关的各种信息，将其导入绩效管理系统，然后根据不同员工的各种信息进行传输、汇总与分析，形成有利于管理者了解员工具体绩效信息、对员工进行绩效评价并有助于指导其工作的各种报表，确保绩效管理过程能够顺利进行，助力企业的长期可持续发展。

图 4-6 整合人力资源管理信息系统

资料来源：王怀明. 绩效管理理论、体系与流程[M]. 北京：北京大学出版社，2022.

4.3 绩效管理的制度体系

绩效管理制度体系是规范绩效管理体系运行的重要手段，从整体到局部，从经营管理哲学体系到人力资源管理体系再到绩效管理制度体系，每个部分的内容都为绩效管理系统的设计与开展奠定了根基。接下来，具体介绍经营管理哲学体系、人力资源管理体系与绩效管理制度体系。

4.3.1 经营管理哲学体系

管理哲学是对管理本质及其精神内核的规律性总结，是企业或者组织系统化、理论化的世界观、价值观和方法论，它提炼于管理实践，又对管理实践具有反哺作用。在江苏苏州有一家企业——中亿丰科技，其经营哲学是"追求全体员工精神与物质双丰收，为城市发展和社会进步做出贡献"；其核心价值观是"以客户为中心，以奋斗者为本，使命般的创业激情，信任并尊重每一个人，追求卓越的团队精神，终身学习，分享成功"；其人才理念是"有理想，守纪律，懂专业，强执行，得人心"。这家企业的核心价值观、经营哲学和人才理念都能为绩效管理设计与实施提供指导。

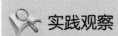

精益制造的 14 项管理原则

2023 年丰田汽车全球销量达到 1123.3 万辆，连续 4 年成为全球销量第一的汽车制造商。几十年来，"丰田模式"在全球得到广泛传播。杰弗瑞·莱克教授过去 20 多年亲自造访日本丰田公司，并访谈了 40 多位丰田公司制造、销售、产品研发、物流、服务、生产工程等部门的经理人与主管，总结并提出了丰田模式的 14 项原则，这些原则主导了丰田的管理工作，具体包括：

原则 1：管理决策以长期理念为基础，即使牺牲短期财务目标也在所不惜。
原则 2：建立连续的作业流程以使问题浮现。
原则 3：使用拉动式生产方式以避免生产过剩。
原则 4：工作负荷平均。
原则 5：建立立即暂停以解决问题、从一开始就重视质量控制的文化。
原则 6：工作的标准化是持续改善与授权员工的基础。
原则 7：通过可视化管理使问题无所隐藏。
原则 8：使用可靠且已经充分测试的技术以协助员工及生产流程。
原则 9：培养深谙公司理念的领导，使他们能教导其他员工。
原则 10：培养并发展信奉公司理念的杰出人才与团队。
原则 11：尊重合作伙伴与供应商，挑战并助其改善。
原则 12：持续解决根本问题，彻底了解情况。
原则 13：制定决策时要稳健，穷尽所有的选择，并征得一致意见，实施决策要迅速。
原则 14：通过不断省思与持续改善来成为一个学习型组织。

资料来源：杰弗瑞·莱克. 丰田模式：精益制造的 14 项管理原则[M]. 李芳龄，译. 北京：机械工业出版社，2021.

4.3.2 人力资源管理体系

人力资源管理实践的核心思想包括人力资源规划、人员招聘与配置、培训与开发、绩效管理、薪酬管理以及员工关系管理六个方面。人力资源规划为绩效管理的开展奠定基础，明确的供给与需求使组织可以有针对性地开展绩效管理活动；人员招聘与配置会对绩效产生影响并为组织的未来绩效奠定基础，招聘到合适的人选决定了绩效管理取得成功的可能性；培训与开发可以促进组织的绩效提升，有规律的培训与开发活动可以更好地发挥绩效管理的有效性；薪酬管理能够促进绩效管理的稳定开展，组织的绩效与薪酬之间建立了一定程度的联系，具有激励性的薪酬管理对组织绩效管理目标的达成起着重要的推动作用；员工关系管理为绩效管理的开展营造了积极和谐的组织氛围，员工管理政策与实践的合法性保障了绩效管理的公平性。因此，健全人力资源规划、人员招聘与配置、培训与开发、薪酬管理以及员工关系管理五个核心要素是绩效管理发挥有效作用的重要条件。

4.3.3 绩效管理制度体系

目标的清晰、过程的完成都需要有力的制度来保障。一套与绩效管理相关的管理制度是保证基于组织战略的绩效目标得以落实的基础，建立健全绩效管理的各种相关制度有利于保证绩效管理过程的顺利进行。绩效管理的制度体系按照流程可以划分为上下级沟通制度、申诉制度、奖惩制度、培训制度与人事调整制度。绩效沟通遵循对事不对人、责任导向与实施导向原则，管理者和下属都需要做好充分的准备以实现高效的绩效沟通；绩效申诉过程贯彻实施合理、公开与及时三个原则，建立完善的申诉制度有利于及时发现并纠正评价系统中存在的问题，保障绩效结果的公平公正以增强员工对组织的信任感；建立科学合理的晋升制度有利于企业维持高效率，可以采用双重工资制度或技能工资制实现对不同员工的绩效激励；培训制度有利于提高员工的工作技能，进而提高他们的工作绩效，可以通过绩效考核来判定人力资源培训与开发的效果，加强对企业培训活动的管理并提高培训活动的质量；人事调整制度包括纪律处分、降职和调动等处理形式，合理的人事调整制度有利于使员工的行为与企业规章制度保持一致，有利于提升员工的绩效进而提高企业的运营效率。

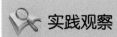

实践观察

IBM 与华为——企业文化成功的背后是制度与机制的成功

IBM 的成功案例。IBM 在 20 世纪 90 年代重新定位自己的文化——高绩效文化。其内容是"力争取胜、快速执行和团队精神"。在 IBM 的绩效管理体系中，主要是围绕着个人业务承诺（Personal Business Commitment，PBC）考核运作的，而 PBC 考核的关键指标体系（KPI）包括三个方面：工作成功的结果指标，怎样成功的过程指标和对整个团队目标达成的承诺指标。不难发现，IBM 的高绩效文化直接延伸到其考核制度层次，而考核制度与其薪酬制度又是直接联动的，因此高绩效文化无疑是落地生根开花的。

华为的成功案例。华为一直认为："资源是会枯竭的，唯有文化生生不息。"其企文化建设与 IBM 有异曲同工之妙。华为的绩效管理体系中长期实行劳动态度考核，主要内容是：员工行为规范、责任心、敬业精神、创新精神和团队精神。劳动态度考核结果与晋升、机会分配、工资、奖金和股金等人事待遇直接或间接地挂钩。从《华为基本法》看其企业文化的定位：“责任意识、敬业精神、创新精神与团队合作精神是我们企业文化的精髓。”劳动态度考核与其企业文化一脉相承，劳动态度考核实际上就是企业文化考核。

企业文化不是宣传弘扬而是制度牵引出来的。以上两个案例表明，企业文化的成功背后是制度与机制的成功，是其文化假设与提出这一假设的企业家的成功。此外，企业文化直接被制度所支持和验证，企业文化牵引制度与机制的建立，制度与机制支撑了企业文化，进而企业的绩效文化也变为可操作的实践。

资料来源：吴春波. 拥有高绩效文化的公司，多半能赢到最后[EB/OL]. (2023-05-03) [2024-02-29]. https://mp.weixin.qq.com/s/xblie0coD0UJjLjpWw_wgw.

绩效管理的目标体系搭建涉及众多绩效管理工具与方法，而绩效管理的过程体系涉及日常的绩效管理实践活动。这两个部分的内容较多，将在后续章节重点介绍。

本章小结

绩效管理的理论系统由输入、输出、任务、参与者、正式流程与非正式流程六个要素构成，绩效管理的理论体系使管理者能够基于系统角度全面地理解和认识绩效管理体系。

绩效管理的实践系统是由绩效管理的目标体系、绩效管理的过程体系、绩效管理的制度体系以及绩效管理的保障体系四个部分组成，其设计步骤主要包括五个阶段。

在绩效管理的保障体系下的组织保障方面，主要介绍了绩效考评委员会的组成和职责、人力资源管理部门的职责以及直线经理的绩效管理职责。

在绩效管理的保障体系下的文化保障方面，组织必须重视企业文化在绩效管理中发挥的作用，建立一套有效且可实践的高绩效文化体系。

在绩效管理的保障体系下的信息保障方面，整合的人力资源管理信息系统可分为决策支持系统、管理信息系统、电子资料处理三个方面。

在绩效管理的制度体系的经营管理哲学体系方面，管理哲学是对管理本质及其精神内核的规律性总结，是企业或者组织系统化、理论化的世界观、价值观和方法论，它提炼于管理实践，又对管理实践具有反哺作用。

在绩效管理的制度体系下的人力资源管理体系方面，人力资源管理实践的核心思想包括人力资源规划、人员招聘与配置、培训与开发、绩效管理、薪酬管理以及员工关系管理六个方面。

在绩效管理的制度体系下的绩效管理制度体系方面，绩效管理的制度体系按照流程可以划分为上下级沟通制度、申诉制度、奖惩制度、培训制度与人事调整制度等。

复习思考题

1. 绩效管理的理论系统由哪些要素构成？这些要素是什么？

2. 绩效管理的实践系统由哪些要素构成？这些要素是什么？如何构建绩效管理实践系统？

3. 绩效考评委员会由谁组成？其职责是什么？

4. 如何建立一套有效且可实践的高绩效文化体系？

5. 绩效管理的制度体系包括哪些部分？

拓展阅读

[1] DeNisi A, Murphy K, Varma A, et al. Performance management systems and multinational enterprises: Where we are and where we should go[J]. Human Resource Management, 2021, 60(5): 707-713.

[2] 《人力资源管理》编写组. 人力资源管理[M]. 北京：高等教育出版社，2023.

[3] MBA 学员自制视频：如何通过绩效考核破除"部门墙"？

应用案例

刚柔并济：CL 银行的绩效管理体系变革之道

C 银行（以下简称"总行"）是 2009 年在陕西省委、省政府主导下，将榆林、宝鸡、汉中、渭南、咸阳 5 家城市商业银行与城市信用社合并重组，经过中国银保监会批准，联合其他发起人以新设合并方式组建的城市商业银行。C 银行 L 支行（以下简称"CL 银行"）成立于 2013 年，属于 C 银行的直属支行之一。虽然总行的发展状况良好，但是从近几年的效益来看，CL 银行的经营效果并不太理想，2019 年 9 月 28 日，李成因为管理能力出众、成果显著，被一纸调令调至 CL 银行。

在对李成初期的考察中，令他印象深刻的还是初到 CL 银行时看到员工上班时的精神状态和行为习惯，这些不良的风气和习惯无疑会成为新的绩效管理办法实施过程中的一大阻力。因此，CL 银行当务之急是提升员工的精神风貌，建立和核心价值观相一致的行为准则，让大家真正能够凝心聚力，这是新的绩效管理变革见实效的重要保证。其实，为了给新的绩效管理办法的实施打好基础，李成在 2019 年 12 月初的员工大会上就提出要提高 CL 银行员工的归属感和纪律性，会后便开始了一系列实践，没有过多的口号，而是实实在在的举措。

家园文化建设。首先是发放工资奖励。只要员工工号下维护的有存款，即可按照存款的比例领取奖励。其次是工作中生活环境的改善。CL 银行优化了食堂的就餐环境，提高了食堂的饭菜质量：过去午餐饭菜清淡，以素菜为主，改为以肉菜为主，菜谱每周更新，早餐也增加了不少花样。在李成的强调下，食用油一律选择大品牌的，厨房还安装了净水器，这样一来，大家都选择了在食堂就餐，不再带饭。最后是改善办公环境。办公区全部配备空气净化器等设备；新增每天半小时的下午茶时间，让员工可以在忙碌的工作中得到片刻休息，也增加了员工之间的交流。此外还增加了团队建设活动，通过素质拓展等活动加深了员工彼此之间的了解。

铁军文化建设。针对员工上班时间状态懒散的问题，李成制定了解具体的规定：第一，要求所有人在上班时间必须穿制服（银行出钱为每位员工量身定制了新的制服），银行里面禁止吃早餐。从精神面貌方面把员工的精气神提起来，给客户留下专业和可靠的印象的同时，员工自身也对工作重视起来。第二，员工在上班和开会时坚决不允许迟到，如果有人无故迟到，不论职位大小，都要进行通报批评和扣除绩效的处罚。若开会期间有人手机铃声响，也会面临同样的处罚。第三，强调令出必行，令行禁止，推出限时办结制，对各项流程性工作限定时间完成，提高执行力。第四，增强部门领导对员工的掌控力，设置督察小组，对所有制度的实施进行监督和管理，保证每一个制度都有好的响应，并对制度的合理性进行评估和改进。第五，所有人员重新分配。将营销人员重新洗牌，每一个人都要进行考试，竞聘上岗，考试不合格者降职为柜员。其余人员进行考核，由部门主管和银行管理层对其进行打分，考核不合格者将进行免职处理。实行能者胜任制度，每一个人都有机会晋升。此外，设置诸如营销能手、优秀个人、服务之星等奖项，不定期评选，对获奖者进行奖励，做到赏罚分明。

一个月之后，员工的精神面貌就有了大的改进，可以说是焕然一新，再无迟到早退的现象，而且大家见面时脸上洋溢着笑容，接待客户的主动性也大大提高。

资料来源：中国管理案例共享中心案例库（刚柔并济：CL 银行的绩效管理体系变革之道）。

思考题：CL 银行为何在绩效管理变革前要推行家园文化建设与铁军文化建设？

即测即练

工具篇

第5章 绩效管理的目标体系

"凡事预则立,不预则废。言前定则不跲,事前定则不困,行前定则不疚,道前定则不穷。"

——《礼记·中庸》

"企业中的每一个成员都有不同的贡献,但是所有贡献都必须为着一个共同目标;他们的努力必须全部朝着一个方向,他们的贡献必须互相衔接而形成整体——没有缺口,没有摩擦,没有不必要的充分劳动。"

——现代管理学之父 彼得·德鲁克

"在此之后(实施 GE 顶层纲领)的 20 年里,尽管步履蹒跚,甚至是进两步退一步,但我们所做的每一件事都是朝着我当时勾画出的那个愿景目标迈进的。我们不仅要实现数一数二的硬目标,还以近乎疯狂的执着,要在公司内部获得那种'软感觉'。"

——通用电气原 CEO 杰克·韦尔奇

学习目标

学完本章后,你应该能够:
1. 掌握绩效目标体系搭建的逻辑,理解目标体系与组织战略之间的联系。
2. 描述组织战略解码的过程,了解战略解码的产出结果。
3. 了解组织目标的解码方法,熟练应用组织目标分解工具。
4. 阐释岗位目标分解的含义,熟练应用岗位目标分解工具。
5. 比较不同绩效管理工具的优劣及其适用条件。
6. 描述组织如何应用 OKR 工具进行目标管理。
7. 阐释绩效管理工具的发展脉络。

引导案例

华为的压强原则与力出一孔

战略是一种持续的投入,体现在华为,就是压强原则。什么叫压强原则?压强原则就是战略出来后把所有的资源都压上去;压强原则就是"杀鸡用牛刀";压强原则就是针尖战略;压强原则就是经得起诱惑、耐得住寂寞;压强原则就是敢于舍弃、敢于不做;压强原则就是 28 年只攻一个城墙口……压强原则只解决了压资源的问题,那么向谁压? 2013年,任正非提出"力出一孔",进一步把压强原则解释清楚了。"力出一孔"就是把所有的力量集中到一点,好比火箭上的一个洞,一个火箭能够把几十吨的物体打上天空,靠的是什么？一靠资源配置，二靠把资源充分燃烧，从一个很小的出口出来，产生巨大的力量。

这就是水能切割钢板的原理，造船厂切钢板不是用燃烧法，而是用水切割，只要集中到了一定程度，就可以产生超乎想象的巨大力量。所以，"力出一孔"是选对一个方向，把所有的点都收敛，然后集中进攻。这就是任正非讲的"28年就攻一个城墙口"，攻成了世界老大。

资料来源：吴春波，彭剑锋. 吴春波、彭剑锋详解"华为的战略"和"战略的华为"[EB/OL]. (2020-06-20)[2024-03-27]. https://mp.weixin.qq.com/s/7wiPlRnrwbgHTJNPmR5LLg.

5.1 绩效管理目标体系

众多世界一流的创新驱动型企业正致力于推动绩效管理的深刻变革，尽管各企业在具体执行层面存在差异，但其底层逻辑都是通过聚焦、对齐、透明、有挑战性的目标牵引整个组织朝着同一个方向努力，通过目标和使命让员工意识到工作的意义和价值，激发员工内在动力；通过持续CFR（Conversation 对话、Feedback 反馈、Recognition 认可），建立有效的沟通体系，让目标得到认同，高效地跟踪进展，并在此过程中引领员工成长。

5.1.1 目标体系与组织战略

1. 目标体系的定义

在第一章中学习了目标的多层次性，目标体系则是个人目标、群体/团队目标、组织目标实现纵向对齐、横向打通的体系，目的是实现力出一孔。缺少组织目标或者组织目标未能达成共识是构建目标体系的首要难点。组织目标不明确，绩效管理就缺少了方向；组织目标缺乏共识，各个部门就会各自为政，无法形成合力。

组织目标的制定可以视为一种决策，这种决策对组织的影响是巨大的、事关生死且不可逆转的。做好重大决策，把组织目标定好至少有四个条件：①决策责任明确，通常而言，组织中的"一把手"要对组织目标的正确性负责。②决策信息充分，这意味着高层管理者在讨论组织目标时信息是及时、全面且准确的，这依赖于组织强大的数据信息管理系统以及组织上下级信息的融合性与低衰减性。③决策要有高质量过程，高管成员的激烈讨论与碰撞，每个人都有认知偏见，而高质量的讨论对决策尤为关键。亚马逊领导力准则明确提出"管理者必须能够不卑不亢地质疑他们无法苟同的决策，哪怕这样会让人心烦意乱，精疲力竭。管理者要信念坚定，矢志不渝，不要为了保持一团和气而屈就妥协"。④决策中要以大局为重，决策能够全票通过固然好，但如果决策需要所有人同意，则会延迟决策速度。

此外，目标体系搭建超越了传统意义上的预算管理。预算只是财务类关键绩效指标的基础。企业各级组织利用绩效指标来明确责任，并对行动计划和预算的实施情况进行迅速反馈。绩效计划和关键绩效目标值的调整受到预算变动的影响，绩效管理通过调整和控制公司及部门预算，保障预算的有效实施（见图5-1）。

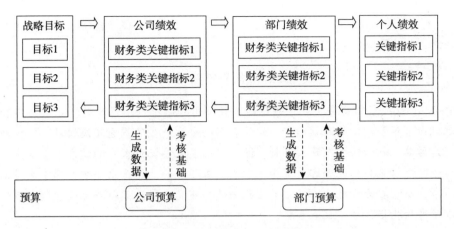

图 5-1　绩效管理与预算管理

资料来源：彭剑锋. 人力资源管理概论[M]. 3 版. 上海：复旦大学出版社，2018.

2. 目标体系有效性评价标准

（1）战略明确。战略明确是目标体系有效的首要原则。战略意图是企业中长期的目标和方向，包括愿景、使命、战略目标、近期目标。简言之，战略意图就是定位，即明确企业在未来的价值链格局或产业体系中所处的位置和扮演的角色。战略意图能够激发组织的活力，美国战略管理专家普拉哈拉德和哈默曾说过："一个雄心勃勃的宏伟梦想，是企业的动力之源，能够为企业带来情感和智能上的双重能量,借此企业才能走向未来成功之旅。"吉姆·柯林斯在《基业长青》中总结出那些最持久、最成功的公司的基本特质是它们都拥有清晰的使命、愿景和核心价值观，而他则用了"10～30 年胆大包天的目标"来描述愿景。任正非在 1994 年提出："十年后，全球通信行业三分天下，华为占其一。"具体而言，明确的战略目标包括两方面。一是清晰的愿景和使命。企业愿景是组织在未来所能达到的一种状态的蓝图，描述的是企业存在的最终目的。企业在制定愿景时，需要基于现实，但同时也要有一定的挑战性，它可以帮助企业占据行业领先和优势地位，获得长期可持续的盈利能力。愿景和使命是企业战略制定的前提，能够帮助企业确定战略活动的关键领域和行动顺序。二是中长期目标与短期目标相结合。企业的中长期目标是对企业经营活动取得的主要成果的期望值，也可以说，它是企业愿景的具体化描述。

（2）纵向对齐。组织各级目标与组织总体目标方向保持一致，低层次目标能有效支撑组织目标实现。如果组织目标在自上而下分解过程中存在偏差，往往会出现"每个人、每个部门业绩都很好，但组织业绩不好"的现象。但组织的发展受到动态性内外部环境的影响，年初纵向对齐的目标体系在执行中往往会不适用，组织可以通过定期进行目标体系回顾（通常是半年），及时调整目标体系，确保各级目标在方向和重点上高度一致，进而形成有效的合力。

（3）横向打通。部门之间不是"零和"博弈，在目标分解过程中应该注重部门之间、业务之间的协同，防止因本位主义、专业主义导致的"部门墙"。实现横向打通不仅仅是目标分解的问题，还涉及组织文化、业务流程、激励机制等多个方面。

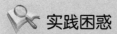 **实践困惑**

绩效管理扼杀了团队合作吗？

TechCo 是一家销售分析软件制造商,让公司领导感到困惑的是,销售部门和安装部门都完成了年初制定的考核指标,但许多新的客户产生了严重不满情绪。销售部门痴迷于签订订单,以达到个人收入目标,没有准确或完整记录客户的需求,甚至有些销售代表为了签订订单会隐藏顾客更复杂的要求。工程师的业绩是由安装时间来衡量的,为了图省事,安装激活后就让客户服务团队来收拾残局了。为了解决上述问题,该公司设置了以下考核指标体系(见表5-1)。

表 5-1　TechCo 的考核指标体系

考核指标	部门员工	区域各经理	总部职能主管
客户满意度改善比率	平均评分提升 25%	平均评分提升 25%	平均评分提升 25%
发送到客户服务部的客户问询减少比率	总量减少 10%	总量减少 10%	总量减少 10%
销售额	500 万元	2500 万元	5000 万元
员工参与度分数	—	≥3.5 分	≥3.5 分

资料来源:海迪·K.加德纳,伊万·马特维亚克.莫让绩效管理扼杀团队合作[EB/OL].(2022-10-07)[2024-04-05]. https://www.hbr-caijing.com/#/article/detail?id=480243.

3. 组织战略的搭建

我们都知道,管理既是一门科学,也是一门艺术。组织的战略搭建,就体现了管理的艺术性,需要综合考虑多方面的因素加以平衡。因此,我们在搭建组织战略时,需要重点关注以下几个问题。

第一,从关键成功因素视角来看,组织要建立清晰的核心价值观。麦肯锡 7S 模型中指出,组织在发展过程中必须全面地考虑各方面的情况,包括结构、制度、风格、员工、技能、战略、共同价值观,其中价值观是影响组织成功的关键因素。企业核心价值观是企业愿景、使命据以建立以及指导企业形成共同行为模式的精神元素,是企业得以安身立命的根本,是企业提倡什么、反对什么、赞赏什么、批判什么的基本原则。

第二,从战略行动基础视角来看,组织要有清晰的愿景和使命。企业愿景和使命的设定包括两个方面:一是确认企业目的。企业目的就是企业存在的理由,一般来说,有什么样的企业目的,就有什么样的企业理念。二是明确企业使命。企业使命是企业区别于其他类型组织而存在的原因或目的,它不是企业经营活动具体结果的表述,而是为企业提供了一种原则、方向和哲学。

第三,从战略内容视角来看,战略要坚持"有所为"与"有所不为"。彼得·德鲁克认为:"任何一家企业在任何时期都需要一种有计划的放弃战略,尤其是在动荡时期。对于每种产品、服务、流程或活动,管理者都需要每隔几年自问一个问题:'假如我们未曾做这件事，以今天我们所知，还会不会做？'由此，及时准确地判断出企业是否能跟得上时代的步伐。如果答案是否定的，那么管理者就应该果断地做出放弃的决策。"专注是组织战略的核心，在搭建组织战略时，要避免过度宽泛、涉足过广。一旦由此造成资源过于分散，组织将难以做好每件事，预期目标难以达成，进而导致不良后果。

第四，从动态变化视角来看，组织要做好随时进行战略调整的准备。战略规划是对未来的预判，但是没有人能够完全准确地预测未来，存在一定的局限性。当企业拿不准未来的战略方向时，就需要有强大的执行能力，快速做出响应，以此弥补战略预判的不足，及时调整战略。

第五，从参与范围视角来看，组织除了有自上而下的战略，也要有自下而上的战略。大部分组织都是由领导层制定战略，再逐层进行分解和执行，但是有时候自下而上制定战略更容易激发组织的活力，带来更多意想不到的产品创意。

第六，从企业生命周期视角来看，企业在不同发展阶段的战略关注点是不一样的。企业由于在不同生命周期阶段所获取到的信息和自身能力等方面存在一定的差异性，因此，在不同生命周期阶段会有不同的战略倾向。在初创期和成长期，企业的资金规模和资源获取能力相对较弱，无法与行业领先企业开展正面竞争，企业可以采取集中式和以竞争为导向的战略管理方法。在成熟期，企业的经营环境相对稳定，这个阶段的企业需要改变战略，进行价值创新，以实现新的飞跃。

5.1.2　目标体系的形成

1. 目标分解的主线逻辑

绩效目标设定有三条主线，如图 5-2 所示。

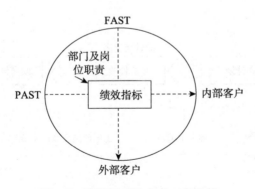

图 5-2　绩效目标设定有三条主线

资料来源：杨德民. 绩效管理的底层逻辑[EB/OL]. (2021-06-02)[2024-03-27]. https://mp.weixin.qq.com/s/6ItCf1OgYhNAPp0U-W5J6w.

主线一：纵向分解。

纵向分解，是指基于战略和外部客户需求层层分解到具体部门，即组织功能分解法（Function Analysis System Technique，FAST）。这是目标分解的主线逻辑，战略解码就是基于这一逻辑。无论是高层管理者还是中层管理者，在制定绩效目标时，都主要依赖纵向分解的逻辑框架（见图5-3）。

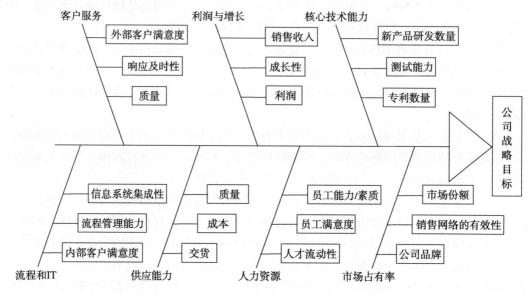

图 5-3　纵向分解示例

资料来源：杨德民. 绩效管理的底层逻辑[EB/OL]. (2021-06-02)[2024-03-27]. https://mp.weixin.qq.com/s/6ItCf1OgYhNAPp0U-W5J6w.

主线二：横向分解。

横向分解，是指基于内部流程进行分解，即工作流程分解法（Process Analysis System Technique，PAST）。生产制造企业的生产、质量、物流、采购等部门，主要基于这个逻辑进行指标分解（见图5-4）。

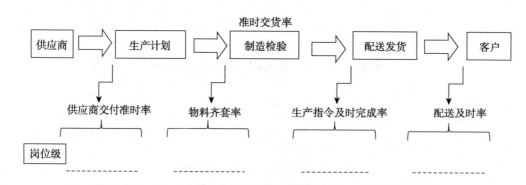

图 5-4　横向分解示例

资料来源：杨德民. 绩效管理的底层逻辑[EB/OL]. (2021-06-02)[2024-03-27]. https://mp.weixin.qq.com/s/6ItCf1OgYhNAPp0U-W5J6w.

主线三：职责分解。

职责分解，是指从部门和岗位自身的职责定位视角进行任务梳理和工作分解。这一分解逻辑主要适用于职能部门，特别是基层岗位，能够确保目标的高效执行和责任的明确落实。

以上三条主线在逻辑上有时会交叉，但我们必须明确，主导逻辑仍是基于战略的纵向分解。目标的制定与企业和组织的最终成果紧密相连，并非仅仅对部门职责和岗位职责的简单拆解。这些目标都是为企业的发展和战略目标的实现提供有力支持，即使它们在整体战略中的分量不那么重，也绝非无关紧要。

2. 目标体系搭建的核心步骤

绩效目标的设定是一个系统性的过程，涉及组织战略与员工个人职责的紧密结合。绩效目标设定的整个过程大致可分为以下三个核心步骤。

第一步：**澄清职责和期望**。在这一阶段，管理者需要澄清员工的岗位责任和具体分工，明确员工的总体期望。

第二步：**分解目标并对齐**。在明确员工的职责和期望后，管理者需要开始将组织和部门的整体目标分解为具体的绩效目标，并与员工的岗位职责对齐。在这一过程中，管理者需要确保绩效目标符合 SMART 原则，确保目标上下对齐，周边协同对齐，形成"上下左右"一致的目标体系。

第三步：**签署绩效承诺**。最后一步是确保员工与管理在绩效目标上达成一致，并正式签署承诺。这一步骤需具备一定的仪式感，以体现其重要性与正式性，为后续的绩效管理和员工发展奠定良好的基础。

综上所述，绩效目标设定的过程构成了系统且完整的目标设定框架，它们相互关联、相互促进。在这一阶段，员工与管理者的双向沟通贯穿始终。确保双方充分的沟通，有助于员工获得自主承诺，提升对绩效目标的认知，并增强责任感。

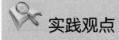

实践观点

SMART 原则过时了吗？

乔治·朵兰在 1981 年所提的 SMART 原则是绩效考核与绩效管理中的常见原则。SMART 原则是指具体的（specific）、可衡量的（measurable）、可实现的（achievable）、实际的（realistic）、有时间限制的（time-bound）。SMART 原则已然成为评价目标与指标设计的唯一标准。但绩效管理专家迪克·格洛特认为该原则已经过时了，他评价道："SMART 原则在判断目标本身上毫无作用。基于 SMART 原则制定并筛选出来的指标并不明智，更糟糕的是基于该原则会降低人们所制定目标的挑战性。"美国绩效管理专家罗斯·米勒-汉森和伊莱恩·普拉科斯也指出，尚没有证据表明使用 SMART 原则会增长组织绩效。组织应该帮助管理者设定有意义和有挑战性的目标，目标是否遵循 SMART 原则实则并不重要。

资料来源：况阳. 识别真假 OKR[J]. 人力资源开发与管理，2024(6)：10-20.

3. 目标体系搭建中的注意事项

（1）**组织层次不同，考核重点不同**。组织不同层次的考核重点不同，尤其是对于存在省、市、区县等多层级机构的组织。具体而言，总部更应该考核合力，地市分公司更应考核能力，而地区公司更应考核活力。中国移动江苏公司构建的"三力"评估体系就很好地体现了这一点。中国移动江苏公司以网格化改革作为"国有企业改革三年行动"重要抓手，深化网格治理、用人、激励三项制度改革，完善网格支撑体系，促进网格党建与经营深度融合，有效激发基层活力、动力，在2021年中国移动集团年度"国有企业改革三年行动"重点任务考核中排名省公司第一。为完善运营管理体系，中国移动江苏公司构建了"三力"评估体系，以激发网格活力、动力（见表5-2）。

表5-2 中国移动江苏公司"三力"评估体系

组织层面	评估模型	评估重点
省公司部门	"合力"评估模型	一线支撑服务、运营管理指导等
地市分公司	"能力"评估模型	党建引领、网格收入、市场拓展、队伍建设、装维服务、支撑网格等
区县网格	"活力"评估模型	网格收入、客户服务、市场拓展等

资料来源：张晓娟，张虹. 中国移动江苏公司网格化运营改革[J]. 企业管理，2022(11)：60-63.

（2）**阶段类型不同，考核重点不同**。目标确定还需要根据发展阶段、业务类型等有所侧重。一般大型组织有不同的业务组合，可以将业务分为现金流业务、成长型业务、新兴机会业务，对不同的业务考核的重点也不一样。对现金流业务，主要考核利润，要不断地减员增效；对成长型业务，市场份额比利润更重要；对新兴机会业务，主要考核投入有效性。以中粮集团为例，面对不同业务类型、不同发展阶段，其考核重点均有所不同（见图5-5）。

业务类型	定义	考核重点
资源型	主要依靠资源、资金、政策等建立竞争优势的业务	规模、布局、市场份额
加工型	主要依靠产品、服务和技术差异建立竞争优势的业务	规模、成本、布局、技术、服务
品牌型	主要依靠品牌、渠道建立竞争优势的业务	市场份额、渠道、品牌、产品溢价

发展阶段	定义	考核重点
培育期	• 在行业内地位不强的业务 • 行业集中度不高，处于快速发展期的业务 • 业务模式不明确的业务	• 关键指标的成长性 • 基于业务的长期规划和目标进行考核
成长期	• 已经是行业的主要参与者，但面临强大的竞争对手的业务	• 关键指标与标杆或对手比较
成熟期	• 已拥有较稳固行业地位的业务	• 财务回报

图5-5 中粮集团引导战略转型的绩效考核体系

资料来源：彭剑锋. 人力资源管理概论[M]. 3版. 上海：复旦大学出版社，2018.

（3）指标数量科学合理。高层次的目标分解后指标不应过多。组织的目标太多会导致模糊，让高层管理者有更多的空间去美化绩效。除经济目标外，环境、社会和治理目标（ESG）近年来也被不断强化，这种风险会更大。例如在公司整体业绩不好的情况下，高层管理者可能选择与公司相关性小、但是业绩还不错的"小指标"来凸显绩效。为解决上述问题，可以采用简化目标、强化问责压力、规范述职报告等方式。

 实践观察

小米管理十年路

原卫平将小米从2010年到2020年的管理分为三个阶段（见表5-3）：管理创新期（2010—2014年）、管理混乱期（2015—2016年）和管理再造期（2017—2020年）。而这十年也是中国4G手机产业从导入期、快速发展期，到成熟和衰退期。

表5-3 小米管理三阶段（2010—2020年）

	管理创新期	管理混乱期	管理再造期
企业发展阶段	创业期	发展期	成熟期
产品生命周期	引入	成长期	成熟期
公司销售情况	2011年销售30万台，到2014年销售6112万台	2016年销售大幅下滑，出货4150万台	2020年出货1.464亿台
绩效与组织管理	去KPI，去层级，组织中只有雷军—副总—员工三级	—	2019年实行层级化，共10层，实施KPI考核
管理方式	使命和愿景驱动、中层领导给力、工作意义显见的"软"管理	—	管理职业化、管理职能化、横向协同强化

资料来源：原卫平. 从去KPI到回归KPI，小米管理十年路[J]. 人力资源开发与管理，2020(8)：52-55.

5.2 组织目标分解——战略解码

任正非说："水和空气是世界上最温柔的东西，但同样是温柔的东西，火箭可是空气推动的，火箭燃烧后的高速气体，通过一个叫拉法尔喷管的小孔，扩散出来气流，产生巨大的推力，可以把人类推向宇宙；水一旦在高压下从一个小孔中喷出来，就可以用于切割钢板，可见力出一孔的威力。华为始终聚焦在一个目标上持续奋斗，从未动摇，就如同从一个孔喷出来的水，从而产生今天这么大的成就。"

5.2.1 战略解码的定义

组织目标是由公司战略所决定的。战略管理，要做1年，看3年，想10年。当企业在一个战略周期内完成战略目标的规划和澄清，并不意味着大功告成，反而是刚刚开始。再

第5章 绩效管理的目标体系

科学的战略,都需要落实到当前的关键战斗部署,以及把战斗责任落实分解到人。因此,组织需要把3~5年的战略聚焦拉近到未来一年,用更聚焦的方式,明确这一年更为关键的行动有哪些。这就需要组织制定这一年的必赢之仗,从而确定这一年的组织目标。

确定组织具体目标与实现方式的过程被称为"战略解码",即组织将战略规划分解到产品线、销售线(行业或客户),再分解到企业各个部门,转化为全体员工可理解、可执行行为的过程。换句话说,就是把企业的战略目标分解成不同子目标,落实到各个单元,让各个单元去实现。通过战略解码,企业可以划分清楚各部门、各岗位的职责边界,以此为部门目标和员工目标提供依据,促使企业绩效管理以战略目标为导向,助力企业战略的有效实施。

战略解码的核心逻辑是描述清楚、度量清楚以及管理到位。正如罗伯特·卡普兰所说的:"如果你不能描述它,你就不能度量;如果你不能度量,你就不能管理它;如果你不能管理它,你就不能得到它。"描述是指要通过研讨会(workshop)的形式,描述清楚战略,形成战略共识;度量是指提炼影响战略目标达成的关键成功要素,包括必须做好哪些关键事项,即完成了这些关键事项就说明目标已经达成;管理是指在关键成功要素的基础上形成战略衡量性指标。战略解码实现了从哲学(战略)到科学的转变(重点工作、关键指标)。战略解码包括年度业务计划与预算,具体有KPI考核指标、重点工作、对应的人财物的预算等。关键任务与重点工作是链接战略与执行的关键,而战略的执行需要组织能力建设,包括人才的数量与质量、组织结构的优化、动态流程与制度建设。

战略解码多以召开战略解码会的形式来开展。从狭义上来说,战略解码主要指召开战略解码会,将企业的中长期目标转化为年度重点任务,明确责任分工和衡量机制,通过可视化的方式让全体成员理解并执行。这也是战略解码最初的基本定义。从广义上来看,战略解码包括战略澄清、战略解码以及执行跟踪三部分(见图5-6)。除召开战略解码会,战略解码还包括开展其他的一系列会议和准备支撑活动,其中战略澄清会、个人绩效合约PK会比较重要,它们分别在战略解码会之前和之后开展。二者对有效澄清战略目标和内涵、紧密衔接绩效考核体系发挥着重要作用(吕守升,2021)。

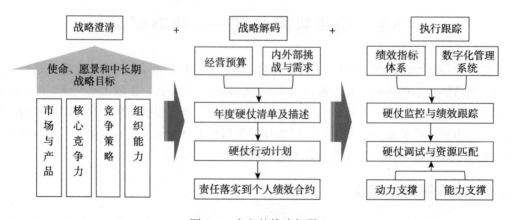

图5-6 广义的战略解码

资料来源:吕守升. 战略解码:跨越战略与执行的鸿沟[M]. 北京:机械工业出版社,2021.

5.2.2 战略解码的过程

根据吕守升在《战略解码：跨越战略与执行的鸿沟》一书中的观点，战略解码具体可以拆分为以下几个环节。

（1）明确总体目标。战略解码的第一步是回顾战略澄清成果，明确中长期战略目标（通常是3～5年），思考次年（当年）总体目标。

（2）预算管理。接着，组织需要明晰、落实、分解企业年度经营预算。

（3）环境分析。第三步是对企业面临的外部竞争环境和内部问题进行分析，并理解、澄清上级期望和客户需求。

（4）制定硬仗清单。在明确目标和环境分析的基础上，形成组织的年度硬仗清单。

（5）界定与描述。形成硬仗清单后，需要对每一场硬仗进行明确的界定和描述。

（6）制订行动计划。接着，将年度硬仗分解细化成具体的行动计划。

（7）个人绩效落实。在分解完行动计划后，需要将制作的硬仗和行动计划落实到个人，并与个人绩效合约挂钩。

（8）成果宣传。最后，组织需要对以上成果进行宣传贯彻。

5.2.3 战略解码的产出结果

1. 形成年度硬仗清单

组织的年度"必赢之仗"是组织在未来一年非打不可、聚焦能量、输不得的"战斗"。这些"必赢之仗"具有以下特征。①高影响力。它对完成中长期战略应有里程碑意义。如华为"不惜一切代价开发自有操作系统"。②跨部门协调。这场硬仗通常需要跨部门组织协调，意味着需要举全企之力，由多部门协作应对。③振奋人心。这场硬仗是激动人心的，"真正的挑战才会产生真正的能量"，它应涉及员工普遍认为有难度且有意义的痛点。④可行性。它应该是有一定取胜可能性的"必争之仗"，属于"跳一跳够得着"的范围。⑤时效性。它属于机不可失、时不我待的范畴，如美团当年发起的"百团大战"。

梳理硬仗清单通常可以依据"输入—过程—输出"的范式进行，如图 5-7 所示。具体而言，在输入端，年度硬仗应该承接 3 年战略重点在本年度的子任务，同时还需考虑是否存在其他特殊的需在本年度完成的任务。在中间的过程端，可用以下 3 个基本问题来验证是否属于硬仗：为什么这场仗是必须打赢的？成功时是什么样子的，有哪些衡量指标？打赢这场硬仗会面临哪些障碍？在输出端，需要对过程端三问进行解答，接着列出年度"必赢之仗"的清单（见图 5-7）。

"必赢之仗"的数量通常在 5～8 个，见表 5-4。对处于某些关键时期的企业而言，越少的"必赢之仗"往往意味着企业关键人员经过了越审慎与严格的评估、取舍、思辨和聚焦。

此外，硬仗还应有清晰的界定和描述。要尽可能用一线员工易于理解的语言，对每一场硬仗进行充分详细的描述，以便统一各方对硬仗的认知和理解。描述一场硬仗主要涉及以下六个基本问题，这里以国航的欧美航线业务拓展为例进行示例，见表 5-5。

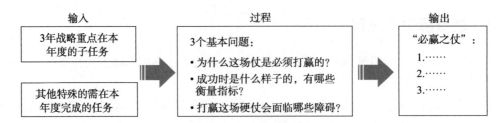

图 5-7　硬仗清单筛选框架

资料来源：吕守升. 战略解码：跨越战略与执行的鸿沟[M]. 北京：机械工业出版社，2021.

表 5-4　2024 年××企业年度"必赢之仗"

1	开启人力资源变革，提升中高层领导力，培育营销专业领先人才
2	打造标杆产品，构建终端市场的显著规模
3	实现创新机制的根本转变，确定特有设计风格并形成核心竞争力
4	建立移动端特有的品牌形象和内涵
5	完成核心业务流程变革，使流程落地并运转

资料来源：吕守升. 战略解码：跨越战略与执行的鸿沟[M]. 北京：机械工业出版社，2021.

表 5-5　描述硬仗的基本问题

	基本问题	实际运用
1	为什么要打这场硬仗？	在过去十多年，欧美航线一直是公司短板，仅美国航线就累计亏损了 200 多亿元，这成为公司上下一块心病。如果无法突破，公司就不得不面对大额亏损，也无法成为具有国际竞争力的一流航空公司。因此，"得欧美航线者得天下"成为公司管理层的共识
2	这场硬仗是什么，不是什么？	回答是什么和不是什么，是为了清晰界定硬仗的边界，从而实现更精准的聚焦。对该航空公司这场硬仗可以这样澄清：这是公司未来三年的头号工程，打赢这场仗，是公司国际化战略的必然要求，也是公司承担振兴中国航空产业的内在要求，并非公司管理层"拍拍脑袋"决策的产物
3	这场硬仗打赢时候的样子是什么？	对打赢硬仗的具象化成果进行界定，启发团队对美好结果的想象，增强行动动力。该航空公司可以这样描述：这场硬仗成功后，欧美航线减亏 50% 以上，与合作伙伴一起占据欧美市场主导位置，成为链接中欧、中美之间便利、快捷、高端客户首选的承运者
4	衡量硬仗成败的关键指标有哪些？	关键衡量指标是将"成功时的样子"具象化的描述转化为具体、可衡量的指标，关键衡量指标将成为团队/个人绩效合约的重要输入条件。对该航空公司而言，关键衡量指标界定为"两舱收入""高端客户满意度""海外品牌认知度"三个方面
5	打这场硬仗的不利因素是什么？	分析每场硬仗中可能遇到的障碍，包括外部挑战和内部障碍，以便提前做好行动预案。该航空公司打这场硬仗的不利因素包括：公司尚未进入欧美主流市场，销售渠道单一；公司的海外品牌认可度低；公司机型与欧美航线匹配度低；公司服务欧美客户的经验不足……
6	打这场硬仗的有利因素是什么？	描述与硬仗相关的外部机会和内部优势，目的是给员工打气，并提醒团队运用好现有的优势资源。打这场硬仗的有利因素有：公司是中欧之间最大的承运者，网络布局较为全面，网点完善；公司在欧美区域有合作伙伴支撑；中欧、中美之间的市场增量大于运力投入；公司在移动互联方面的投入逐步强化核心竞争力……

改编自：吕守升. 战略解码：跨越战略与执行的鸿沟[M]. 北京：机械工业出版社，2021.

2. 形成年度行动计划

在形成年度硬仗清单后，需根据硬仗清单分解出年度行动计划。年度行动计划的内容通常涉及行动领域、子行动、完成时间、完成标志、主责人、支持人以及衡量指标等内容。具体可参照表5-6。

表5-6 年度行动计划

序号	行动领域	子行动	完成时间	完成标志（关键里程碑）	主责人	支持人	衡量指标
1	××	××	××	××	××	××	××
2	××	××	××	××	××	××	××
3	××	××	××	××	××	××	××

资料来源：吕守升. 战略解码：跨越战略与执行的鸿沟[M]. 北京：机械工业出版社，2021.

- 行动领域：一场硬仗通常不会包含7个以上的行动领域或大的行动步骤。
- 子行动：将每个行动领域再细分成若干个子行动，每个行动领域中包含的子行动不应少于2个。
- 完成时间：即行动领域和子行动的最迟完成时间，通常涉及该行动的关键里程碑。
- 完成标志/里程碑：即行动完成时的标志性成果。例如，××产品正式发布，××政策正式执行。
- 主责人：主责人通常只有一个，否则会导致责任划分不清的情况。行动计划与主责人的个人绩效合约挂钩。
- 支持人：支持人可以有若干个。在确认支持人时，要仔细审视年度行动计划，评估需要哪些部门/团队的支持，相关流程是否清晰，各方责任是否协同一致。
- 衡量指标：在硬仗描述内容中，已提出的关键衡量指标，需列入相应的年度行动计划中；年度行动计划衡量指标，除定量指标外，也可以有定性指标；每一项年度行动计划都需要有衡量指标，以两到三个为宜。

3. 形成个人绩效合约

通过战略解码所形成的硬仗责任、年度行动计划，最终需要落实到每位员工身上，落实到个人绩效中去——个人绩效合约，就是具体的载体。个人绩效合约，是员工与其主管签订的书面协议，约定在未来一段时间内，受约人（员工）需要达成的绩效目标和重点工作计划。制定个人绩效合约，需要按照绩效管理的规范流程，与每一位受约人充分沟通讨论，并确认所列出的绩效合约内容。

4. 召开战略解码会议

战略解码会议，是推动战略解码的重要形式。而战略解码会议，就是要沿着战略解码八步法，一层一层有逻辑有顺序地展开沟通讨论（见图5-8）。在不同应用场景中，企业可以根据实际情况，对战略解码八步法的步骤进行微调（如增加对成绩和不足的回顾、增加对组织价值观的讨论、增加对硬仗完成度的奖惩举措讨论等）。

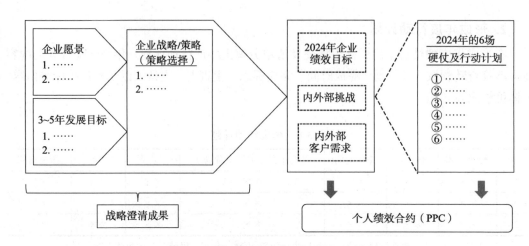

图 5-8 战略解码会议讨论框架示例

资料来源：吕守升. 战略解码：跨越战略与执行的鸿沟[M]. 北京：机械工业出版社，2021.

5.3 组织目标分解工具与方法

"战略解码"已成为当下培训领域的重要项目，存在多种工具与方法，例如，战略地图、华为的 BLM 模型、EVA 分解法、鱼骨图分析法、标杆学习法等。本节重点介绍经典的平衡计分卡、EVA 分解法和标杆管理法。

5.3.1 平衡计分卡

1. 产生与演变

平衡计分卡（Balanced Scorecard）是由罗伯特·S. 卡普兰和大卫·P. 诺顿于 1992 年提出的一种绩效管理工具和框架。它最初被用于解决企业在战略管理过程中缺乏全面性和平衡性的问题，逐渐演变成为一种广泛应用于各种组织和行业的绩效管理工具。平衡计分卡作为一种绩效管理工具，主要是通过财务与非财务考核手段的相互补充，使绩效考核的地位上升到组织的战略层面，成为组织战略的实施工具，同时在定量评价和定性评价之间、客观评价和主观评价之间、指标的前馈指导和后馈控制之间、组织的短期增长与长期增长之间、组织的各利益相关者之间寻求平衡的基础上完成绩效管理与战略实施过程（见图 5-9）。

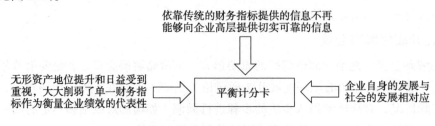

图 5-9 平衡计分卡的产生

平衡计分卡的发展经历了多个阶段和演进过程。最初，它被用于解决企业在战略管理过程中的短期和长期目标之间的冲突，以及战略目标与日常运营之间的不一致。随着时间的推移，平衡计分卡框架逐渐演变为一种更加综合、完整的绩效管理工具。它不仅关注财务指标，还将其他重要的非财务指标纳入考虑范围，以提供一个更全面、平衡的绩效评估体系。平衡计分卡经历了四代演变过程。

第一代：从多个角度来审视企业的绩效，强调绩效考核既要看结果，又要注重过程，即设置均衡的衡量指标体系。

第二代：要求根据战略指标来确定一系列指标体系中的关键指标，用战略地图建立战略目标之间的因果联系。

第三代：提出"目标陈述"的概念，作为选择战略目标、选择测量指标和目标设置的出发点。

第四代：强调通过组织内外的协调创造企业合力，为企业高层提供一整套治理框架，并帮助企业挖掘组织协调所产生的价值。

目前，平衡计分卡已经成为一种广泛应用于各种组织和行业的绩效管理工具，许多企业和组织都采用平衡计分卡来衡量自身的绩效，并制定相应的战略目标和行动计划。

2. 特点和功能

1）以战略为核心

平衡计分卡以战略为核心，通过与企业的关键成功因素（CSF）和关键绩效指标（KPI）相结合来建立绩效管理体系，描述企业的战略框架。通过财务、客户、内部运营以及学习与成长四个指标之间的相互作用，展示组织的战略管理轨迹，从而实现绩效考核、绩效改进以及战略实施和修正的目标。这种方法将企业的整体战略与绩效考核紧密联系在一起，帮助企业在不同方面进行绩效评估，并为决策者提供战略管理的反馈和指导。

2）强调过程管理与目标管理并重

企业不仅注重对经营目标完成程度的管理，也注重对经营目标实现过程的管理。一方面，通过财务指标来评估企业目标的完成程度；另一方面，以目标实现过程中的因果关系链为基础，分别设置客户、内部运营以及学习和成长等三方面非财务指标，对企业目标完成的过程进行管理。这种方法使得企业实现了过程管理与目标管理并重的效果，从而能更全面地了解目标实现的过程，发现问题所在，并采取相应的改进措施。企业不仅在结果上取得成功，也能在过程中提升效率、优化资源利用，从而更好地实现长期发展目标。

3）注重财务指标与非财务指标并存

平衡计分卡的设计理念是将财务指标和非财务指标结合起来，以实现对企业绩效的全面评估。通过引入客户、内部业务流程、人力资源、信息管理和组织发展等方面的非财务指标，弥补了传统业绩衡量模式单纯依赖财务绩效指标的不足。财务指标主要关注企业的财务表现，如收入、利润等。它使企业对短期业绩有一个直观了解，帮助企业保持对财务目标的关注。而非财务指标则更加综合和多元化，涵盖了客户满意度、内部业务流程效率、员工培训与发展等方面。财务指标与非财务指标并存是平衡计分卡的基本特征，它能够帮助企业综合评价组织的绩效，更好地理解财务表现的背后原因，有助于企业制定适应性更强的战略决策,并加以调整和改进。

4)实现长期目标与短期目标平衡

平衡计分卡使用非财务指标和因果关系链来确定导致成功的关键因素和相应的关键绩效指标。企业的主要目标是实现持续增长的股东利润,实现股东价值最大化,这需要同时兼顾短期业绩。然而,在竞争激烈且资源有限的市场环境中,管理者可能会陷入短期利益的陷阱,牺牲了长期投资。平衡计分卡通过关注内部业务流程层面的不同时间段和益处,可以确保企业在长短期利益之间取得平衡,实现可持续发展。综上所述,平衡计分卡的引入解决了单一财务指标的短期性和片面性问题,使得企业能够同时关注长期价值和短期业绩,有助于组织更加全面地考量自身的绩效和发展方向。

3. 基本内容

1)战略地图的框架和构成要素

战略地图是平衡计分卡的核心组成部分,它是一种用于呈现企业战略目标和各项关键绩效指标之间因果关系的工具。战略地图为企业的战略规划提供了清晰的框架,帮助管理者和员工理解并执行战略,从而实现战略目标。

一是,逻辑架构与主题领域。

战略地图的框架可以形象地比喻为一个四层楼房,房顶部分清晰地呈现企业的使命、愿景和价值观,房子的主体从上至下分为不同主题领域,例如,财务、客户、内部流程、学习与成长等。每个主题领域都对应着企业战略的一个关键方面,涵盖了企业在不同领域的战略目标。战略地图的基本逻辑框架有助于确立企业的长期目标和方向,为各级管理者和员工提供明确的战略导向(见图5-10)。

二是,因果关系和战略指标。

战略地图不仅包括方框所示的各构成要素,还包括箭头所示的各要素间的逻辑关系。通过清晰地呈现各个主题领域之间的因果关系,并用若干个具体的绩效指标衡量企业在不同领域的表现,展现各项关键绩效指标之间的逻辑关系。这有助于管理者和员工理解各项指标之间的相互影响,帮助他们更好地把握绩效改进的关键环节。

2)平衡计分卡的框架和构成要素

平衡计分卡是一种绩效管理工具,它涵盖了四个关键维度:财务、客户、内部业务流程以及学习与成长。战略地图作为一种可视化的工具,基于平衡计分卡的四个维度,将战略目标以及实现这些目标所需的关键要素进行可视化呈现,帮助管理者更清晰地理解企业的战略,识别关键的驱动因素,并将其转化为具体的行动计划。平衡计分卡通过将这些维度上的战略目标分解为具体的指标和行动计划,提供了一个全面的评估企业绩效的方法,并帮助管理者确定战略方向和行动计划。

一是,财务收益维度。

在平衡计分卡中,财务维度是重要的维度之一。它通常用于评估企业的财务绩效,帮助企业实现其财务目标。它可以衡量企业绩效、对决策提供支持以及促进和股东与投资者的沟通。财务收益维度通常需要考虑以下指标。

(1)营收增长率(Revenue Growth Rate):这是衡量企业收入增长的指标,通常以年度增长率的形式呈现。营收增长率可以帮助企业了解市场需求和竞争状况,并调整战略。

(2)利润率(Profit Margin):利润率是企业利润与营业收入之比,通常以百分比的形式呈现。利润率可以帮助企业了解其经营效率和盈利能力,并确定是否需要采取改进措施。

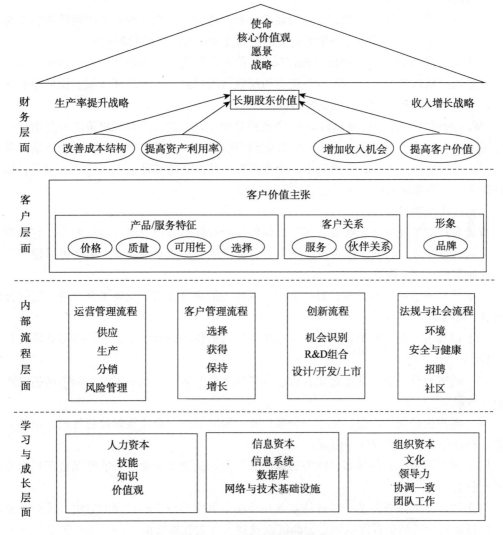

图 5-10 战略地图通用模板

资料来源:罗伯特·卡普兰,大卫·诺顿. 战略地图——化无形资产为有形成果[M]. 刘俊勇,孙薇,译. 广州:广东经济出版社,2005:90.

(3)投资回报率(Return on Investment,ROI):ROI 是企业投资所获得的回报与投资额之比,通常以百分比的形式呈现。ROI 可以帮助企业了解其投资决策的合理性和有效性。

(4)现金流量(Cash Flow):现金流量是企业现金收入和支出的情况,通常以净现金流量的形式呈现。现金流量可以帮助企业了解其现金流动性和偿债能力。

(5)成本效益(Cost-Effectiveness):成本效益是企业投资所获得的效益与成本之比,

通常以百分比的形式呈现。成本效益可以帮助企业了解其资源利用效率和成本控制能力。

（6）毛利率（Gross Profit Margin）：毛利率是指企业在销售商品或提供服务后，扣除直接成本后所剩下的毛利与营业收入之比。它反映了企业在销售过程中所获得的利润占营业收入的比例。

（7）回款率（Collection Ratio）：回款率是指企业在一定期间内已经收回的账款金额与应收账款总额之比。它反映了企业的资金回收速度和应收账款的管理效果。

（8）税后净利润（Net Profit After Tax）：税后净利润是指企业在支付所得税后的净利润。它是通过从营业收入中扣除各种费用和税收后所得到的实际盈利金额。税后净利润是衡量企业盈利能力和经营绩效的重要指标。

（9）净现值（Net Present Value）：净现值是用于评估投资项目或决策的财务指标。它通过将项目未来的现金流入和现金流出折现到当前时点，计算出项目的净现金流量，并与投资金额进行比较。如果净现值为正，则意味着项目预计能够创造正向的经济价值；如果净现值为负，则意味着项目预计会造成经济亏损。

二是，市场客户维度。

市场客户维度反映了企业吸引客户、保留客户和提高客户价值方面的能力。它强调了客户价值的重要性，有利于改善市场竞争力，促进组织协调。市场客户维度可以使用的衡量指标通常包括以下内容。

（1）客户满意度：衡量客户对企业产品或服务的满意程度，反映了企业是否能够提供符合客户期望的产品或服务。

（2）市场占有率：衡量企业在特定市场中所占的份额，反映了企业的市场竞争力和市场地位。

（3）新客户获得率：衡量企业获得新客户的速度和效率，反映了企业的市场拓展能力和营销效果。

（4）客户生命周期价值：衡量一个客户在一段时期内对企业贡献的总价值，包括购买金额、转介绍和长期忠诚度等因素。

（5）客户流失率：衡量客户流失的速度和数量，反映了企业是否能够保持客户忠诚度和稳定收益。

（6）用户排名调查：是一种评估企业在市场竞争中的地位和表现的方法。该调查通常通过向目标用户或消费者提供问卷、面试或观察等方式收集数据。

（7）客户保有率：是衡量企业保持现有客户的能力和成功程度的指标。它反映了客户对企业产品或服务的忠诚度和满意度。

（8）品牌形象/识别：是指消费者对企业或产品的认知和印象。它包括消费者对品牌价值、品牌声誉、产品质量、服务水平和企业文化等方面的评估。

（9）服务差错率：是衡量企业在提供产品或服务过程中出现错误或问题的频率的指标。服务差错率通常使用以下公式计算：错误数量/总交易数量。

三是，内部流程维度。

内部流程维度是平衡计分卡的核心之一，它着眼于企业内部的运营过程和活动，旨在促使企业改进内部流程、提高效率、降低成本并提高质量。内部流程维度通常包括一系列与企业内部运营活动相关的指标和目标,其中涵盖了多个方面,如生产流程、供应链管理、项目管理、质量控制等。以下是一些内部流程维度常用的指标内容。

(1)生产效率:包括生产周期、生产计划、工作效率、资源利用率、劳动生产率、关键员工流失率等指标,用以评估企业的生产运营效率。

(2)质量控制:涵盖产品质量、项目完成指标、质量缺陷率、客户投诉率、事故回应速度、安全与环境影响等指标,用以评估产品和服务的质量水平。

(3)供应链管理:包括供应商绩效、库存周转率、交付准时率等指标,用以评估企业供应链的运作情况。

(4)创新与改进:包括新产品开发速度、设计开发周期、流程改进数量、预测准确率、专利申请数量等指标,用以评估企业的创新能力和持续改进能力。

四是,学习成长维度。

学习成长维度是平衡计分卡中的一个重要维度,它主要关注企业员工的培训、教育和发展,以及企业创新和知识管理。通过不断的学习和积累知识,企业可以更好地应对市场变化和挑战,实现持续的创新发展,提升自身核心竞争力,从而在市场上获得更大的优势。学习成长维度包括多个关键的指标和内容。

(1)新服务业务收入所占比例:衡量企业新服务业务在总收入中的比例。这个指标可以帮助企业评估新服务业务的增长和贡献度。

(2)员工满意度:衡量员工对企业的整体满意程度。通过员工调查等方式,了解员工对工作环境、福利待遇、上级领导、培训发展等方面的满意度。

(3)改善提高效率指数:衡量企业在提高工作效率方面的改进情况。可以通过衡量生产效率、流程改进、资源利用率等指标,评估和追踪企业的效率改善情况。

(4)关键技能的发展:衡量员工关键技能的培养和发展情况。可以通过培训记录、技能认证等方式,评估员工在关键技能方面的成长和提升情况。

(5)继任计划:评估企业对关键职位的继任安排和培养计划。通过制订和执行继任计划,确保企业在关键职位上有合适的人才储备。

(6)领导能力的发展:衡量企业领导层的能力发展情况。可以通过360度反馈、领导力评估等方式,评估领导团队的能力提升和发展。

(7)人均创收:衡量企业每名员工所创造的平均收入。这个指标可以帮助企业了解员工在创造价值方面的贡献程度。

(8)员工建议数:衡量员工对企业运营和管理的建议数量。通过员工反馈渠道等方式,了解员工对企业改进和创新的建议数量。

(9)新产品上市时间:衡量企业新产品从研发到上市销售的时间周期。这个指标可以帮助企业评估新产品开发和市场响应的效率和速度。

(10)新产品销售收入所占比例:衡量新产品销售收入在总收入中的比例。这个指标可以帮助企业评估新产品的市场接受程度和商业影响力。

平衡计分卡四个层面的指标和目标都来源于组织的使命、愿景和战略,是对使命、愿景和战略的分解、细化和现实支撑。因此平衡计分卡应该与企业的战略目标相一致,并由战略驱动。各个维度的目标和指标应该与企业的战略方向相匹配,以确保整体目标的一致性和协调性(见图 5-11)。然而,这些只是对常见指标的一般性描述和参考,并不针对特定的行业或组织。在实际运用中,还需根据企业具体情况进行深入分析和适当调整,以适应不同行业和组织的需求。

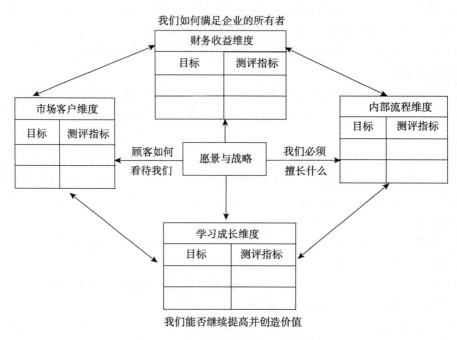

图 5-11　企业平衡计分卡的基本框架

实践观察

平衡记分卡是否过时了?

张瑞敏在与平衡计分卡创立者之一的罗伯特·卡普兰教授进行交流时认为,传统的财务计量衡量不了企业的真实价值,也无法帮助组织进行有效决策。海尔曾在 2005 年花大价钱请 IBM 做咨询,为企业导入平衡记分卡。但是 2008 年左右海尔就放弃了这一工具。虽然平衡记分卡很经典,在国内也有不少企业在使用,但成功的案例并不多。平衡记分卡是用机制(流程再造维度)来连接"人"(学习成长维度)和"数"(财务、客户维度)。在这种逻辑框架下,流程是关键,但流程不是目的,过于关注流程不一定能够产生财务与客户方面的绩效。海尔曾经按部就班进行了 1000 天的流程再造,后来发现离开了客户,流程再造就失去了意义。例如,医院患者按流程需要先去诊断病情、缴费、拿药,再去治疗,但从客户(患者)的角度,他最希望在一个地方得到全方位的服务,这就是关注流程与关注客户的不同。平衡记分卡有效与否很大程度上依赖组织的商业敏感性，否则即使流程没有问题，也无法连接"两头"的情况。此外，客户的需求快速迭代，固化的流程也难以助力企业持续成长。

资料来源：穆胜. 穆胜对话张瑞敏：放弃对权力的迷恋，才能赢得尊重[EB/OL]. (2022-06-14) [2024-04-26]. https://www.163.com/dy/article/H9R2KM1Q05118O92.html.

5.3.2 EVA 分解法

1. 产生与演变

经济增加值（Economic Value Added，EVA）是由美国思腾思特咨询公司在 1982 年提出的，并于 20 世纪 90 年代在企业中迅速推广的一种管理方法。EVA 的基本概念是投资回报超过资本成本的那部分剩余收益，用公式表示为：

$$EVA = NOPAT - WACC \times TC$$

公式中，NOPAT（Net Operating Income After Tax）为税后净利润；WACC（Weighted Average Cost of Capital）为资本的加权平均成本率；TC（Total Capital）为企业所使用的全部资本量。

资本成本（WACC×TC）实质上是经济学家所说的机会成本，是指投资者投资到一个项目上而放弃投资于其他风险相当的项目可得到的预期回报。鉴于传统的会计处理并不能完全真实地反映企业的价值创造与剩余价值，因此需要对会计科目进行调整，以适应 EVA 的计算。所以企业真实的 EVA 为：

$$EVA = 调整后的 NOPAT - WACC \times 调整后的 TC$$

2. 主要内容

EVA 价值管理体系主要包括四个方面：业绩考核、管理体系、激励制度和理念体系。从分析企业的 EVA 业绩入手，在业绩考核、管理体系、激励制度和理念体系四个方面具体提出建议，从而使企业内部各级管理层的管理理论、管理方法和管理行为都致力于实现股东价值最大化的管理机制，最终目标是协助提升企业的价值创造能力和核心竞争力。

业绩考核。业绩考核是以 EVA 为核心的价值管理体系的关键环节。以 EVA 作为业绩考核的核心指标，反映了一个企业在一定时期运营的真实状况及股东价值的创造和毁损程度，代表了扣除权益资本成本后的盈余，考虑了股东的机会成本和隐性亏损，有利于企业在战略目标和工作重点的制定中贯彻以长期价值创造为中心的原则，从而与股东的要求相一致。

管理体系。EVA 是评价企业所有决策的统一指标，可以作为价值管理体系的基础，用以涵盖所有指导营运、制定战略的政策方针、方法过程，并作为业绩评价指标。基于 EVA 的价值评价方法能够有效地衡量企业的价值，评价管理人员的工作业绩，促进企业管理者形成资本使用纪律，引导其谨慎使用资本，为保障股东的利益做出正确决策，使得向管理者提供的报酬与其真实的经营业绩挂钩，从而达到有效激励和约束管理者、降低委托代理成本、提高经济运行效率的目的。

激励制度。EVA 管理体系的核心是 EVA 与薪酬挂钩，EVA 奖励计划赋予管理者和股东对企业成功与失败的同等使命和要求，使管理者在为股东考虑的同时，也能够像股东一样得到回报，因而管理者具有同股东一样的想法与动力。EVA奖励计划的原理是，按照EVA增加值的一个固定比例来计算管理者的货币奖金，即把EVA增加值一部分回报给管理者，而且奖金不封顶。在EVA奖励制度下，管理者为自身谋取更多利益的唯一途径就是为股东创造更多的财富。这种奖励没有上限，管理者创造的EVA越多，得到的奖励越多，股东所得到的财富也越多。激励制度的基础不是EVA的绝对值，而是EVA的改善值，如果EVA为负的企业能减少负值，视同提高正值。

理念体系。建立以EVA为核心的价值管理体系，使企业经营者认识到：企业只有在利用现有资源创造的财富超过资源占用的机会成本时才会产生财富增值，企业的经营并不仅仅是财务资本的简单利用，还是使用智力资本和其他无形资产的过程，从而促进企业治理机制的完善。

3. EVA的作用

EVA最重要的是要创造超过资本平均成本的那一部分价值才算绩效。换言之，人力资本必须创造超过资本平均成本的价值，才算企业的经营绩效。通过EVA的方式，可以有效区分"价值创造者""价值维系者""价值消耗者"。

1）衡量人力资本价值，为人才索取剩余价值提供依据

EVA在明确资本成本后，衡量的是人力资本的增加值，而不是企业的利润。例如，以5.5%的资本平均成本计，如果企业经营团队占用了1000亿元的资产，那必须资本先拿走5.5%，即55亿元，只有创造超过55亿元以上的价值才算人力资本带来的价值增值，人力资本就可以参与分享。这种核算方式为人力资本参与分享企业的利润提供了理论依据。

2）不以牺牲短期利益为核心，鼓励采取长期战略观

EVA不鼓励以牺牲长期业绩的代价来夸大短期效果（如削减研究和开发费用的短期行为），而是鼓励进行那些有望为企业带来长期利益的投资，比如，新产品研发、人力资源培训和教育以及营销投入等。因此，EVA反对直接扣减此类支出，而主张先予以资本化，然后在合理的期限内进行摊销。这一做法减少了管理人员为了追求当期高EVA而削减这些支出的动机，有助于避免短期行为的发生，鼓励他们采取能够促进企业长期绩效和发展的举措。

3）确保委托人和代理人的目标一致，推动企业持续发展

EVA通过其奖励计划，使企业管理者在考虑股东利益的同时，也能像股东一样获得报酬。该奖励计划的主要特征包括：仅对EVA增值提供奖励；无临界值和上限限制；按照计划目标设定奖励；设立奖金库；不通过谈判而是根据公式确定业绩指标。因此，EVA被视为一个不设上限的奖金池，鼓励持续超越目标，增强激励效果。这种奖励机制促使管理者更加关注企业绩效的提升。同时，奖金池提取规则采取延迟支付和根据实际情况弥补不足的方式，促使经营者长期保持业绩表现。

4. EVA的适用条件

在当前经济环境下，EVA具有广泛的适用性，但也需要考虑其适用条件。

（1）必须同时考虑企业的战略布局。当企业需要开拓市场，但受到环境、竞争等因素影响导致EVA下降时，对该业务的投资决策应同时考虑EVA和企业自身的战略布局。

（2）应减少对股东资金的使用，并尽量合理运用杠杆。股东资金蕴含着利息和风险成本，其回报率始终高于银行利息。因此，更为稳健的策略是降低股东资本比例，适当增加银行贷款比例。简言之，"少花钱、多办事；花了钱、有人找；股东钱、成本高；银行钱、有杠杆。"

5.3.3 标杆管理法

1. 产生与演变

公元前 4 世纪，古老的中国就有了标杆管理的思想。中国古代著名的军事家孙武在其流芳百世的伟大著作《孙子兵法》中写道："知己知彼，百战不殆。"事实上，西方学者也把《孙子兵法》视为标杆管理的理论基础。唐太宗曾说过："以铜为镜，可以正衣冠；以古为镜，可以知兴替；以人为镜，可以明得失。"这都是标杆管理思想的体现。1979 年，施乐公司最早提出了"标杆管理"的概念。到了 1980 年，标杆管理的实施范围由最先的几个部门扩展到整个公司范围。通过标杆管理，施乐公司使其制造成本降低了 50%，产品开发周期缩短了 25%，人均创收增加了 20%。

目前对于标杆管理尚未形成统一的定义。美国生产力与质量中心（APQC）对标杆管理的定义如下："标杆管理是一项有系统、持续性的评估过程，通过不断将组织流程与全球企业管理者相比较，以获得协助改善营运绩效的咨询。"该定义进一步体现了标杆管理方法产生于企业的管理实践，揭示了标杆管理的本质主题：向组织外部参照物学习的价值；使用结构化、正式的流程进行学习的重要性；持续地进行组织自身与一流实践的比较；驱使改善绩效行为信息的有用性。

总的来说，标杆管理是不断寻找和研究业内外一流和有名望企业的最佳实践，并以此为标杆，将本企业的产品、服务和管理等方面的实际情况与标杆进行比较，结合自身实际加以创造性地学习、借鉴并选取改进的最优策略，从而赶超一流企业或创造高绩效的不断循环提高的过程。

2. 标杆管理的作用

标杆管理因其在设定绩效标准上的天然优势，使绩效考核的客观性和公正性得到有效提升，具体体现在以下三点。

（1）内外部的标杆是客观存在的。因为标杆管理的绩效标准是组织外部已经实现的、客观存在且被证明通过努力可以达到的，对被管理者而言接受该目标具有足够的说服力，并且其本身所蕴含的挑战性足以让管理者信服。

（2）标杆作为参照点是变动的。受外部市场波动和行业的不可控因素影响，在考核初期设定的目标往往被质疑其准确性，于是造成在考核周期内对绩效目标做出不断调整和修订，影响了绩效考核的严肃性。而标杆绩效标准通过选择与相同市场环境下的可比性强的标杆，可有效抵消市场与行业的系统性风险，从而更容易做出客观公正的评价。

（3）标杆管理利于实现有效增长。绩效考核指标的目标值设定一直是绩效管理的重点和难点。对于目标值的设定一般会与历史值、预算值进行比较。与历史比，是为了解决业务的自身增长问题；与预算比，是强调目标设定意识，解决业务的计划性问题。但与历史相比，带来的问题是组织容易过于关注内部甚至滋生自满情绪，同时外部市场环境的波动也容易削弱考核的科学性和准确性。与预算比，往往存在管理者和被管理者之间的认知差异，双方难达成共识。组织只有以市场、竞争对手、标杆企业为依据设定目标值，才能解决业务的市场竞争力问题。

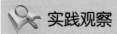

实践观察

宁高宁：不应把预算作为与总部讨价还价的指标

对于做预算，宁高宁曾提到，"做不出实际预算的生意不是好生意，做不出实际预算的公司不是好公司，做不出实际预算的总经理不是好总经理"。在谈及总部与二级单位预算制定时，他认为："不要把预算当成与总部讨价还价的指标。华润创业在管理账上是用过去年数、今年实际数、来年预算数做表的，但在对生意的理解上并不是你完不成预算就一定有问题，或者逆超预算一倍就一定是卓越。总部希望有一个准确实际的预算来部署整体规划，对每一项生意的总体评价有一个同行业的一般水平做比较，预算的过程是我们对生意理解深化进步的过程，预算做出来最好是给自己用，而不是给总部看，更不能把它当作成功与否的指标。"（宁高宁，2023，p3）

资料来源：宁高宁. 五步组合论Ⅴ：价值创造与评价[M]. 北京：企业管理出版社，2023.

3. 标杆管理的分类

根据不同视角，标杆管理可分为以下不同的几种类型。

1）按标杆来源的不同分类

（1）内部标杆管理。

内部标杆管理是指以企业内部操作为基准的标杆管理，是简洁且易于实施的标杆管理方式。其核心在于明确内部绩效标杆的标准，这不仅是内部标杆管理的主要目标，而且有助于实现企业内部信息的共享。识别并提炼企业内部最佳职能、流程及实践经验，再将这些优秀元素推广至组织的各个部门，无疑是提升企业绩效的高效途径之一。然而，若企业仅单独执行内部标杆管理，而不用作与外部标杆管理比较的基准，往往容易陷入内向视野，导致思维固化、缺乏开放性。

（2）竞争标杆管理。

竞争标杆管理是指以竞争对象为基准的标杆管理，其核心目标在于与共享同一市场的企业在产品、服务以及工作流程等方面的绩效与实践进行深度对比，进而直面竞争挑战。然而，此类标杆管理的实施难度相对较大，不仅受公共领域信息获取的限制，而且涉及竞争企业的核心数据和内部运作信息往往难以窥见。

（3）非竞争性标杆管理。

非竞争性标杆管理是指以同行业但非直接竞争对手为基准的标杆管理，即由于地理位置不同等，虽处于同行业但不存在直接竞争关系的企业。非竞争性标杆管理在一定程度上克服了竞争标杆管理信息收集和合作困难的弊端，但又有竞争标杆管理关联度高和可比性强的优势。

（4）功能标杆管理。

功能标杆管理是指以行业领先者或某些企业的优秀职能操作示范为基准的标杆管理。其理论基础是任何行业均存在一些相同或相似的内部功能或流程，如人力资源管理、物流管理等。这一类方法还可跨行业选择标杆伙伴，跳出行业的约束，及时掌握最新的经营方式。但这类方法投入较大，信息相关性较差，最佳实践需要较为复杂的调整转换过程，对企业要求较高。

（5）通用性标杆管理。

通用性标杆管理是指以具有不同功能、流程以及不同行业的企业为基准的标杆管理。即使完全不同的行业，功能和流程也会存在相同或相似之处。如达美乐比萨公司通过考察研究某医院的急救室来寻求提高送货人员的流动性和工作效率的途径，提高员工的应急反应能力。从完全不同的组织学习和借鉴会最大程度地开阔视野，突破创新，从而使企业绩效实现跳跃性的增长，大大提高企业的竞争力，这是最具创造性的学习。但这类方法信息相关性较差，企业需要更加复杂的学习、调整和转换过程才能在本企业成功实施学到的最佳实践，因此困难较大。

企业最佳的做法是实施综合标杆管理，即根据企业的需求和标杆管理项目的要求，将各种标杆管理方式相结合，充分发挥各自优势，以实现高效的标杆管理。

2）按内容不同分类

（1）产品标杆管理。

产品标杆管理是指以其他组织的产品为基准的标杆管理。通常采用产品拆卸法，即通过评价竞争对手产品以明确自身产品改进可能性的方法。该方法需要技术专家的参与，将竞争对手的产品分解为各个零部件，以深入了解产品的功能和设计，并推测其生产流程和成本结构。

（2）过程标杆管理。

过程标杆管理关注企业内部各个流程的效率和效果，通过对某个领域内独特的运行过程、管理方法和诀窍等的学习模仿、改进融合以及对关键流程的分析比较，使企业在该领域赶上甚至超过竞争对手。相较于产品标杆管理，过程标杆管理更加深入和复杂。

（3）管理标杆管理。

通过对领先企业的管理系统和管理绩效比较分析，识别出领先企业成功的关键因素，进而借鉴并超越它们的标杆管理。这种标杆管理不局限于特定过程或职能，而是扩展到整个管理范畴，例如，对整个企业的奖惩制度进行标杆管理，涉及如何有效地对不同层级和不同部门的员工进行奖惩。

（4）战略标杆管理。

战略标杆管理的重点在于其他组织的战略和战略性决策，并在一开始就想要达到的目标。这种标杆管理涉及的是企业长远、整体的发展问题，例如，采用何种竞争战略。标杆之间比较的是战略意图，分析的是成功的关键战略要素以及战略管理的成功经验，进而为企业的总体战略决策提供指导性依据，服务于高层管理者的战略制定与实施。

（5）最佳实践标杆管理。

最佳实践标杆管理是指以领先企业独特的管理方法、措施和诀窍为基准的标杆管理。最佳实践标杆管理就是通过研究和借鉴行业内领先企业的最佳实践，发现和应用行业内的最佳管理方法和经验，并将其纳入本企业的经营管理流程中。

4. 标杆管理的实施

标杆管理已发展出不同的流程模型，如施乐公司的 10 步骤流程、AT&T 的 12 步骤流程、IBM 的 14 步骤流程。标杆管理专家迈克尔·斯彭多里尼（Michael J.Spendolini）博士在对 57 家有标杆管理经验的组织进行比较研究的基础上，总结归纳出了标杆管理的五步骤模型，如图 5-12 所示。

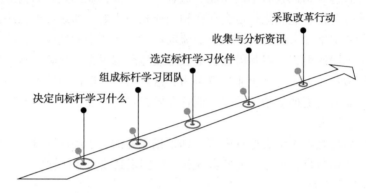

图 5-12　标杆管理五步骤模型

1）决定向标杆学习什么

流程的第一步就是要明确什么是客户以及顾客的需求，从而界定标杆学习的明确主题。在界定顾客之后，要对客户需求进行诊断，并制作一份客户需求摘要：客户需要的是何种标杆管理类型？收集的资讯有何种用途？应当收集哪些资讯类型？资讯量要求有多大？对资讯的品质有何要求？是否应该进行持续的标杆管理活动？等等。这份摘要用来指引标杆管理调查的方向，决定了标杆管理的进度、行动范围、资源分配等（付亚和等，2023）。

2）组成标杆学习团队

虽然个人也可从标杆学习中获益，但大多数情况下，标杆学习是团队行动。挑选、培训和管理标杆学习团队是流程的第二步。团队成员拥有明确定义的角色和责任，采用专案管理工具，以确保每位参与者都清楚自己的任务，并制定重要的阶段性目标。

3）选定标杆学习伙伴

在流程的第三步，需要确定标杆学习的信息来源。这些信息来源包括标杆组织的员工、管理顾问、分析人员、政府机构的消息来源、商业和同行业的文献、行业报告以及数据库等。该阶段还涵盖选择行业和组织的最佳业务实践典范，目标的选择不宜好高骛远，企业应当选定一个切合实际的目标，并投入合理的资源从而实现目标。

4）收集与分析资讯

在这一流程阶段，团队必须选择明确的信息收集方法，并确保负责收集信息的成员对这些方法非常熟悉。团队在与标杆伙伴联系后,按照既定的规范收集信息,然后对信息进行摘要分析。接着,团队根据最初的客户需求分析标杆学习信息,并提出行动建议。

5)采取改革行动

这一阶段受到客户需求和标杆学习信息用途的影响。团队可能采取多种行动,从制作报告或发表成果,到提出建议,甚至根据调查收集的信息具体实施改革行动。在这个阶段,还需要确认是否需要采取进一步的行动或适当的后续活动,如有必要,可以建议继续进行标杆学习活动。

5. 标杆管理的注意事项

向谁学习?标杆学习应该注意以下几点:一是学习的目标企业与本企业应该有相同的管理哲学理念,即"根"一致;二是学习对象不仅有管理实践,更应该有系统的管理方法论,每个企业的情况不一,具体的实践未必适用,但方法论可以复制;三是如果学习具体的实践应该选择与本企业相似的目标企业,如发展阶段、企业类型、行业类型等;四是如果寻求标杆是为了学习,而非考核,也可以跨界学习,开拓组织管理者的视野,俗话说"他山之石可以攻玉"。

5.4 岗位目标分解工具与方法

拆解目标看似简单,实际上非常复杂。明茨伯格在《管理进行时》中提到,目标拆解是 12 个终极管理难题之一。他认为拆解目标的时候,我们就像走入迷宫,要想顺利走出迷宫,我们就需要绘制全景图,以连贯的战略、统一的组织、完整的系统来将事物融合链接。也就是说,当我们在拆解目标时,不仅要有全局思维,从局部看到整体,而且还要协同配合,注重跨部门协调。

岗位目标源于组织目标和团队目标的分解。组织根据岗位的职责和其在部门/团队业务流程中的角色建立部门/团队的目标与岗位的关联,并结合岗位的重点工作提出岗位的"结果""过程""能力"目标,这一过程就是岗位目标分解。

5.4.1 关键绩效指标 KPI

1. KPI 的由来

1897 年,意大利经济学家维尔弗雷多·帕累托从大量具体的事实调查中发现:社会上 20%的人占据着 80%的社会财富,这便是著名的"二八原则"(也被称为"关键少数法则""帕累托法则")。随后,越来越多的学者将这一法则应用于经济学、管理学和社会学等领域,对第二次世界大战后各国的经济恢复与工业崛起起到了极大的推动作用。"二八原则"在绩效管理中同样适用,即每位员工 80%的工作任务是由 20%的关键行为完成的,因此,绩效管理中的绩效指标并非要做到面面俱到,只需要重点监控 20%的核心任务,就能保证 80%的绩效目标达成。这一原理强调了不平等与不对称的分布规律,提醒管理者关注关键的、具有高影响力的因素,集中精力解决少数重要的问题,从而更有效地进行资源分配。

关键绩效指标（Key Performance Indicator，KPI），是指组织战略目标经过层层分解产生的具有可操作性的关键成功要素，用于衡量组织、团队或个人的业务目标实现与实施效果。KPI 是一种量化的管理指标，帮助组织评估其工作绩效，并确保各类活动与整体战略目标一致。关键绩效指标的内涵主要包括以下几个方面。

（1）战略性。关键绩效指标是衡量组织战略实施效果的绩效指标，它来源于组织战略目标，与组织的战略方向紧密相连，反映了企业战略的实施效果。无论是在绩效指标的选择中，还是在设定和监测的过程中，关键绩效指标与整体战略的一致性与关联性都至关重要。

（2）关键性。关键绩效指标的关键性表现在其对组织战略的附加效益，KPI 不仅仅是对绩效进行衡量的工具，更是在推动组织战略目标实现方面发挥关键作用的指标体系。关键绩效指标并非纳入所有与企业经营相关的指标，而是选择对组织绩效起关键作用的指标，这正是"二八原则"的充分体现。

（3）量化性。量化性强调了关键绩效指标框架的定量化和行为化特征，被选定的绩效指标必须尽可能地量化，以确保对绩效进行客观且可衡量的评估。对于可量化程度较低的指标，可采取行为化的方式，通过关键行为对该指标进行界定，以保证关键绩效指标的客观性。

（4）价值导向。价值导向强调的是关键绩效指标应当反映对组织价值创造具有最为显著影响的关键驱动因素，反映对组织整体价值创造过程的理解与组织的核心目标契合。关键绩效指标的主要目的是引导管理者将精力集中在能对绩效产生最大驱动力的经营行为上，从而制定能有效提升绩效水平的指标框架。

2. KPI 的制定原则

关键绩效指标的制定必须遵循 SMART 原则，即 KPI 必须具备具体性（Specific）、可衡量性（Measurable）、可达性（Attainable）、相关性（Realistic）和时限性（Time-based），体现了目标管理法与"二八原则"的有机结合。对关键绩效指标的产生、权重与标准设定将在下一章详细展开论述。

（1）具体性原则。具体性要求 KPI 的定义清晰且明确，能够明示绩效指标所涵盖的具体业务，明确指向某一具体目标或结果，避免模糊和不明确的表述。

（2）可衡量性原则。可衡量性指 KPI 能够被度量和监测，保证组织在各阶段能够定量地衡量和分析绩效。

（3）可达性原则。可达性要求 KPI 设定的目标和标准是可实现的，避免设置过于理想化或不切实际的目标，以激励员工与团队努力工作，并提高达成目标的可能性。

（4）相关性原则。相关性强调 KPI 必须与组织/部门的实际情况相符，这要求 KPI 不仅是可达的，还需与组织的整体战略和能力相协调，各部门的绩效指标也应与其业务匹配。

（5）时限性原则。时限性指 KPI 需设定明确的时间框架与截止日期，使得组织能够在特定时间内对绩效进行评估，有助于明确任务期限并提升工作效率。

3. KPI 的优点与不足

关键绩效指标作为重要的绩效管理工具，在绩效管理实践中得到了广泛应用。具体而言，关键绩效指标主要有以下优点。

1）关键绩效指标服务于组织战略

指标体系直接来源于组织战略，有利于组织战略目标的实现。通过设定与战略密切相关的 KPI，组织可以确保每个部门和员工的工作都直接服务于整体战略目标。这种战略导向性确保组织朝着既定方向努力，有效避免了目标的分散和偏离。

2）基于关键绩效指标的绩效管理有利于组织利益与个人利益协调一致

个人关键绩效指标是通过对组织关键绩效指标层层分解获得的，每一层级的 KPI 都与上一层级的目标相契合，员工的努力不仅仅是追求个人绩效目标，更是为了组织目标的实现。因此，关键绩效指标有利于确保组织利益与个人利益保持一致，实现组织与员工的和谐共赢。

3）基于关键绩效指标的绩效管理有助于集中精力解决关键问题

关键绩效指标以"二八原则"为基础，强调关键的少数、突出重点、以少带多，集中精力监控 20%的核心业务来确保 80%的绩效目标达成，避免指标庞杂、工作重点不明确导致的资源浪费与效率降低。

虽然关键绩效指标为管理者提供了新的思路和途径，为绩效管理提供了强大的助推力，但随着管理实践的不断深入，关键绩效指标也存在以下不足。

第一，关键绩效指标的战略导向性不明确。

尽管关键绩效指标旨在服务于组织战略，但关键绩效指标尚未指明具体的战略是公司战略、竞争战略还是职能战略。另外，关键绩效指标尚未关注组织的使命、核心价值观和愿景，这可能使得 KPI 的设定不够全面，员工的努力方向错位。

第二，关键绩效指标难以界定。

对 KPI 的界定需要制定者自身具备一定的管理基础和管理能力，如果 KPI 的制定出现问题，不仅可能引起员工的消极情绪，降低员工的工作积极性，还可能会忽略重要且难以量化的关键要素，影响组织整体绩效的提升。

第三，关键绩效指标忽视对过程的监控。

关键绩效指标强调战略导向，但其过多关注结果，忽视对过程的监控。关键绩效指标强调"产出"而非"产出的过程"，对过程监控的忽视可能导致工作过程的质量和效率无法得到保障。对绩效产出过程的监控能够帮助组织更好地理解和改进工作流程，及时纠偏，提高组织的整体效能。

第四，关键绩效指标会使管理者误入机械的考核方式。

KPI 的引入可能导致绩效考核变得过于机械，管理者可能会盲目追求指标的完成，过分依赖考核指标而忽视环境、弹性以及主观因素，没有真正重视考核结果对员工和组织的反馈作用，陷入单一且机械的绩效考核怪圈。

4. KPI 的制定流程

制定 KPI 的要点在于系统性、计划性和流程性。KPI 的制定通常包括以下步骤。

步骤 1：根据战略目标提取企业级 KPI 要素。

企业高层管理者首先需要明确企业的战略目标，然后从中提取必要的子目标以实现这些战略目标。这些战略子目标需要进一步综合和分解，以确定企业级的关键绩效指标。举例来说，如果某企业的战略目标是成为一家优秀的服务型企业，那么可能的战略子目标包括优质生产、优质经营、优质管理和优质服务等方面。为了达成这些战略子目标，必须对每个子目标进行细化，并提取关键的绩效指标。例如，将优质生产细分为优秀的生产流程、卓越的安全管理等。此外，应注意确保企业的关键绩效指标与其核心竞争力密切相关，并综合考虑企业的历史、现状和未来发展方向，思考什么因素是企业取得或保持成功的关键。

步骤2：明确业务流程目标。

许多管理者可能会认为下一步是将企业级KPI分解到各个职能部门。然而，企业的战略子目标需要依赖某些主要业务流程才能实现。在分解企业级KPI到部门层面时，会涉及支持各个战略子目标的业务流程。如果这些支持性业务流程不明确，KPI在部门层面的分解就会遇到阻碍。因此，在分解部门级KPI之前，需要先明确企业的业务流程目标。在明确业务流程目标时，首先要借助头脑风暴和鱼骨图等工具，将战略子目标与企业的主要业务流程关联起来，确认对各战略子目标的支持性业务流程。接着，需要确认各业务流程在支持战略子目标达成的前提下，自身的目标是什么。可以使用九宫格图的方法，进一步明确各流程目标在不同维度上的详细内容。通过这一步骤，企业建立了业务流程与职能之间的关联，从而在部门层面建立起流程、职能与业绩指标之间的关联，为企业总体战略目标和部门绩效指标之间的联系奠定基础。

步骤3：提取部门级KPI与岗位级KPI。

在建立战略目标、业务流程和职能部门之间联系的基础上，提取部门级KPI。某些企业级KPI可以直接下放到某个部门成为其KPI，但大多数指标需要多个部门合作执行，因此需要进一步分解成可执行的部门级指标。部门负责人还需确认企业级KPI分解到本部门的指标是否能够合理、科学、有效地执行。最后，根据部门级KPI、业务流程和各岗位职责，确定员工级或岗位级KPI。员工级KPI应能准确反映其所在岗位的绩效，并与员工行为密切相关。这样，企业战略就转化为可执行的指标，指导员工个人的工作目标。

经过上述流程建立的KPI体系，实现了企业战略、业务流程、各职能部门与个人目标的统一。然而，企业发展是动态的，应根据外部条件和内部发展情况及时对关键绩效指标进行诊断、调整和更新，制定出符合企业当前和未来需求的绩效考核指标体系。

5. KPI实施中的注意点

1）KPI的适用性

是否适用KPI，要根据企业发展阶段、业务发展方向确定性等因素而定。例如，对于创业型企业，创业者往往能够通过个人魅力、企业使命与愿景对组织成员进行有效的软管理，可以取代KPI等硬手段。当企业未来的发展方向不确定时，往往也不适合采用KPI，聚焦于特定的方向与领域，例如，小米在早期就定了"硬件+新零售+互联网"的"铁人三项"商业模式，但这一商业模式是否能够成功，应该向何处发力尚需要摸索。此时小米创始人雷军提出"去KPI"的口号，更多依靠于从金山、谷歌、微软、摩托罗拉等公司招来的高素质人才，他们有职业化精神，更有着马不扬鞭自奋蹄的内驱力。在此背景下，授权而非管理（如KPI）更能激活组织。

2)警惕"唯 KPI 论"

要 KPI,但不能唯 KPI。唯 KPI 可能会带来"目标鸡飞狗跳,考核斤斤计较"的后果,即年初定目标的时候上下级博弈,组织内部鸡飞狗跳,年底考核的时候组织成员为具体的分数而斤斤计较。KPI 本质是帮助组织衡量绩效水平的工具,但 KPI 不能与人的表现完全画等号,计划的 KPI 永远赶不上变化的环境快。百胜中国前主席兼 CEO 苏敬轼总结道:"企业真正的优秀是每个决策都是高质量的,生产率上去了,组织员工不需要如此拼命。"这能够在一定程度上缓解无效内卷。

5.4.2 格里伯特四分法

格里伯特四分法将多数岗位都划分为四个关键的业绩领域:数量、质量、成本和时间,这四个维度在现代管理实践中常常被一起考虑,企业和组织可以使用它们来评估和改进绩效、优化业务流程、降低成本、提高产品和服务质量,以及更灵活地适应市场需求,如表 5-7 所示。

表 5-7 格里伯特四分法的四个维度

维度	定义	重要性	关键指标
数量	业务活动的量化方面,通常表现为生产的数量、销售的数量、服务的交付次数等	企业需要关注产量和交付的数量,以确保满足市场需求,提高市场份额,增加收入	产量、销售数量、市场份额、交付次数等
质量	产品或服务的标准和特性,包括产品的可靠性、性能、符合性等,以及服务的准确性、可靠性和满意度	高质量产品和服务有助于提高客户满意度、建立品牌声誉,降低售后服务成本,并提升客户忠诚度	缺陷率、客户满意度、产品符合性、服务质量评分等
成本	业务活动所需的资源投入,包括直接成本(与产品或服务的生产直接相关)和间接成本(与整个业务运作相关)	管理成本是为了保持盈利能力,提高效率,确保产品和服务的竞争力	生产成本、运营成本、固定成本、变动成本等
时间	业务过程的效率和响应性,包括生产周期、交付时间、响应时间等	有效的时间管理有助于提高生产力、减少生产周期、加快产品上市时间,从而更好地满足市场需求	生产周期、交付时间、响应时间、工作流程时间等

资料来源:由 ChatGPT 生成。

其中,数量维度关注的是业务活动的量化方面,通常表现为生产的数量、销售的数量、服务的交付次数等,其重要性表现为企业需要关注产量和交付的数量,以确保满足市场需求,提高市场份额,增加收入。数量维度的关键指标包括:产量、销售数量、市场份额、交付次数等。质量维度涉及产品或服务的标准和特性,包括产品的可靠性、性能、符合性等,以及服务的准确性、可靠性和满意度。其重要性表现为高质量产品和服务有助于提高客户满意度、建立品牌声誉,降低售后服务成本,并提升客户忠诚度。质量维度的关键指标包括:缺陷率、客户满意度、产品符合性、服务质量评分等。成本维度涉及业务活动所需的资源投入,包括直接成本(与产品或服务的生产直接相关)和间接成本(与整个业务运作相关),其重要性表现为管理成本可以保持盈利能力,提高效率,确保产品和服务的竞争力。成本维度的关键指标包括生产成本、运营成本、固定成本、变动成本等。时间维度关注业务过程的效率和响应性，包括生产周期、交付时间、响应时间等，其重要性表现为有效的时间管理有助于提高生产力、缩短生产周期、加快产品上市时间，从而更好地满足市场需求，时间维度的关键指标包括生产周期、交付时间、响应时间、工作流程时间等。

这四个维度也通常被视为业务绩效评估的基石，企业需要在这些维度上取得平衡，以实现全面的成功，不同的行业和组织类型可能会强调其中的某些维度，具体取决于其战略目标和市场定位。

> 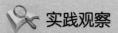 **实践观察**
>
> 穆胜对话张瑞敏
>
> 当组织采用KPI指标时，往往会出现下属报喜不报忧的情况，尽管有一堆考核的数字，但很难真正衡量组织为用户创造的价值。KPI不是不好，而是更适合批量化生产（Mass Production）时代，当市场是卖方市场，厂家异常强势时，KPI是很好的管控模式，能够保持组织中成员的步调一致，尽快实现出货、收款与分配。但现在用户需求是长尾分布，并且快速迭代，从大规模生产时代到大规模定制时代，越来越难用标准产品满足大市场，这时KPI考核无法保证能够帮助组织对准市场，更不能确保定制的实现。
>
> 资料来源：穆胜. 穆胜对话张瑞敏：放弃对权力的迷恋，才能赢得尊重[EB/OL]. (2022-06-14)[2024-04-04]. https://www.163.com/dy/article/H9R2KM1Q05118O92.html.

5.4.3 鱼骨图法

1. 鱼骨图法的由来

1953年，日本管理大师石川馨先生首次提出"鱼骨图"——一种把握结果（特性）与原因（影响特性的要因）的方便且有效的方法，故又称"石川图"。它是一种有效的管理工具，是透过现象看本质的分析方法，被用来探究问题的根本原因，也可以称为因果图。其核心在于通过图形化方式，系统地分析特定问题或状况产生的潜在原因，并按逻辑层次将其清晰展现。

鱼骨图法因其形状如鱼骨而得名，鱼头代表问题或目标，鱼骨代表实现目标或导致问题的各种影响因素，包括大骨、中骨和小骨，分别代表主要因素、次要因素和具体因素。鱼骨图可以帮助我们系统地、全面地分析问题，找出问题的根源，从而提出有效的解决方案。

2. 鱼骨图法的使用方法

使用鱼骨图有以下关键要点：
（1）明确核心问题，即"鱼头"，比如，特定部门或岗位的工作目标；
（2）使用头脑风暴法列出所有可能的影响因素；
（3）根据岗位特点和业务要求，明确关键考核指标。

具体操作程序如下：

（1）根据组织的职责分工，辨识出与公司整体利益密切相关的要素或组织因素；

（2）结合岗位的业务标准和成功案例，定义推动成功的关键因素；

（3）确立关键绩效指标、绩效标准与实际影响因素之间的内在联系；

（4）关键绩效指标的分解。

鱼骨图在 KPI 指标体系提炼中发挥着广泛作用，管理者需要明确企业战略绩效目标，识别对战略绩效目标成功至关重要的关键要素，即确定企业的 KPI 维度，并明确取得优秀业绩所必需的条件和核心要素。

以"保质保量、按时完成生产任务"这一绩效指标体系提炼为例，操作程序如下：

（1）列出包含全部因素的鱼骨图（如图 5-13 所示）；

（2）分层次归纳；

（3）提炼指标。

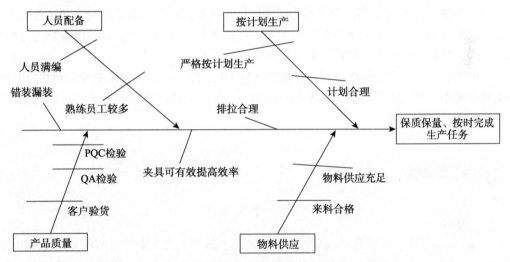

图 5-13　列出包含全部因素的鱼骨图

资料来源：彭剑锋. 人力资源管理概论[M]. 3 版. 上海：复旦大学出版社，2018.

3. 鱼骨图法的优缺点

1）优点

在绩效管理实践中，绩效指标分解是一项至关重要的任务。在众多绩效指标分解的工具中，鱼骨图法以其独特的优势脱颖而出，成为许多企业的首选工具。

（1）**直观易懂**。鱼骨图以图形化的方式呈现了绩效指标及其关联关系，使得分析过程更加直观易懂，有助于分析者和决策者迅速把握关键信息。

（2）**系统全面**。鱼骨图能够从多维度对绩效指标进行分解和分析，确保拆解的全面性和系统性，有助于分析者发现潜在问题与机会，为改进和提升绩效提供有力支持。

（3）**逻辑性强**。鱼骨图采用层层递进的方式，能够清晰地展现出绩效指标之间的逻辑关系，帮助分析者与决策者更清晰地理解和掌握绩效指标的内在联系。

（4）**灵活性高**。鱼骨图法可以及时根据实际需要进行调整和优化，以适应不同场景和需求,这种灵活性使得该工具在绩效指标分解过程中具有广泛的应用价值。

综上所述,鱼骨图法以其直观易懂、系统全面、逻辑性强和灵活性高等优点,成为绩效指标分解的常用工具之一。在岗位目标分解中,合理利用鱼骨图法有助于提升分析效率和决策质量,推动组织绩效的持续改进和提升。

2)缺点

尽管鱼骨图法在许多方面表现出强大的优势,但它并非万能的分析工具,也存在缺点。

(1)**主观性强**。鱼骨图的构建往往受到分析者主观经验的影响,不同的分析者可能会得出不同的分析结果。

(2)**难以量化**。鱼骨图法主要依赖于定性的原因分析,虽然定性的分析有助于我们理解问题的本质,但在一些需要精确数据支撑的情况下,该方法可能难以进行精准的量化分析。

(3)**耗时较长**。要进行深入的鱼骨图分析,需要花费较多的时间和精力。如果时间紧迫,可能会影响分析的质量和深度。

(4)**对使用者要求较高**。鱼骨图法需要使用者具备深厚的问题解决能力和丰富的实践经验,以便准确找出问题或事件的关键因素,并正确地构建鱼骨图。若使用者缺乏这些能力,可能会导致分析结果不准确,甚至误导决策。

总的来说,鱼骨图法虽然是一种有效的分析工具,但在使用时也需要考虑到其局限性。在实际应用中,我们需要根据企业中的具体情况,选择合适的指标分解方法,以确保决策结果的准确性和有效性。

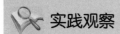 **实践观察**

寻找杀手级 KPI

Agoda 公司是一家在线旅行公司,主要是引导消费者登录公司网站或者手机应用来搜索、挑选和购买相关旅游产品,其经营目标是把消费者的在线访问转化为实际的产品销售。网站设计部门(主要负责公司线上门店的设计、创立和日常维护)之前设置的目标太过繁杂,部门内部意见也很难实现统一。在实践的过程中,公司总结了一套简洁的 KPI 使用方式,设置一个杀手级 KPI+1 个约束性条件,即"实现 X 最大化的同时,不能降低 Y"。表 5-8 是该部门 KPI 的迭代过程及迭代背景。

表 5-8 部门 KPI 的迭代过程与迭代背景

阶段	部门指标	依据	效果
阶段1	转化率(销售额/访问量)+投资回报率	转化率目标如果无法完成,未来又无法有收益的话,不值得做	访问量数据不准确,存在网上机器人、间接方式登录等
阶段2	对比实验次数(AB组对比)+代码质量	转化率的关键是分析哪些平台的调整对转化率有帮助,需要做大量的对照实验,但又不能造成网站程序漏洞太多	一定程度上提升了在线订房量,但产生了很多无效的实验

续表

阶段	部门指标	依据	效果
阶段3	每日新增预定数（[N2-N1]/测试运行天数）+系统漏洞数量	对照实验的检验标准是 A 测试版本带来的订单增加 N2 明显大于 B 测试版本带来的订单增加 N1，以最大程度选出好的页面设计	给公司带来了实实在在的好处，大的系统漏洞没有了，但还存在不少小的漏洞

资料来源：奥马里·莫根施特恩, 罗伯特·罗森斯坦, 彼得·艾伦. 寻找杀手级KPI[J]. 彭建辉, 译. 商业评论, 2022(8/9):133-141.

5.5 目标管理的新工具——OKR

在 VUCA 时代，创新成为企业生存的关键，但创新不是管理出来的，而是激发出来的。因此，很多创新驱动的世界一流企业纷纷进行绩效变革，如始于英特尔，兴于谷歌的 OKR，被很多知名企业应用推广，通过 OKR 让组织聚焦目标、上下同欲。

5.5.1 OKR 的由来

OKR 的产生可以追溯到目标管理时期，1971 年，时任英特尔公司 CEO 的安迪·格鲁夫结合公司的管理实际和市场经济形势，在目标管理法的基础上提出了"高产出理论"(High Output Management)。此理论主要强调：①必须有目标，但目标数量要被限制；②设定的目标应该具有挑战性；③目标可以不断地调整、改善；④制定目标要兼顾自上而下和自下而上的方式。后来，由著名风险投资家约翰·杜尔将其引入谷歌，并在谷歌对其进行推广与完善，将其命名为 OKR。随着谷歌的发展，研究谷歌的管理模式成为热点，OKR 逐步风靡全球。2014 年左右，OKR 开始在中国传播，之后百度、华为、字节跳动逐步实施和推广 OKR。*OKR: Driving focus, alignment and engagement with OKR* 一书中，将 OKR 定义为"一种批判性思维框架和持续性练习，它可以使员工相互协作、集中精力，推动企业不断前进"。

OKR 全称是目标与关键结果（Objective and Key Results），是一套明确和跟踪目标及其完成情况的管理工具和方法，是在传统绩效管理基础上进行升级改造后形成的一种有效的现代绩效管理手段，是一种聚焦于核心工作，持续跟踪反馈，保持组织目标和个体目标上下一致的目标管理方法。经典的 OKR 由两部分组成（如图 5-14 所示）：目标"O"（Objective）和关键结果"KR"（Key Results）。目标"O"是指远大可挑战的目标，反映了组织的追求和方向，主要回答"我们希望做什么"这一问题；"KR"是关键结果即实现目标的方法论、工具、路径、里程碑，是对目标成果完成程度的定量描述，主要回答"我们是如何知晓实现目标的？"在组织管理实践中，一般会把关键举措（Action）纳入 OKR 范畴，从而延伸出 OKRA。OKR 是目标管理的工具、激励的工具、沟通的工具和创新的工具，着重创新变革，以透明和不断试错的方式，确保目标的实现。

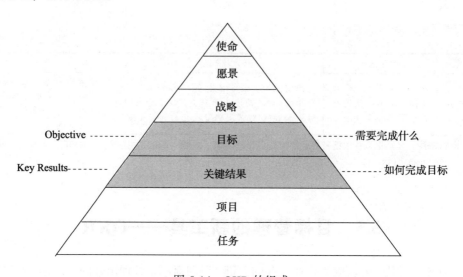

图 5-14　OKR 的组成

资料来源：林新奇. 绩效管理[M]. 大连：东北财经大学出版社，2023.

5.5.2　OKR 的特点

约翰·杜尔将 OKR 的特点总结为 Facts，即让员工聚焦在最重要的事情上（Focus）、实现个人目标与组织战略的一致性（Alignment）、增强员工对目标的承诺（Commitment）、及时测量目标完成的进度（Tracking）、鼓励员工设置有挑战性的目标（Stretch）。上述特点的实现主要依靠：一是，目标透明化，实现员工、团队与组织目标的对齐与关联，让员工明白自己的工作结果对团队与组织的价值；二是，KR 是在引导员工制订具体的行动计划，有助于员工建立完成任务的信心；三是，评分与物质激励脱钩，有利于让员工大胆制定目标。

（1）简捷。OKR 所制定的目标一般而言不会超过 5 个，每个目标的关键结果一般不会超过 4 个，这可以使企业的目标更加聚焦。

（2）直接。每个关键结果都需要与目标进行对应。

（3）公开。OKR 的评估结果对整个企业是公开透明的，保证评估公平性的同时有利于促进团队合作。

以上是 OKR 的总体特点，O 和 KR 单独来看，有以下特点。

1. 目标"O"的特点

（1）挑战性：制定不具有挑战性的 OKR 只会让其流于形式。组织可以让绩效实施者感觉正在进行自我挑战，能够鼓舞绩效实施者。

（2）可实现性：目标设立应把握好理想与现实的平衡，是基于现实的有能力的挑战，不切实际的目标会打击绩效实施者的信心。

（3）时间性：目标实现有时间限制，要规定在什么时间内达成何种效果。

（4）团队性：目标是整个团队商议所确定的，而非管理层的决定。

2. 关键结果"KR"的特点

（1）可衡量性：关键结果是定量的，必须有明确的数据来确定是否完成，如果不能量化也要确定里程碑或者时间节点。

（2）容易理解性：对涉及的关键术语要做出解释，保证团队的理解一致性，避免沟通成本的增加。

（3）责任明确性：关键结果的归属有明确责任人，责任人需要积极参与并运用合适的方法完成任务。

（4）进度可控性：关键结果包含关键时间节点并且是可以追踪的，可以定期追踪任务进度。

（5）自下而上性：完成关键结果的人来制定关键结果可以提高关键结果设立的专业性。

5.5.3 OKR 与 KPI 的区别及适用范围

中国人民大学彭剑锋教授提出，KPI 和 OKR 的区别包括四个方面（如表 5-9 所示）。

表 5-9 OKR 与 KPI 对比

维度	OKR	KPI
工具定位	目标实现	战略落地
目标制定	调动员工的野心，激发员工的潜能，鼓励目标 60%~70%	明确、可操作、可执行、承诺 100%完成
目标类型	柔性和过程优化导向的指标	刚性的结果导向指标
目标调整	目标可以调整，以应对变化、拥抱变化	目标不能轻易调整
结果应用	与薪酬、奖金、晋升弱挂钩	与薪酬、奖金、晋升强挂钩
资源配置	对称性动机原则	非对称性动机原则

资料来源：彭剑锋. 人力资源管理概论（第三版）[M]. 上海：复旦大学出版社，2018.

工具定位不同。KPI 本质上是一种战略落地的工具，把战略目标层层分解，细化出具体的战术目标来实现绩效目标；而 OKR 实际上是定义、跟踪目标完成情况的一种战略目标实现工具。

绩效目标不同。首先，OKR 要调动员工的野心，激发员工的潜能，鼓励目标 60%~70% 完成。KPI 制定目标一定要明确、可操作、可执行，承诺 100%完成。但在 OKR 中，100% 不仅不意味着优秀，反而说明目标制定得没有野心，不够具有挑战性。其次，KPI 多为刚性指标，更关注财务指标。OKR 多为柔性指标，更关注过程优化，提醒员工当前的任务是什么，应该朝着什么样的方向去发展。最后，在目标调整方面，KPI 制定的目标不能轻易调整。OKR 的目标可以调整，以应对变化、拥抱变化。

绩效结果的应用不同。KPI 强调绩效结果与薪酬、奖金、晋升强挂钩。而 OKR 一般只做回顾，不做评估，更强调兼顾结果与过程，绩效结果与薪酬、奖金、晋升弱挂钩。

资源配置原则的不同。KPI 的资源配置采用非对称性动机原则，将资源配置在关键成功要点上持续发力,通过 KPI 来牵引组织资源、优秀的人才,以及员工努力的方向。而 OKR 采用的是对称动机资源配置原则,是根据不确定性来配置资源,根据客户的需求来配置资源,所以它的资源配置是不确定的、动态调整的。

以招聘经理为例,说明 KPI 与 OKR 在目标设定上的不同立足点,如表 5-10 所示。对于一个岗位或者一个部门,是否要使用 OKR 还是 KPI 取决于工作的内容。通常而言,可以把工作事件分为挑战性事件、常规性事件、不可接受事件。挑战性事件主要是路径目标的不确定性,如何完成目标以及路径是否正确尚不可知,需要探索;常规性事件是指工作任务完成的最佳方式已经得到充分的验证,只要肯努力就能够完成;不可接受事件是直接会对公司、部门产生不良影响的事件,例如,财务资料泄密、受贿等。从管理的角度看,挑战性事件的完成可以借助 OKR 进行探索,常规性事件可以借助 KPI 进行督促,不可接受事件可以通过公司《员工日常管理规定》进行约束。

表 5-10 招聘经理的 KPI 与 OKR 对比

招聘经理 KPI	招聘经理 OKR
• 招聘及时率 • 招聘周期 • 初试通过率 • 复试通过率 • 招聘离职率 • 试用期合格率 • 转正通过率	• O:见更多优秀的专业技术候选人 • KR1:进入候选人所在微信群 20 个 • KR2:举办专业论坛、峰会两场/季度 • KR3:与市场人员一起走访 20 家客户 • KR4:每周在知乎、简书上发表两篇文章,介绍公司的产品与技术

5.5.4 OKR 与传统绩效管理的区别

在《绩效使能:超越 OKR》一书中,学者况阳对 OKR 与传统绩效管理的区别进行了深入剖析,指出两者在以下方面存在差异。

1. 框架理念不同

传统绩效管理严格遵循"四部曲"流程,目标完成情况直接决定绩效评价结果,进而直接影响员工薪酬和职位晋升(如图 5-15 所示)。这种以末端奖惩为导向的方法常常导致员工设定较低目标并试图夸大成果,从而减弱了团队和组织的奋斗热情。相比之下,OKR 将传统绩效管理拆解成价值创造和价值评价的上下两环(如图 5-16 所示)。绩效评价更看重绩效贡献而非目标完成率,即便目标达成率较低,只要绩效贡献足够,也能获得高度评价。这种变革弱化了目标设定和绩效评价的刚性联系,推动了绩效管理进入绩效使能时代。总的来说,在 OKR 模式下,目标完成情况仅仅用于自我改进而非奖惩。它强调员工发展而非传统的员工评价。这种发展导向的组织文化让员工更乐意接受批评,更有利于自我提升和团队合作;而传统评估导向的组织文化,由于评价结果与利益的紧密挂钩,必然导致员工产生封闭心态和对抗性互动,不利于组织的发展。图 5-17 为传统绩效管理与 OKR 模式下的绩效管理流程对照。

图 5-15　传统绩效管理"四部曲"

图 5-16　引入 OKR 后的绩效管理框架

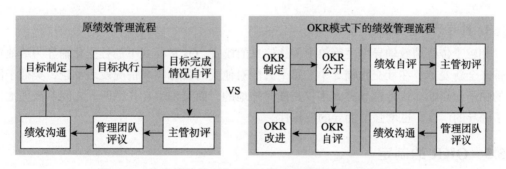

图 5-17　传统绩效管理与 OKR 模式下的绩效管理流程对照

2. 目标制定方式不同

传统绩效管理强调自上而下的目标设定方式，高层负责思考，基层只需执行。然而，OKR 更侧重自下而上的参与式目标制定，鼓励员工积极参与组织 OKR 的设立，并据此确定个人 OKR。通过共同打造组织目标，这种方式能有效增强员工的目标承诺，推动员工实现"要我做"向"我要做"的转变。那么，这种转变是否真正有利于组织呢？早有研究表明，对非知识型工作（如伐木工）而言，目标由谁制定对其绩效影响不大。但对复杂的知

第 5 章　绩效管理的目标体系

识型工作而言，自下而上的目标设定能激发员工更大的工作热情，带来更佳的绩效表现。

3. 目标公开方式不同

在传统绩效管理下，目标局限于上下级之间的私密约定。然而 OKR 模式打破了这一局限，员工设定的 OKR 全公司可见（如图 5-18 所示）。通过了解同事和上层组织目标，不仅促进了团队成员间的了解与协作，还消除了传统模式下主管与下属间的目标信息不对称，减少了监控感，让员工能更清晰地认识到自身工作价值，并在有余力时思考如何为组织做贡献。公开目标基于"霍桑效应"，显著增强了员工的目标承诺，这种承诺的持久性远胜于传统的自上而下的承诺。同时，也有研究证明，公开目标能够提升 20%的员工绩效，这进一步凸显了目标公开的作用。

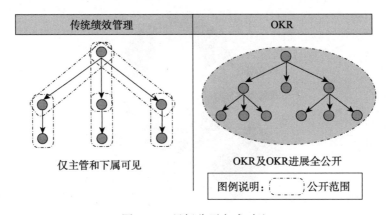

图 5-18　目标公开方式对比

4. 辅导方式不同

相较于传统绩效辅导中主管单项传达信息的模式，OKR 模式下的社交化辅导为绩效辅导带来全新变革。在社交化辅导中，每个人能对他人的目标完成情况发表评论，类似于网络的帖子与回帖。这种辅导方式不仅是随时随地的，而且发生在任意两人之间，极大地拓展了辅导的广度，也增强了辅导的趣味性。

5.5.5　OKR 的制定

1. "O"的制定原则

有效的目标通常是定性的，以激发和点燃人内心深处的激情为目的。标准的模板是"描述任务+阐述目的"。描述任务是指交代组织要做什么，阐述目的更多体现为这样做将会为客户、社会带来哪些改变。况阳（2024）将目标设定分为三重境界：单纯做什么、浅层为什么、深层为什么（如表 5-11 所示）。例如，某团队是专门做读书分享产品的，构建了一个读书分享平台，平台上的用户可以把读书心得分享到平台，去启发更多的书友，让知识形成二次生产率。

表 5-11　目标设定的三重境界

境界层次	举例
第一重：单纯做什么	O1：提升读书分享平台用户数 O2：提升读书分享平台整体规模和收入
第二重：浅层为什么	O：打造健康、百花齐放的商业化生态
第三重：深层为什么	O：让读书分享成为汇聚智慧和点亮他人的平台，每个分享者都能用才华和创意去触达更多书友

资料来源：况阳. 识别真假 OKR[J]. 人力资源开发与管理，2024(6)：10-20.

2. "KR" 的制定原则

"O" 代表的是组织理想主义，负责点燃内心的梦想，激发组织成员对诗和远方的渴望；"KR" 代表的是现实主义，致力于脚踏实地，一步步走向远方。KR 一般分为两种：度量型和里程碑型。度量型相较而言更常见，例如，某研发团队制定的"提升手机启动性能至 1 秒以内"。KR 也可以是里程碑型的，例如，某研发团队成员提到"发布上线产品推送通知功能"。

Classic 标准。况阳在总结国内外 OKR 实施经验的基础上，提出了 OKR 设计的 Classic 原则：有顾客价值的（Customer-Oriented）、有数量限定的（Less）、有承接的（Aligned）、鼓舞人心的（Stimulating）、简明易记的（Simple）、有挑战性的（Incredible）、具体的（Concrete）。具体如表 5-12 所示。

表 5-12　OKR 设计原则

原则	具体要求
有顾客价值的	站在客户视角，如"成为市场上用户体验最好的产品"，而不是站在组织自身视角，如"打造一款市场销售第一的产品"。如果是部门或者个人的 O，其顾客可以是组织其他部门
有数量限定的	遵循五四原则，最多 5 个目标，每个目标不超过 4 个 KR
有承接的	纵向承接，低层承接高层 OKR；KR 承接 O，OKR 部门之间的承接与协同
鼓舞人心的	O 应该有很强的感染力与代入感，激发团队成员奋斗
简明易记的	O 应当简洁，脱口而出
有挑战性的	在设定 KR 时应该有足够的挑战性，完成 KR 的信心指数最好介于 50%~70%
具体的	应该尽可能地定量，不宜采用类似"努力确保客户不流失"这样的指标

资料来源：况阳. 识别真假 OKR[J]. 人力资源开发与管理，2024(6)：10-20.

在完成上述标准后，需要确定 KR 之间是否相互独立，完成 KR 是否真的能够实现目标。例如，某企业将目标定为"将玻璃的生产合格率提升 10%"，为实现上述目标，生产部提出了以下 3 个 KR："引进日本最新生产设备，年内完成生产线改造 80%"（KR1）、"优化生产工艺，对核心部件进行改进，提高各种参数至 0.9"（KR2）、"提高稳定控制精度，实际温度和表头测的温度要在正负 5 ℃之内"（KR3）。团队或者个人需要思考的是 KR 之间是否相互独立，以及 KR 组合起来是否能够保证 O 的实现。

3. OKR 制定流程

OKR 创建的完整流程可以用组合词 "CRAFT" 来表示，它代表：create（创建）、refine（精炼）、align（对齐）、finaliza（定稿）、transmit（发布）（保罗 R.尼文，本·拉莫尔特，2019）。具体如图 5-19 所示。

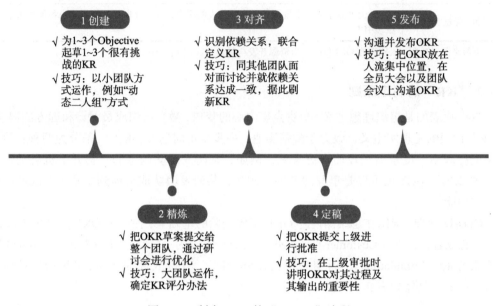

图 5-19 制定 OKR 的 "CRAFT" 流程

步骤 1：了解情况，完成创建。

无论是企业层面的 OKR 还是团队层面的 OKR，完成绩效目标的创建，均需要召集团队成员进行头脑风暴。研究发现，让组织成员参与目标设定的过程意味着他们会更愿意接受和支持所创建的 OKR。在进行头脑风暴前，团队主管应该全面梳理并介绍以下信息：分析所处的竞争环境；明确组织战略；确定核心资源与能力；明确目标差距等。团队主管需要贡献自己的 1~2 条 OKR 建议，但为避免"社会惰化"的出现——在群体讨论中总有一部分人袖手旁观，组织可以采取小团队（很可能只有 2 个人）的形式来制定一份 OKR 草案。

步骤 2：听取意见，进行精炼。

完成 OKR 草案后，此时需要提交给更多的团队成员以进行评审。这一过程最好包括邮件通知，以及传统纸质版的文件通知，同时还可附上 CEO 或团队领导的一封信，让这一过程更为正式与重要。企业层面的 OKR 需要企业的管理团队参与 OKR 的研讨会，团队层面的 OKR 需要团队的管理团队参与 OKR 的研讨会。研讨会需要将已准备好的 OKR 草案进行批判性讨论，最终决定投入应用的 OKR。此时可能会出现不一致的声音，管理者需要对创建的 OKR 坚决支持，并对质疑声音给予包容和支持，以提升组织对整个 OKR 项目的信赖。

步骤 3：左右对齐，改进优化。

第三步需要管理者在拟定 OKR 后，与 OKR 中涉及的各职能部门和团队成员、领导沟通与共享，向其讨论所负责的部分 OKR 是如何依赖他们的，同时也要向其他团队分享自己能提供的帮助，以实现双赢。当 OKR 在同一高度上对齐后，需要将其发布给整个团队以再次征集成员的意见。

步骤 4：上行汇报，批准定稿。

在这一步骤，团队领导及其合作伙伴、高管团队之间需要深入交流，以获准在下一季度实施这些 OKR。交流时需要澄清以下内容：①这份 OKR 如何得来；②在起草 OKR 时所做的努力；③和其他跨职能团队达成的合作协议。这一步的关键是让高管层理解这些 OKR 的选择原因及重要性，以保障后续 OKR 顺利实施。如果有较大的异议，可以召集相关人员，进一步优化 OKR。

步骤 5：大张旗鼓，正式发布。

首先，需要将 OKR 上传至组织系统。OKR 必须予以严格和正式分类并跟踪，以确保其完整性。其次，需要向团队成员和其他相关人员发布 OKR。为保证 OKR 发布的准确性，管理者可通过线下会议与成员进行面对面交流和沟通，让每一位团队成员理解并支持 OKR 的实施。

5.5.6 OKR 的评价

况阳在《绩效使能：超越 OKR》一书中，总结了在 OKR 体系下绩效评价的步骤，具体如图 5-20 所示。

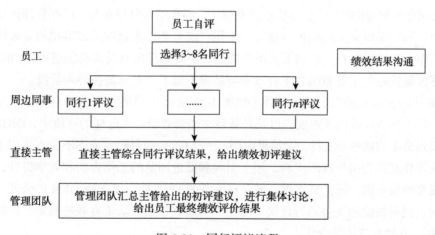

图 5-20 同行评议流程

步骤 1： 员工/团队需对考评周期内的各项贡献进行简洁明了的自评。自评应分项目进行，确保每个项目都有清晰的自我评价，避免冗长。若员工完成 3 个项目，应分别针对这 3 个项目进行自评，且每项自评内容应控制在一定字数内，如谷歌建议自评字数为 500 字以内。

步骤 2： 基于自评内容，需选择最了解自己工作的 3~8 名同事作为同行评议人。同行评议应针对具体项目，确保每位评议人仅对参与过的项目进行评价。若员工参与多个项目，应区分不同项目的评议人,以确保评价的准确性和客观性。

步骤3:收到邀请的同行评议人需基于共同参与的项目给出评价意见。评议应聚焦于项目本身,而非个人,确保评价内容真实反映员工在项目中的贡献。

步骤4:直接主管需综合所有同行评议意见,形成初步的绩效评价建议。

步骤5:初步评价建议将提交至管理团队进行集体评议。管理团队将综合考虑所有员工的贡献,最终确定员工的绩效结果。

步骤6:直接主管需与员工就最终绩效结果进行沟通,明确指出其优点和不足,为员工提供改进方向,促进其未来绩效的提升。

5.5.7　OKR的导入

OKR实施的前提是组织自上而下的理解与领会,常见的导入方式有以下四种。①宣贯+培训。企业人力资源部门或者第三方机构进行宣贯,逐级培训OKR的知识与技能。②自学+考试。让员工自学OKR经典教材,考试分数与奖惩挂钩,例如,在访谈三一集团员工时,员工提到集团一把手学习后,让员工自学,如果考试不合格会有比较严厉的处罚。③打样+试点。选取更容易见效或者配合度较高的部门进行试点,同时为OKR的制定提供系列模板,例如,阳光保险高度关注客户需求,在撰写目标时要求按照"通过××,为××提供/什么样的产品/服务"的句式,实现统一标准、聚焦客户与明确要求。对于关键结果(KR)要回答目标预期结果与衡量标准是什么,体现为收入增长、产品性能、用户活跃度等。④要点+变通。组织在理解OKR的核心与要点的基础上,需要结合自身业务、已有管理体系进行变通,例如,阳光保险为了跟踪执行情况,采用"红黄蓝"来追踪关键事项的完成情况,自动提醒工作人员进行检查。特别需要说明的是,不要期望所有员工都能适用于OKR体系,只要能够保证核心骨干等80%员工有效参与就很不错了,尤其是在导入阶段。

OKR成功实施包括以下三个条件(如图5-21所示)。①组织环境:包括主管给予充分的授权,员工具备较高的成熟度,以及具备自主经营意识。在这样的环境中,OKR的实施更容易得到员工的理解和支持。②结果应用:注意OKR的目标完成率不应直接用于绩效评价,而应该将其作为指导性的工具,用于引导和促进团队的工作方向和效率提升,而非作为惩罚或奖励的依据。③工具支撑:需要有完备的IT支持,以支持OKR的公开、敏捷和社交互动,同时便捷地支持同行评议。这些工具能够帮助团队更有效地制定、跟踪和沟通OKR目标,开展促进团队合作。

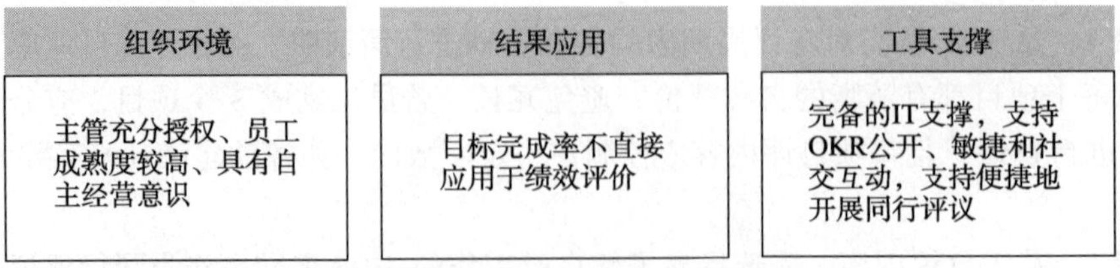

组织环境	结果应用	工具支撑
主管充分授权、员工成熟度较高、具有自主经营意识	目标完成率不直接应用于绩效评价	完备的IT支撑,支持OKR公开、敏捷和社交互动,支持便捷地开展同行评议

图5-21　OKR成功实施的三个必要条件

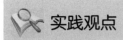
实践观点

OKR 周报的发送

以下是发送给主管的 OKR 周报示例（如表 5-13 所示），周报需要清晰地向主管展示团队的工作进展，以及与 OKR 相关的目标和成果、自评与他人评论等。

表 5-13 OKR 周报示例

姓名/工号	目标（Objectives）	关键结果（KR）	得分	最新进展描述	同比上周	进展	我的评论（最近5条）	他人评论（最近5条）
王兵	OKR 和同行评议成为公司绩效管理的首选	构建完备的 OKR 及同行评议指导手册	0.61	完成 OKR 教练赋能材料整体框架	—	正常	【2017/01/19】要确保 OKR 2.0 发布时的数据能平滑迁移，测试 OKR 后再发布，不着急发布	【2017/01/19】【张三】不错，目标很有挑战性，期待 【2017/01/18】【李四】硬件作为公司的一种典型场景，申请开展OKR试点，希望支持，谢谢
		打造"微信"级 OKR IT 平台	0.46	OKR 2.0 具备基本的创建、更新、评论功能，待端到端流程打通	—			
		提升研究所地域绩效管理的效果与价值	0.64	修改 Objectives：高效开展差异化绩效管理探索→OKR 和同行评议成为公司绩效管理的首选	—			

资料来源：况阳. 绩效使能：超越 OKR[M]. 北京：机械工业出版社，2019.

5.5.8 OKR 的适用情境与注意事项

1. OKR 的适用情境

从 OKR 的起源和国内目前使用 OKR 的效果来看，OKR 更适用于以下几种情况：一是业务发展面临高不确定性，需要不断探索与试错，且试错空间较大的情况，例如研发团队；二是内部孵化，有明确的可视化产品产出，如腾讯产品的迭代；三是管理者成熟度与员工成熟度兼具，双方都有自主发展的意识。

2. OKR 使用的注意事项

（1）因企业发展阶段、企业规模、行业特征等不同，不同企业使用 OKR 的重点不同。例如，对于制造企业，其特点是计划性强、容错率低以及使命必达，在使用 OKR 进行目标管理时需要明确截止日期，OKR 内容也需要上级审批；而在互联网行业，更强调的是挑战而非承诺，鼓励员工大胆设置有挑战性的目标。此外，OKR 方法注重快速试错和学习，对于某些特定行业，如医疗、金融和航空等，可能并不完全适用。这些行业的产品研发周期较长，试错空间相对有限。在这些行业中实施 OKR 时，需要特别警惕过度追求产品创新进度而忽视质量和风险控制，进而造成难以挽回的损失。因此，在应用 OKR 方法时，企业需要审慎地评估其适用性,并结合自身特点进行适当调整。

（2）OKR 不仅仅是一个绩效管理工具,更是一种文化。推行 OKR 需要管理者具有强烈的危机意识（成功不能长期持续,未来难以预测）、挑战高目标的坚定信念（最初就设定和挑战高目标）、保持清醒与客观（随时站在第三方视角审视自己）、重视管理和目标（一对一沟通是基本功,相信每个员工具有巨大潜力）、不懈追求变革与创新（鼓励通过新手段去实现高目标）。上述要求都需要组织建立一种开放、包容与创新的文化,而 OKR 本身就是这种文化的落地工具。表 5-14 列出了谷歌与华为的内部信条,与 OKR 的理念具有高度一致性。

表 5-14 谷歌与华为的十大信条

序号	谷歌	华为
1	无须作恶,也可赚钱	始终思考我的目标对客户的价值
2	信息无止境	主动承担,为团队做更大贡献
3	信息需求无疆界	目标认定后坚定执行,相关变更及时知会周边成员
4	无须西装革履,也可认真执着	在聚焦自己目标的基础上尽力帮助别人
5	一切以用户为本,其他接踵而来	精益求精,坚持对技术的执着追求
6	心无旁骛、精益求精	合理规划工作,核心时间聚焦核心工作
7	没有最好,只有更好	面临压力仍然坚持质量
8	网络适合平等参与的民主作风	求助他人前,确保我已经做过深入思考
9	获取信息的方式多种多样,无须非要坐在桌边	勇于挑战新领域
10	快比慢好	我的成长我做主

资料来源：况阳. 绩效使能：超越 OKR[M]. 北京：机械工业出版社,2019.

5.6 绩效管理工具的发展脉络

绩效管理工具的演进在绩效考核与绩效管理中扮演着重要角色,其发展脉络大致可分为以下七个阶段,反映了绩效管理理论与管理实践的不断发展（如图 5-22 所示）。

图 5-22 绩效管理工具的发展脉络

被誉为"人事管理之父"的罗伯特·欧文在 19 世纪初进行了一系列关于员工绩效的实验,为后来的绩效管理理论奠定了基础。欧文提出以人为本,强调人性化管理,倡导在企业建立工作绩效考核系统。到了20世纪初,"科学管理之父"弗雷德里克·泰勒提出了科学管理理论,主张通过工作标准化和对工人的培训来提高生产效率。20世纪40年代,人际关系学派的兴起将绩效管理的重心转移到心理因素对员工绩效的影响。马斯洛的需求层次理论和梅奥的哈桑实验都强调了员工对尊重、认可和自我实现的需求,这些因素被认为是提高员工绩效的关键。20世纪50年代,彼得·德鲁克提出了目标管理理论,认为设定明确的目标是提高组织绩效的关键,企业的使命任务必须转化为目标,而企业目标只有通过分解成多个更小的目标后才能够实现。20世纪70年代后期,随着绩效管理实践的深入发展,对绩效评估的要求也越来越高,KPI的概念应运而生,它强调了不同层级之间的指标关联,使管理者能够更好地跟踪和评估业绩。20世纪90年代,罗伯特·卡普兰与大卫·诺顿提出了平衡计分卡,强调了绩效评价的多维度和综合性,使管理者能够更全面地了解组织的绩效状况。随着知识经济的发展,团队合作和协同工作变得越来越重要。基于团队的绩效考核方法(如OKR)受到了越来越多企业的青睐。OKR强调了团队目标的设定和达成,使团队成员能够更加明确地了解自己的工作目标和职责。

绩效管理工具的不断演进反映了理论和实践的不断发展,同时也为组织提供了丰富的选择和方法来提高绩效和管理效率。随着管理环境的不断变化和企业竞争的日益激烈,绩效管理工具也在不断适应和演变。未来,随着技术的不断进步和管理理论的不断完善,我们可以预见绩效管理工具将进一步向智能化、数据驱动和个性化的方向发展。例如,随着大数据和人工智能技术的应用,企业可以更精准地评估绩效,并根据数据分析结果制定更科学、更有效的管理策略。此外,随着越来越多的企业采用远程工作和灵活工作制度,绩效管理工具也需要适应这种新的工作模式。虚拟团队的管理、远程工作的绩效评估以及在线协作工具的应用将成为未来绩效管理的重要方向。

编者观点

1. 战略目标是否正确,直接决定了目标体系的成败。组织应该通过自上而下、自下而上的方式进行信息交流,借助战略研讨、行动学习等工具提升高层决策质量。

2. KPI的核心不是量化,而是分析根因,识别能够影响结果的关键,为员工努力指明方向。

3. OKR不是考核工具,而是目标管理工具。相比KPI,无论对员工还是管理者而言,实施OKR都是一种挑战。

本章小结

正确的组织目标是目标体系有效的前提,而把组织目标制定好需要决策责任明确、决策信息充分、决策过程高质量以及决策中的大局意识。

绩效管理目标体系有效性评价标准包括战略明确、纵向对齐和横向打通。目标分解的三条主线是纵向分解、横向分解与职责分解。

目标搭建时注意组织层次不同，考核重点不同；发展阶段不同，考核重点也不同。

战略解码的产出结果包括年度硬仗清单、形成年度行动计划、形成个人绩效合约、召开战略解码会议等。

组织目标分解的工具主要包括平衡计分卡、EVA、标杆管理。平衡记分卡经历了 4 个发展阶段，平衡记分卡中的战略地图是核心工具，形成了使命、价值观与战略之间的逻辑架构，将战略细分成财务、客户、内部业务流程及学习与成长层面。EVA 与标杆管理的适用条件需要重点关注。

岗位目标分解的常用工具包括关键绩效指标 KPI、格里伯特四分法、鱼骨图法等。在实施 KPI 时应该注意 KPI 的适用性、警惕"唯 KPI 论"。

OKR 在工具定位、目标制定、目标类型、目标调整、结果应用、资源配置等方面都有所不同。

绩效管理工具与研究脉络可以追溯到 19 世纪初，德鲁克提出的目标管理理念是绩效管理的分水岭，之前更注重影响绩效的外部因素，在德鲁克提出后更关注目标等内部因素。

复习思考题

1. 什么是战略解码？常见的方法有哪些？什么是岗位目标分解？常见的方法有哪些？
2. 平衡计分卡的四个角度是什么？如何建立基于平衡计分卡的绩效管理系统？
3. 如何实施标杆管理？推进标杆管理要注意哪些问题？
4. KPI 实施的过程中应该注意哪些问题？格里伯特四分法的四个维度是什么？
5. OKR 是如何产生的？组织如何使用 OKR 进行目标管理？
6. OKR、KPI 和 BSC 之间有什么联系和区别？OKR 的优势是什么？
7. 绩效管理工具的发展阶段有哪些？

拓展阅读

[1] 苏敬轼. 大多数失败的企业，年初定目标鸡飞狗跳，年终考核斤斤计较[EB/OL]. (2022-04-17)[2024-04-15]. https://mp.weixin.qq.com/s/DCLPxHpxkEp5n8CFgA7ENQ.

[2] 鲍明刚. OKR 需要怎样的管理者？[J]. 企业管理，2022(4):40-42.

[3] 穆胜. 放弃 OKR？谷歌上演"绩效管理大逃亡"[EB/OL]. (2022-05-24)[2024-04-15]. https://www.huxiu.com/article/563285.html.

[4] 姚琼工作室. OKR 的灵魂是 CFR[EB/OL]. (2023-03-23)[2024-04-15]. https://mp.weixin.qq.com/s/7162weQHSCRjmIvVwMiBXw.

[5] 陈春花. 为什么定好的目标，总是完不成？[EB/OL]. (2022-06-29)[2024-04-15]. https://mp.weixin.qq.com/s/6R_DuR-M73pXKoQ7H6gJXQ.

应用案例

中化：均好才可持续

宁高宁在担任中国中化集团有限公司董事长、党组书记时提出了一个模型，试图用它凝练出企业中所有的要素，并揭示其中的逻辑关系。组织的价值观、使命和党的领导是所有问题的出发点。企业的使命和个人的诉求并不矛盾，但也不完全一致。如果道德要求距离人性太远，是难以落实的；如果要求道德与人性完全一致，那么人性中恶的部分就难以受到约束。

模型的外围是：社会、客户、股东、员工，如图5-23所示。从人类社会诞生企业这种组织形式开始，其目的无外乎让生产更有效率、让人们生活更好。即便不讨论使命和价值观，中化的存在也无非是为了社会好、客户好、股东好、员工好。因为中化是国有企业，股东好也就是国家好。在实际运作中，这些要素是运动、循环交织在一起的，很难分开。因此，每个层面都必须好，就像一个人，眼睛、耳朵、鼻子都必须好。

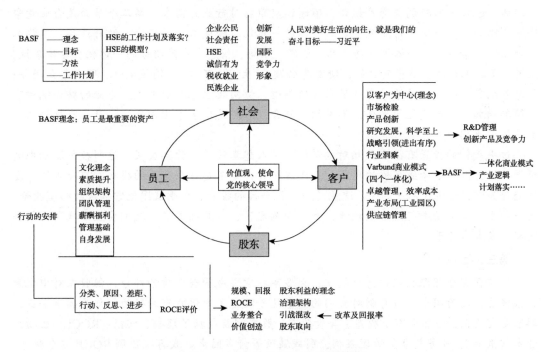

图 5-23　中化集团的均好性模型

我们提到均好性、持续性，提到国际领先的企业几十年以来持续进步，而在中国，企业能活五年、十年已经不错了，过去这一两年几乎每天都有大企业出问题。这就是差距，因为国际领先企业可以做到均好，从而实现稳定增长。当然，均好也会带来问题，就是太慢了、太保守了，创新不够了。不过，这也只是有可能，并不是必然。

第一，社会。

做一个有社会责任感的企业公民，目前成了企业经营的最高境界，这个理念和目标在很多特别是比较大型的国际化企业里面，几乎是第一位的，超出了股东、超出了员工、超出了一般的盈利。其中包括很多内容：企业公民、社会责任、HSE（健康、安全和环境管理体系）、诚信有为、税收就业等。此外，中化还是个民族企业，说到社会责任，民族企业应该有一点民族性。我们还必须是很高尚的一伙人，道德情操非常高尚，目标非常远大，社会责任感强,对社会的关爱非常重,自我使命感很强。当你发现企业里的人非常高尚、对社会作用很大,人们对美好生活的向往和追求是通过企业努力来实现的,这对企业自身来说,无疑是令人振奋的。

第二,客户。

客户就是市场,这是最终检验组织的一个关口、一个标准。这关过不去,企业肯定要失败。先有观念,再说行为,客户这方面也是一样的,企业要先树立一个理念,即"以客户为中心"。从这个理念出发,可以延伸出市场检验、产品创新、研究发展、科学至上战略引领、行业洞察、一体化商业模式、卓越管理、效率成本、产业布局、供应链管理等多个方面。其中,战略引领包含两个层面。第一个层面是企业资产组合战略,即进出有序、行业洞察,也就是不断调整资产组合,不断适应市场对行业的需求。第二个层面是企业竞争战略,比如说,一体化行业确定之后可以做一体化、降成本、做研发、做好产品,这些都是企业的竞争战略。一体化包括产品、研发、市场、信息、资产组合的一体化,具体来说,上游、下游怎么做;销售怎么做;研发怎么做;"生产+下游"、销售渠道、研发怎么联合;信息系统怎么联合;等等。在这里面价值创造,协同效应也就出来了。企业的整合绝对不是简单相加,一定是化学整合,不是物理整合,一定是发生了化学反应,产生有机联系,不是简单地相加。

过去我们的投资有很多是相对被动的,别人想卖给你,你再去买,这叫投行驱动型的投资,投行做一个牵线搭桥的角色。至于这个资产是不是符合企业的战略、符合市场,发展趋势如何,这些就不一定了。这就是一个机会性的投资,企业试图把它搞成战略型投资。而下一步,将主动进行战略型投资,大方向确定了、行业确定了,我们要主动找到他们去购买,或者自己干。

第三,股东。

股东,在管理课程里讲得比较少,大多不把它当成管理逻辑的部分,但股东对中化来说很重要,因为国家、所有制对我们的要求几乎决定了中化所有的行为。作为国有企业,国家是大股东,当然也有小股东、合资股东。股东利益包括了规模、回报、ROCE(已动用资本回报率)、业务整合、治理架构、引战混改等诸多因素。我再次强调ROCE这个概念,它体现了占用的社会资源。特别是国有企业,几乎占用的所有的钱都可以被认为是资本金。

必须把国家利益的理念先树立起来,要意识到企业不是个人的,当我们做的时间长了,企业做得比较成功了,很容易会有这个心态,即认为这个企业我说了算,不是这样的。不要说中国企业,国外企业也不是。必须首先把打工者的身份踏踏实实地定下来,可以试图改革这个体制,对打工者有更多的激励,从而使企业发展得更好一些,但是不可以违背、跨越、破坏这个规则。就中化集团来说,第一,要做好我们的企业,提升回报率ROCE,知道我们和好企业的差距和努力的方向。第二,我们也希望通过引战、混改,让股东取向更市场化一些,但最终的目的还是要实现规模、回报率、ROCE这些目标。

第四,员工。

这个模型虽然把员工放在最后,但是员工作为企业经营要素里一个非常根本的要素,几乎是企业效率管理过程中的第一位。一个企业如果能够真正地让员工从心底认可这个企业的理念、使命、战略、经营方式,对员工的评价出于公心,在这个过程中员工完全将企业利益和自身利益联系在一起，这就是企业与员工关系的最高境界。

当然，有的企业管理员工靠严苛的纪律、打卡等，这在企业发展的某个阶段可能是需要的，但这样管理的员工不会有创造力。员工是最重要的资产，企业必须有这个理念。过去大家把员工当作企业资产负债表上的负债来看，因为应付未付工资放在负债项下，但实际上员工是资产，而且是伸缩性和潜力最大的资产，也是最难评估的资产。企业的成功就是因为员工的成功。但是如果只有员工，体制不对、战略不对，企业也成功不了，这个模型里任何一个要素都不能独立决定企业成功与否。作为员工来讲，首先就是文化理念。企业文化是员工发自内心的东西。我以前写过一篇小文章，说企业文化就是散了会以后，员工在走廊里说的话。比如，今天开会结束后，路上大家坐在一块儿，有几个反应：第一，完全不提今天的会，高高兴兴回家；第二，发牢骚，抱怨会议没用；第三，继续争论这个会，这应该是最好的反应；第四，称赞这个会太好了，这是完美的反应，但是不太可能。认为会议的内容有对的地方，也有不对的地方，还希望继续争论，这就很好了，这就是好的企业文化。

从这点来讲，我们大家必须发自内心地从企业使命、理念和战略出发思考问题，重视每个员工的利益，发挥每个员工的作用，共同打造公平、包容、阳光、透明的企业。大家发现，公平、公正成为当代社会比宗教、比任何教育都要影响人们更多的一种思维。每个人在企业里职务不同，不可能都能当董事长，这没问题，结果不一样不怕，过程的不公平是问题。如果在一个企业里，公平性受到根本挑战，做事情不是出于公心，这个企业就失败了，文化变坏了，这里面最重要的是一把手和领导班子。还有很重要的一点是员工的成就感和发展。员工有职业生涯：我希望员工在中化工作，不仅仅是养家糊口、挣点工资，而是工作一段时间后技能也得到提升，他的理念、认识、对企业管理的洞察、理解都得到提升，变成更好的一个人。

资料来源：宁高宁. 五步组合论Ⅴ：价值创造与评价[M]. 北京：企业管理出版社，2023.

思考题：中化集团有限公司强调的均好性与平衡计分卡的异同点有哪些？

即测即练

自学自测　扫描此码

实践篇

第6章 绩效管理的开端——绩效计划

"公司只有这么多资金和精力,因此,想要赢的负责人必须将资金投放到回报最丰厚的地方,同时减少不必要的损失。"

——通用电气原 CEO 杰克·韦尔奇

学习目标

学完本章后,你应该能够:
1. 阐述绩效计划制订的原则,描述绩效计划的内容。
2. 了解绩效指标的分类,阐述指标体系的具体内容,合理设计指标名称。
3. 了解绩效指标权重设计的基本规律,掌握指标权重设计的基本方法。
4. 阐述指标标准设计的重要性,及其基本方法。
5. 分析考评主体选择的合理性,阐述 360 评估技术的核心思想。
6. 了解考评周期设计的基本原则,分析影响考评周期设计的因素。

引导案例

海尔集团 PBC 绩效管理体系

海尔的每个员工都以个人业务承诺(Personal Business Commitment,PBC)的形式做出个人对海尔集团的业绩承诺。在整个海尔集团里,各层员工经理和下属员工都会以自上而下的方式签订个人业务承诺书,将集团总的战略目标逐步分解并落实到每个员工身上,以实现组织绩效和个人绩效的有机联结,从而推动集团事业发展和个人发展的统一。一般员工的 PBC 由业务目标和个人发展目标组成,经理级别的员工增加员工管理目标。

- ◆ 业务目标(Business Goal):在员工经理的指导和帮助下,每个员工根据所从事岗位工作性质、职责和企业年度工作计划的要求制定个人的业务目标和培育下属。
- ◆ 员工管理目标(People Management Goal):为了引导员工经理关注团队建设、培养员工经理的领导能力并支持业务目标的达成,需使员工经理制定员工管理目标。
- ◆ 个人发展目标(Individual Development Goal):在经理的指导和帮助下,每个员工制定个人的发展目标并制订个人发展计划(IDP),不断提高自己的工作能力,支持业务目标的达成。

海尔集团的绩效考核指标分为以目标完成率为基础的定量指标和与绩效水平相关的定性指标。整个绩效评价周期分为定期回顾辅导、季度业绩评价和年度绩效考核。其中年度绩效考核的 PBC 绩效评价结果分为五个等级,分别是 A、B+、B、C 以及 D。直线经理首先对员工绩效进行评估，然后交由二线经理审核。在评价结果中，PBC—A 即非常出色的年度顶级贡献者；PBC—B+即出色的高于平均水平的贡献者；PBC—B 即胜任的扎实贡献者；PBC—C 即需要改进提高的最低贡献者，连续的 PBC—C 绩效即不可接受，需要提高；PBC—D 即不能令人满意的员工，在连续被定级为 PBC—C 之后仍未显示出提高迹象。绩效评估等级主要根据员工履行工作职责情况、绩效表现、知识技能水平、发展潜力、对同事的帮助和支持等方面进行定义和区别。

资料来源：刘善仕，王雁飞. 人力资源管理 [M]. 2 版. 北京：机械工业出版社，2021.

管理要形成闭环，而绩效管理包括绩效计划、绩效过程管控、绩效考核与评价、绩效反馈与面谈、绩效结果应用五个部分组成。绩效计划是绩效管理的起始点，直接影响了绩效管理的实施效果。绩效计划在组织层面上表现为战略解码以及基于战略解码的年度经营计划、年度经营预算，在团队与个体层次表现为微观层面的团队目标或个人业绩承诺。中基层管理者是推动组织发展的根基，本章聚焦于团队与个体层次，从管理者视角出发探讨如何制订有效的绩效计划。

6.1 绩 效 计 划

6.1.1 绩效计划

绩效计划是指关于工作目标与工作标准，管理者与被管理者在双向沟通的基础上，以最终服务组织目标为出发点所达成的目标共识，其本质是确定合理的资源配置。通俗而言，绩效计划是指管理者向被管理者准确传递组织绩效期望，获得员工认同，并基于此制订相应计划的过程。在这个过程中，人力资源管理部门或者人力资源业务合作伙伴（HRBP）负责培训管理者掌握绩效管理技能与工具，一线管理者是各个部门及其员工绩效计划的主要责任人，被管理者具有参与权、建议权，这样被管理者更容易接受、认可所制订的绩效计划。

有效的绩效计划应该具有以下特点：目标融合性、难度挑战性、计划可行性、资源共享性、个体差异性。

1. 目标融合性

目标融合性是指个人目标与组织目标的统一，管理者应该阐述实现这一目标对被管理者个人的意义，例如，员工的目标是每月能够有几天陪伴家人，管理者要做的是识别员工期望并与组织目标相融合，强调完成预期目标对其个人目标的价值。

2. 难度挑战性

难度挑战性是指管理者所制定的目标对执行人而言是有挑战的，这是组织持续发展的重要保障，例如，华为强调增量考核，阿里强调"今天最好的表现是明天最低的要求"。

3. 计划可行性

计划可行性是指管理者应该与被管理者将目标"谈透"，制订目标实现的详细行动计划，并明确衡量的标准与阶段性成果要求。所制订的计划要努力实现目标结果的可复制性，能复制的胜利才是真正的胜利,这也是为什么不能只看客观的绩效考评,而要求有计划的重要原因。

4. 资源共享性

资源共享性是指管理者与员工在目标制定过程中应该共享彼此的资源,被管理者向管理者贡献贴近顾客与市场的信息资源,而管理者向被管理者提供完成任务的必备资源,包括信息、知识、人力、财务等资源。

5. 个体差异性

个体差异性是指管理者在与员工充分沟通了解其任务及个人优缺点的情况下,对指标进行分解。管理者所制定的目标能够充分发挥员工的优势,体现员工的特点。

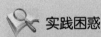
实践困惑

考核是压力还是动力

我公司目前面临业绩逐年下滑与亏损的问题,公司领导制定了绩效管理指标,下发到部门,部门再摊派到个人。员工因指标压力更加努力工作,但没有改变原有的业务模式,最终只是增加了员工压力,并没有实际提升绩效的状况。我认为在公司下发绩效管理指标时,应该充分考虑指标的可行性,并在此过程中为员工提供足够的支持,给予员工完成指标的路径与方法。

资料来源:MBA学员分享。

6.1.2 绩效计划制订的原则

要制订出有效的绩效计划,管理者需要遵循以下原则。

1. 坚持以人为本原则

以人为本的重要体现是尊重人。根据社会承认理论,对个体的尊重体现为承认尊重与评价尊重。绩效管理要肯定每个人的发展需求,同时让员工感受到自身价值被认可,就是要借事修人。宁高宁曾提到"企业的未来从根本上讲不取决于财务,不取决于技术,而是取决于它如何对待自己的员工"。具体来看,绩效管理最好能够借事修人,即团队的目标与任务对员工发展也有帮助,这一点在研发人员身上体现得最为明显。阿里巴巴也一直在强调"客户第一,员工第二,股东第三",这也说明在绩效管理的同时要兼顾员工发展。

2. 导向组织战略原则

过往绩效目标的研究大多强调组织与个人目标的融合,但在绩效计划中还存在"管理者自身利益和目标"这一不确定因素。组织要警惕管理者在为下属设定目标时是基于自身利益而非组织利益。例如,引入新技术或者开发新产品往往成为彰显管理者能力的重要事项，但这些新技术或者新产品未必与组织目标、愿景与使命相匹配。与此同时，随着OKR等绩效管理工具的兴起，员工在目标与关键结果中的自主权被提到空前的位置，但组织在鼓励员工提出有挑战性的目标、标准或关键事项的同时，需要识别员工所提的关键事项与目标是否与组织战略一致，而不是将绩效计划视为迎合管理者或者进行印象管理的工具。为了防止出现上述现象：一是要强化顾客导向与市场导向，所有的目标与任务应该导向价值创造；二是基于事实与数据的管理决策，所提目标、指标与关键任务应该有足够的依据；三是提高组织管理层甄选的精确性，确保组织目标与管理者个人目标的统一；四是建立责任导向的文化，不仅强调管理者的权利，更要强调管理者的责任；五是建立组织使命与愿景，并以此作为判断绩效计划是否适配的唯一标准。

> ◇ **跨课程知识点链接**
>
> **工作描述**：用书面形式对组织中的工作性质、工作任务、工作职责与工作标准等进行描述的成果。
>
> **任职资格**：又被称为工作规范，是指任职者完成该项工作必须具备的资格。
>
> **参考书目**：《人力资源管理》编写组. 人力资源管理[M]. 北京：高等教育出版社，2023: 74-76.

3. 组织大于岗位原则

以往组织在进行绩效管理时，往往强调工作分析的基础作用。工作分析的两大产出是工作描述与任职资格，以此来界定岗位的工作内容与岗位任职者的胜任能力要求。现代外部环境变化日益加快，顾客需求也日趋多样化，传统固化的岗位说明书已不能完全满足组织发展的要求。在此背景下，部门与个人的业绩承诺应更多关注组织战略、承接上层目标，而不应以固化的岗位职责为由推卸责任。例如，组织的目标是"保障销售的产品中有30%以上是公司过去5年研发生产的"，销售人员在进行销售时应该增加新产品销售考核的权重，而不应过于关注成熟产品的种类。又如，公司注重的是提升毛利，在设计考核目标时应该关注公司产品在高端市场上的份额，而不是一般市场的份额。

4. 量化管理优先原则

绩效管理中常说"能量化的尽量量化，不能量化的尽量细化，不能细化的尽量流程化"。目标计划应该尽可能实现可测量性，以此确定工作好坏的标准，这有助于上下级对工作业绩达成共识，提高评价的客观性。财务类指标一直以来被国内外企业广泛使用的一个重要原因就是其容易量化。例如，学习绩效管理这门课，不应该将目标设置为"尽量学好绩效管理这门课"，而应该是"掌握多少新工具"等类似可量化的指标，这才能给员工开展工作提供有效的行动指南。但需要警惕的是，不能为了量化而量化，尤其是对于组织中的中后台部门与岗位。有一次EDP一位学员课间询问笔者，他们一直在试图构建能够客观评价职能部门的指标体系，却一直达不到目的。中后台部门每个人只要能够说清楚为业务发展贡献了哪些力量，无论是定量还是定性指标其实并不重要。

5. 目标少而精原则

无论是目标还是指标，到个体层次尽量少而精（积分制除外）。以往教材中大多提倡 5～8 个，但实践者提倡使用更少的指标。例如，龚俊峰（2022）认为关键绩效指标 3 个左右就可以，这有助于保证任务足够聚焦。对于结果类的考核指标 2～3 个足矣。绩效计划的目的是实现对员工行为的有效牵引，实现力出一孔，过多的目标容易导致其精力分散，也不容易被员工理解。此外，管理是有成本的，无论是制定目标、沟通目标、数据收集与评价都需要管理者投入时间与精力。复杂的考核后面关联的是时间、技术、精力等成本，对于难以收集信息的指标一般也不要作为绩效评价的指标。少而精原则还有助于管理者排除独立性不足的指标，例如，"沟通协调能力"与"组织协调能力"两者都有协调的成分，可以考虑留其一或者对其进行整合。

6. 目标一致性原则

目标一致性体现为两个维度：个体内一致性与个体间一致性。个体内一致性体现为个体的绩效目标、考核目的、考核指标的一致性；个体间的一致性体现为员工与员工之间、部门与部门之间目标、指标相互协同，共同支撑上级目标的实现。例如，销售部门设定的销售目标会对生产部门的月销量与生产质量提出诉求；研发部门的新产品开发能力与生产部门的质量具有相互作用。为了保证目标之间的横向协同并共同支撑上一级目标的实现，需要相关部门共同探讨，保证组织系统内部目标的一致性。需要特别说明的是，如果按格里伯特四分法，所有的指标可以分为数量、质量、时效、成本四类，往往最后确定的指标同时考虑数量与质量两大类。这两类指标存在冲突，即一个人既要完成得多又要完成得好，其实是有很大挑战的。之所以同时考虑数量与质量，主要是为了防止员工走极端，也是为了更好地完成目标，与一致性原则并不矛盾。

7. 目标优于指标原则

管理者要帮助员工理解结果背后的结果，即岗位在特定阶段的使命。很多时候被管理者和管理者围绕"KPI"开展工作。不是说围绕"KPI"开展工作不对，考核指标只是目标的代理变量，并不是一个岗位人员追求的目的。例如，寺庙的撞钟一职，其使命与目的是希望能够唤起沉迷的众生。衡量这一职位人员的表现，我们可能会用是否准时敲钟、钟声是否响亮来衡量。但是，响亮、及时的钟声未必能够实现岗位的使命，还需要钟声能够圆润、浑厚、深沉、悠远。以此来看，管理者在制订绩效计划时最重要的是帮助员工解读其岗位的使命、任务的使命，让其理解努力的意义，而非匆忙地确定考核指标。

6.1.3 绩效计划的内容

无论采用何种绩效管理工具，落实到具体的工作中，都要制定具体的绩效考核指标，并以此作为员工行为的指挥棒。管理者在与员工共同制定目标的过程中，要思考清楚考核目标、考核原则、考核内容、考核责任、考核标准、考核权重、考核周期、考核依据以及考核结果的应用等。本章以管理者视角，分析组织在制定员工绩效考核目标与形成考核指标体系的过程，以及所要设计的内容。

(1)团队或部门工作的意义是什么,即业绩指标背后的价值是什么?(Why)
(2)团队或部门工作如何完成?(How)
(3)员工在本考核周期内完成的关键任务是什么?(What)
(4)员工所完成的任务对其个人、团队的意义是什么?
(5)这些关键任务出色完成的成果是什么?
(6)有哪些指标可以衡量任务?
(7)各项工作任务或者考核指标的权重是多少?
(8)每项考核指标对应的考核标准是什么,即何谓优秀、何谓良好?
(9)考核指标的信息来源是什么?
(10)员工在完成上述工作中的权利有哪些,可以获得哪些资源?
(11)管理者可以为员工提供哪些资源和帮助?
(12)绩效考核周期内,管理者如何与员工进行沟通?

在上述内容中,第1到第3条是前提,思考清楚了"为什么""如何做"才能知道应该"做什么"。绩效计划的直接产出是业绩目标卡或者个人业绩承诺,表6-1给出了一个范例。

表6-1 岗位目标卡部分指标示例

部门: 　　　　　岗位:科技专责　　　　　填表日期:

工作内容	指标名称	考核标准	权重	等级	参考分数	评价者	备注
计划管理	年度科技计划执行率	≥90%	10%	优	120		
		≥60%		中	60		
		<60%		差	−20		
科技项目管理	科技项目评优率	≥90%	15%	优	120		
		≥50%		中	60		
		<50%		差	−20		
	科技投入产出比	≥1:5	15%	优	100		
		<1:5		差	0		

被考核人:同意□　　不同意□　　保留意见□　　被考核人签名:　　主管签名:
资料来源:魏钧. 绩效考核指标设计[M]. 北京:北京大学出版社,2010.

6.1.4 设定绩效计划的步骤

1. 准备阶段

绩效计划是管理者与被管理者进行双向沟通的过程,沟通双方都会为此环节进行必要的准备。具体而言,管理者应该准备:

(1)本业务单元的年度工作计划,该计划是从组织年度经营计划中分解而来的,与管理者所在的业务单元密切相关。
(2)所在团队年度规划,该计划来源于本业务单元的年度计划,但内容更加聚焦与明确。
(3)员工岗位工作描述。岗位工作描述给出了员工的基本工作职责,有利于管理者更好地分配、协调任务。

（4）员工过往考核结果。员工过往的业绩情况，有利于管理者更全面地了解员工的工作状态、潜力与不足，在此基础上根据团队任务做出新的调整。

（5）为了达成团队目标，对被管理者的期望是什么？

（6）对被管理者的工作应该制定什么样的标准？

（7）完成工作的期限应该如何制定？

（8）被管理者在开展工作的过程中需要何种权限与资源？

2. 绩效沟通阶段

首先，管理者需回顾前面要求准备的信息，传递组织的期望，最关键的是讲清楚目标或者任务背后的逻辑，要有充足的理由说服员工定的目标或者任务不仅有利于组织，更有利于员工的成长（如开展的任务有利于员工技能提升）。王建和（2020）在其著作中提到"人不会持续不断地做自己都不知道为什么要做的事情"。其次，员工需要阐述自己的工作目标与关键业绩指标如何满足组织的期望，管理者可根据员工的建议与想法去修改。再次，管理者可以召开集体会议，解读目标与关键任务，通过成功案例、标杆员工分享等方式激励员工完成目标。在这个过程中，最有挑战性的是指标标准的确定，管理者应该阐述清楚标准制定的依据，并为员工如何实现这一绩效标准提供建设性建议。最后，管理者应该明确绩效目标的监督方式、激励方式，承诺为员工解决任务完成中遇到的问题与困难提供支持与帮助。

> ◇ **跨课程知识点链接**
>
> **社会助长效应**：个体对他人的意识做出反应，包括他人在场或与他人一起活动时所带来的效率或绩效的提高。
>
> **参考书目**：《组织行为学》编写组. 组织行为学[M]. 北京：高等教育出版社，2023：103.

当管理者正式与被管理者就绩效计划进行沟通时，应该注意：

（1）利用社会助长效应。公开表态与竞争是激发个体动机的重要方式。管理者可以先列出任务或目标，强调每项任务的重要性，随后采用公开"拍卖"的方式让员工领取任务，相当于员工做出了正式承诺，将有助于形成良性竞争的文化氛围，增强目标的挑战性。

（2）注重员工参与。在多数情况下，当员工参与某些决策时，更倾向于持支持的立场。这种参与的必要性还有利于解决员工与管理者信息不一致性问题；有利于管理者识别员工的真实诉求；有利于传递管理者对员工的尊重。当目标涉及全体团队成员时，不妨召开团队会议，传递组织期望，可以开门见山，也可以让员工谈谈自己的想法，方法没有定论，只要适合组织文化就好。

（3）营造沟通环境。如果是一对一定目标，在选择管理者所在的办公室时，应确保不易受外界干扰，轻松愉悦的环境能够减少员工的敌意，使其心理得到放松。不少管理者会选择在咖啡厅与员工沟通或者一起与员工进餐，这也是不错的选择。

（4）注重平等沟通。管理者要在心态上摆正位置，将自己与员工放在平等的地位上来沟通，体现对员工的尊重。在沟通中，管理者不妨多听听员工的意见，员工是其所在岗位的专家。当然，管理者有责任在沟通的过程中确保最终设定的目标能够承接上层目标，符合公司战略与发展方向。

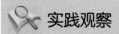 **实践观察**

美团的部门绩效计划制订

我工作的部门以目标制定为起点，强调自上而下与自下而上相结合。在每年第四季度开始筹备制订下一年度的绩效计划。9月绩效计划专项启动，商业分析部门会汇总分析前三个季度的数据，并推演出全年的数据，以此分解到各个部门来分析亮点和不足。各部门讨论并提出改善策略，基于改善策略提出第二年的业绩目标。具体来说：
- 9月建立绩效目标计划团队，确定负责人和骨干员工；
- 9月启动绩效目标计划专项，开始分析数据和盘点；
- 10月完成改善策略和绩效目标初稿；
- 11月各个部门根据目标提出关键举措，并根据关键举措制定"输入型"业务绩效目标；
- 12月到次年1月前，对关键举措进行实践试点；
- 次年1月后对Q1绩效改进进行再次宣讲，确认全年的策略。

这样做有以下好处：绩效有6个月的计划、分解、实施周期，保证决策质量和充分的上下级沟通；绩效目标与改进措施、关键举措结合起来制定，大家都知道怎么做；有试点，可以试错，避免无法落地。

资料来源：课程MBA学员分享。

6.2 构建绩效指标体系

6.2.1 绩效指标的分类

绩效指标的分类取决于管理者对"绩效"概念的理解，在第一章，我们讲述了绩效的结果观、过程观、综合观，不同组织与不同管理者的认知不同，对绩效的理解不同，可能会基于此设置不同的绩效指标。通常而言，组织会从结果（工作业绩）、行为（工作态度）、能力（工作能力）三个方面来考察员工的绩效，且以结果类和过程类指标为主。

1. 结果类指标

结果类指标主要关注行为人的实际结果产出。俗语云"不管白猫黑猫，能捉老鼠就是好猫"，是否能抓住老鼠就是一种结果。组织中的结果指标包括两类：量化指标与里程碑指标，前者是可量化的指标，如生产制造部门的成本降低率，销售部门的市场占有率、销售回款百分比，研发部门的功能采用率，等等；后者是指不容易量化但也有相应产出的指标，如"是否按时发布新产品""是否完成绩效考核制度优化"等。

2. 过程类指标

过程类指标可以细分为基于任务的过程类指标与基于价值观的过程类指标，前者强调达成理想结果所采取的关键动作或有效行为，例如，协作满意度、合作意识、敬业度等；后者强调组织成员所必须遵循的行为准则，通常体现为工作中的具体行为，如是否坦诚、是否具有自我批判意识等。

3. 能力类指标

能力在组织管理中可以理解为"认知"或者人力资本，人力资本可以进一步分为晶体智力与流体智力，前者随个人工作经验的增加而积累（如工作技能），后者随年龄的增长而降低（如记忆力）。组织有时会涌现"工作了2年积累了别人10年经验"的明星员工。组织绩效管理的目的一方面是提升组织绩效，另一方面是督促员工更好地成长。因此，为了更好地实现绩效管理的目的，组织通常在年度考核与评价中纳入能力类指标，以综合判断一个人的潜力。需要注意的是：①能力类指标具有稳定性，不适宜进行月度或者季度的短期评价；②一个人是否有能力，在评价手段上大多还是用行为标准来界定，这就不可避免地与过程类指标相混淆，这时候需要做出明确的界定，以向员工清晰传递组织的期望。

三种指标各有优缺点，如表6-2所示。

表6-2 不同类型指标的优缺点

	结果类指标	过程类指标	能力类指标
优点	容易量化，直接导向绩效，适用于有明确业绩标准的岗位	导向未来，有利于维护组织价值观，适用于流程化或者程序化方法开展工作的岗位	导向未来，有利于组织人才的识别与管理
缺点	秋后算账，导向过去；结果的多因性，未必与个人努力相关	需要采用行为分级技术对行为进行区分；过程与业绩并不完全挂钩	需要建立胜任力模型与完善的任职资格体系；能力与业绩并不完全挂钩

资料来源：作者整理。

6.2.2 绩效指标体系的构建过程

从管理者的视角来看，设计绩效指标体系要经过以下几个步骤。

1. 确定绩效管理的目的

在确定绩效考核的内容、权重前，管理者应该首先思考绩效管理的目的。能够用于评价某岗位的指标理论上有很多，但绩效评价不可能面面俱到，否则就没有操作性。因此，在进行绩效评价前要确定绩效评价的初衷。例如，组织要提升全体成员对组织价值观的理解，并激发员工对价值观的认同，那么就要设置相应的考核指标。彭蕾在接受采访时提到阿里巴巴将价值观和绩效考核挂钩的两个原因是："公司年轻人多，他们需要补课；阿里发展太快,快到如果不用一些矫枉过正的方式去推,公司的价值观会像手抓沙子,一点点流失。"

2. 明确绩效考核内容的导向与原则

管理者可以根据绩效管理的目的设置相应导向,例如,效率优先、结果导向等。这也直接决定了对特定岗位员工的考核与结果类、过程类与能力类指标的组合情况。例如,组织强调"让基层有饥饿感、中层有危机感、高层有使命感",那么在进行考核指标设计时,中层管理者应该更多地承担结果类指标,并进行强制分布;而高层管理者要增加能力类指标的考核;对基层员工的考核要通过绩效标准的设计拉开差距,给予绩优者更高的奖励。公平、公正、公开是绩效考核的基本原则,除此之外还应有些原则性的设计。例如,华为认为员工价值观的考核应该注重员工长期表现,宜粗不宜细,操作中体现为组织让管理者在评价员工态度时只需选择"做到或未能做到"即可。而阿里巴巴采用"通关制"价值观评价,将价值观分为不同的级别,并细化到具体的行动,如果员工没有达到较低等级的行为,其得分就没法达到较高的级别。

3. 提出绩效考核指标

绩效考核内容主要通过自上而下、自左到右、自下而上产生。自上而下是指战略目标的层层分解,取决于组织战略解码的能力,通常适用于采用 KPI 考核法,通过识别关键成功要素的方式来确定指标;自左到右是指按照组织价值创造流程来识别目标岗位负责的关键节点与关键任务,这取决于管理者的业务流程分析能力,通常适用于流程分析、鱼骨图分析等工具与方法;自下而上是指结合岗位的工作描述与任职资格来设定,前者与结果/过程类指标息息相关,后者与能力类指标密切相连,这取决于组织的工作分析能力。自下而上的指标提取可以参考格里伯特四分法,从数量、质量、时间与成本四个维度来设计指标。无论是工作分析还是业务流程分析,都需要建立在组织拥有合理的组织结构和较高的管理水平之上。

4. 筛选并确定考核指标

通过上述步骤可能产生很多指标,这就需要对指标进行筛选。指标的筛选通常会根据 SMART 原则来判断所提炼的指标是不是一个合格的指标。在此基础上还可以采用"八维度法",即从是否容易理解、员工是否可控、是否可以被信任、是否可以实施、是否可以衡量、是否可以低成本获取、是否与整体战略一致、是否有潜在负面影响来判定指标是否要采用。此外,由于每个组织的文化有所差异,基于价值观的过程类考核也会有所差异。例如,同样是考核价值观,华为考核的价值观主要是责任心、团队精神、敬业精神;阿里巴巴考核的价值观是六脉神剑(客户第一、团队合作、拥抱变化、诚信、激情、敬业)。

5. 粗略划分绩效指标的权重

尽管确定绩效指标权重的方法有很多,从主观经验判断法到权值因子判断法,复杂度由简入繁。但在组织实际操作过程中,大多是管理者与被管理者协商确定的过程,且通常以管理者的意志为主。相比协商确定具体数值，可以尝试上下级首先对指标的排序达成共识，其主要排序依据是该指标是否有助于达成绩效目标。

6. 确定绩效指标的具体内容

绩效指标的确定不是一蹴而就的，需要工作任务的利益相关方共同讨论、集思广益，确保所制定指标的合理性。通常而言，会邀请目标员工的上级、工作上下游、目标员工下级共同参与，对粗略的指标与权重进行确认。同时，进一步确定该指标的评价者、评价周期、评价标准等信息。

7. 修正与调整

从目标到指标，从指标到权重，任何一次决策都无法保证百分之百正确，为了让行动与目标相一致，就需要力争每次决策是高质量的或者能够及时发现偏差。实施前，有必要找有经验的内部专家、行业顾问征求意见，重点询问所制定的指标是否有助于目标实现、是否存在漏洞；实施后，根据绩效管理过程中的观察与反馈，结合考评结果及其应用情况，及时对指标体系进行修正或调整。通常而言，组织最少半年就需要对指标体系进行审查与调整一次，随着OKR在互联网行业的兴起，季度或者双月度调整也很普遍。

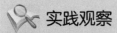
实践观察

美的前HR总监刘欣：都是绩效考核指标的"祸"

美的前运营与人力资源总监刘欣曾分享了这样一个事例。有一次，他看到财务部门发了一份处罚通报，是在物资盘点中处罚了几个车间基层的班组长。进行处罚是因为这几个班组长把一些有用的、完好的配件物料扔到垃圾堆，从公司角度出发，把有用的物料扔掉，是损害公司财产，当然要接受处罚。作为运营部门人员，他当时多想了一层，为什么班组长明明知道这些物料有用，还要把它们扔掉？又不是偷出去卖了还能赚点钱。他们冒着被处罚的风险，做这种明知故犯的事情为什么？

经过与这些班组长的交流，他发现原来公司财务盘点制度里有一项规定："车间物料盘点差异率超过1%，要对出现差异的该线体的班组长进行罚款，罚款金额为差异金额的50%。"这些班组长被罚过几次以后知道，不管是多了还是少了，只要有1%的差异就面临处罚。如果是少了，他们还可以和采购员沟通，让供应商赶紧送些物料。但是如果多了，他们发现退回去很困难，藏也没地方藏，几个人一商量，干脆扔到垃圾堆算了，估计财务人员不会去翻垃圾堆，这样一来，避免盘点差异带来的处罚。这就是制度缺陷带来的结果。我们就和财务人员沟通去修改制度，对于盘点的正差异，只分析不处罚。制度完善之后，班组长不仅不再扔有用的物料，而且非常配合财务人员的差异分析工作。

资料来源：刘欣. 卓越运营[M]. 北京：机械工业出版社，2023：241.

刘善仕，王雁飞. 人力资源管理 [M]. 2版. 北京：机械工业出版社，2021.

6.2.3 绩效指标筛选与撰写中的注意事项

1. 简单指标比复杂指标好

从指标的类型来看，可以分为比率类指标（如招聘计划完成率）、加减分类指标（如未达成次数）、非此即彼类指标（如是否出现事故）、偏差类指标（如培训预算执行率）等。上述四类指标中比率类与偏差类指标操作难度最大，最不容易实施，因为要收集分子、分母两个数据，且计算出来的数字往往带有小数点，而不是整数，如果能够通过使用绝对值而非比率的方式达到目的就不需要使用比率类指标。另外，不是所有的考核指标分数越高越好，例如"预算准确率"，该指标往往希望有个理想的波动区间，例如±5%满分，偏差在±10%以内按比例扣分，超过±10%不得分。

2. 指标的命名最好清晰易懂

在对指标进行命名时，应该遵循以下规则：①岗位职责不能等同于考核指标，因为相同的岗位职责，不同时间考核的重点不一样；②考核指标符合简洁、易懂原则；③在指标命名时一般采用"任务名词+关键结果描述"或者"任务动词+关键结果描述"的形式。例如"销售计划完成率"这个指标，"销售计划"是任务名词，"完成率"是关键结果。通过上述方法，可以对90%以上的指标进行精确命名。类似"生产组织情况""生产统计情况"等指标的提法就不符合上述原则。

6.3 确定绩效指标权重

本小节内容涉及确定指标权重的基本规律、技术方法两个部分。

6.3.1 绩效考核指标权重设计的基本规律

绩效考核的内容通常包括结果类、过程类与能力类三大类，各大类指标所占的权重因考核目的、职位类型、岗位层次、企业文化的不同而有所差异。通常而言，在设计上述三大类指标权重时，呈现如下规律，如表6-3所示。

表6-3 绩效指标权重设计的基本规律

影响因素	设计规律
考核目的	用于奖励时，结果类指标占比适当提高，能力类可以不做要求；用于晋升时，能力类指标占比适当提升；用于加薪时，结果类、能力类指标占比适当提升
职位类型	容易量化的、直接创造价值的岗位或部门结果类占比适当提升，如生产类、销售类；不容易量化的、服务价值创造的岗位或部门结果类占比适当降低，如人力资源管理岗
岗位层级	岗位层级越高，结果类指标权重占比越高，相反，过程类指标占比越高
企业文化	如果企业文化是结果导向的，结果类指标占比较高，如果强调家文化、注重和谐等，则态度类指标占比较高

资料来源：林新奇. 绩效管理：技术与应用 [M]. 3版. 北京：中国人民大学出版社，2021.

6.3.2 设计绩效考核权重的方法

绩效考核指标确定后，需要进一步确定考核指标的权重与标准，相比标准的界定，权重的确定相对而言更容易操作。常见的绩效指标权重确认方法如下。

1. 主观经验法

主观经验法主要是依靠决策者（通常是上级）在收集过往历史数据以及结合自身专业经验的基础上，对考核指标权重进行主观赋值。主观经验法有效的前提条件是：决策者与被管理者所获取的信息较为对称，且对业务有深度的理解；组织有相对完善的考评记录或者过往评价结果可供参考。总体来看，主观经验法的优点是决策效率高，不会在权重的确定上过度纠缠，从而节约管理成本；缺点是所制定的权重可能具有一定的片面性，对决策者的能力要求较高。

2. 对偶加权法

对偶加权法是将各考评指标进行两两比较，再将比较结果汇总，从而得出权重的方法。如表 6-4 所示，将各评价指标在首行和首列中分别列出，将行中的要素与列中的每一项要素进行两两比较。其标准为：行中要素的重要性大于列中要素的重要性，得 1 分，否则得 0 分。最后，对各评价指标的分值进行加总，得出各绩效指标重要性的排序。

表 6-4　对偶加权法例表

	A	B	C	D	E	合计
A	—	1	0	1	1	3
B	0	—	0	1	1	2
C	1	1	—	1	1	4
D	0	0	0	—	1	1
E	0	0	0	0	—	0

在比较对象不多时，对偶加权法比较准确、可靠。但这种方法得到的结果是次序量表，要把它转化为等距量表才能确定出不同指标间的相对重要性。其方法是：首先，求出与其他指标相比，认为某指标更重要的人数；然后，把人数换成比率（见式 6-1），再查正态分布表，将 P 值转化为 Z 值，把每个评价指标的 Z 值转换成比例，就可以得到每个指标的权重值。

$$P = (\sum FR - 0.5N)/nN \quad (6-1)$$

其中，P 指某评价指标的概率；R 指某评价指标的等级（即每项合计）；F 指对某一评价指标给予某一等级的评价者的数目（即人数）；N 指评价者数目；n 指评价指标数目。

3. 倍数加权法

首先，选择出最次要的考核指标，以此为基准，赋值为 1，然后，将其他评价指标的重要性与该考核指标相比，得出重要性倍数，再进行加权处理。比如，对营销人员考评指标的加权，表 6-5 中的 6 项要素中，销售技巧是最次要的，赋值为 1，其他考核指标与销售技巧进行重要性比较。6项合计倍数为 14.5，故各项考评要素的权重分别是 1.5/14.5、2/14.5、1/14.5、3/14.5、5/14.5 和 2/14.5，换算成百分数，即各考评要素的权重。需要说明的是，采用公式计算出来的权重更多的是参考建议，组织实际考核时权重通常是 5 的倍数。

表 6-5 倍数加权法示例

考评指标	与销售技巧的倍数关系	考评要素	与销售技巧的倍数关系
客户拜访频率	1.5	销售毛利率	3
销售回款百分比	2	销售目标达成率	5
销售技巧	1	客户满意度	2

资料来源：付亚和，许玉林. 绩效管理 [M]. 4 版. 上海：复旦大学出版社，2021.

4. 三维确定法

三维确定法是定性与定量方法的结合，因其易操作、简单而在实践中应用较为广泛。三维确定法是指考核指标权重的影响因素分为三个：指标的可实现程度、指标紧急程度和指标重要程度。具体操作步骤如下：第一，将每一个考核指标按重要程度、紧急程度和可实现程度采用李克特五级打分法进行评价；第二，每个指标在上述三个维度上的得分相乘，得出指标的分值；第三，计算每个指标的分值占所有指标分值总分的比重；第四，对上述权重进行微调，保证指标权重是 5 的倍数。如表 6-6 所示。

表 6-6 三维确定法

	重要程度	紧迫程度	可实现程度	分值	权重	修正权重
指标 1	4	3	5	60	21%	20%
指标 2	3	4	3	36	13%	15%
指标 3	5	5	4	100	36%	35%
指标 4	3	3	3	27	10%	10%
指标 5	4	5	2	40	14%	15%
指标 6	2	3	3	18	6%	5%

资料来源：林新奇. 绩效管理：技术与应用[M]. 北京：中国人民大学出版社，2021.

5. 权值因子判断法

权值因子判断法不同于其他评价方法，更强调指标之间的两两比较以及多评价主体。具体而言，权值因子判断法采取如下步骤：第一，组织评价小组，主要包括目标岗位的上级、目标岗位协作方、人力资源管理专家、行业专家等；第二，制定评价权值因子判断表（见表 6-7），各个专家填写判断表，规则是将行指标与列指标进行比较，如果相较于列指标不重要打 0 分，不太重要打 1 分，重要打 2 分，比较重要打 3 分，非常重要打 4 分，指标与本身比较不做评价；第三，计算各评分者在不同指标上的平均分，并基于此计算每个指标占总分的百分比；第四，对计算百分比进行调整。如表 6-7 和表 6-8 所示。

表 6-7　评价权值因子判断表

评价指标	指标 1	指标 2	指标 3	指标 4	指标 5	指标 6	评分值
指标 1	×	4	4	3	3	2	16
指标 2	0	×	3	2	4	3	12
指标 3	0	1	×	1	2	2	6
指标 4	1	2	3	×	3	3	12
指标 5	1	0	2	1	×	2	6
指标 6	2	1	2	1	2	×	8

资料来源：林新奇. 绩效管理：技术与应用[M]. 北京：中国人民大学出版社，2021.

表 6-8　权值统计结果表

评价指标	考评人员								评分总计	平均评分	权重	调整后的权重
	1	2	3	4	5	6	7	8				
指标 1	15	14	16	14	16	16	15	16	122	15.25	0.25	0.25
指标 2	16	8	10	12	12	12	11	8	89	11.125	0.18	0.20
指标 3	8	6	5	5	6	7	9	8	54	6.75	0.12	0.10
指标 4	8	10	10	12	12	11	12	8	83	10.375	0.17	0.20
指标 5	5	6	7	7	6	5	5	8	49	6.125	0.10	0.10
指标 6	8	16	12	10	8	9	8	12	83	10.375	0.17	0.15

资料来源：林新奇. 绩效管理：技术与应用[M]. 北京：中国人民大学出版社，2021.

6.4　绩效指标标准的确定

绩效指标标准是指目标个体在特定指标完成情况的衡量方式。专业足球队教练在每个赛季经常提的"保、争、冲"就是典型的绩效指标标准。实践中往往把绩效指标与指标标准混为一谈。笔者在某次授课过程中，发现不少同学将"销售额增加20%"作为考核指标，殊不知，这包含了两个不同的概念。区分考核指标与指标标准是必要的，前者更多的是解决组织"评什么"的问题，后者关注的是组织期望目标对象在特定方面或者指标上"表现得如何"的问题。当个人表现不佳、工作目标没有达到时，组织要从指标是否合适、标准是否合理两个方面分别考虑。

6.4.1　绩效标准的重要性

标准体现了对任务、业务的理解深度，在组织中标准的清晰、公平和对标准的理解往往比评价的结果更重要。被称为国有企业"放牛娃"的宁高宁曾提到"评价标准在企业中像是铁路的扳道岔，你往哪里扳，企业未来就往哪里走""一家好的企业一定是对内部评价标准争议很少的企业"。对一家组织而言，评价的标准可以来源于对市场竞争的反应、来自专业投资机构的分析、银行的分析、审计师的分析、公司内部职业管理人员的判断等。

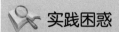

> **实践困惑**
>
> *如何衡量责任心？*
>
> 一个多样化的业务团队，如何有效地统一绩效考核的形式与标准，从而对不同业务属性的员工的绩效考核体现横向可比的公平？例如，我的团队业务是可以量化的，可以对工作的结果进行量化评估。但是，同时也有一些业务不可衡量，更多地看员工的责任心，例如，如何做质量考核？责任心强便能多发现一些问题，责任心弱的有可能漏掉问题，但是又无法评价是否漏掉问题。因此，对于这种业务多元化的团队，绩效评价标准很难做到通用且能真实地反映员工的绩效。
>
> 资料来源：MBA学员分享。

6.4.2 绩效标准的分类

绩效指标与标准通常包括四要素：指标名称、操作性定义、等级标识、等级定义。其中操作性定义大多采用数学公式来进行界定，通常不会出现在考核表中，而是存放于组织指标库中，以便查询。等级标识与等级定义是7级、5级还是3级并没有定式，通常需要根据企业管理习惯、考核指标属性、管理复杂性要求等来确定，如表6-9所示。

表6-9 绩效指标与标准四要素示例

指标名称	销售收入增长率				
操作性定义	（本考核周期销售额－去年同期销售额）/去年同期销售额×100%				
等级标识	A	B	C	D	E
等级定义	>20%	15%～20%	10%～15%	5%～10%	<5%

借鉴付亚和等（2023）的观点，可以将指标标准分为描述性标准与量化标准。根据不同类型的绩效考核指标，通常结果类指标采用量化标准，过程类或者能力类的考核指标采用描述性标准。量化标准存在客观数据，是一种考核，不需要主观评价；定性的指标通常无法进行定量衡量，更多是靠评价，这也是为什么要区分考核与评价的原因。描述性标准将在绩效考评环节重点阐述，而本章节重点对量化标准进行分析。量化标准被广泛应用于销售、生产、成本控制、质量管理等领域。

量化标准可以分为两类：基于连续变量的标准设计、基于分类变量的标准设计。基于分类变量的标准设计是指"是否类指标"——例如风险控制类指标，即是否发生人身伤亡，是否发生火灾等。这种情况下，100分对应"否"，0或者负分代表"是"，以此强调"非此即彼"。当然，如果某类事件还划分为多种情境则可以再适当增加类别。

6.4.3 绩效指标标准设计方法

组织中更多的是连续变量的标准设计，针对的是类似销售增长百分比、员工离职率等指标，如表 6-10 所示。连续变量的标准设计的难点在于确定基准点，不管是采用 7 档划分还是 5 档划分，最关键的是确定卓越基准点、良好基准点以及合格基准点。合格基准点对应个体历史平均值或者团队成员平均值，如果个体或者团队业绩变化起伏大可以剔除奇异值后再计算平均值，在分数设计时通常对应 60 分；良好基准点是组织期望员工完成的水平，即通过努力能达到的标准，可以以团队成员成绩优组的平均值来确定，如奇异值大概对应 80 分的水平。卓越基准点一般对应标杆企业最高值或者历史最优水平，考核中对应 90 分及以上水平。为了鼓励销售，对于销售类指标可以在良好水平上不断叠加，奖励上不封顶，但评价要有限制，例如，某个指标最高为 120 分。

绩效分数的叠加要符合常识，一般标准越高完成难度越大，标准越低越容易完成。例如，一个销售人员月均销售 100 万元，多销售 10 万元的考核分数增加幅度和少销售 10 万元的考核分数减少幅度应该不一样，表 6-10 给出了一些示例。需要特别说明的是，根据目标设置理论，困难的目标一旦被接受比简单的目标更有激励性，因此管理者要设计相对较高的考核标准，以达到激发员工的目的，同时要与员工达成共识：获得优秀（90 分）是少数人，是很难的，80 多分是常态。高标准一般比低标准更有激励性，不仅在于高标准会给人压力，更重要的是高标准下的 80 分和低标准下的 80 分，员工获得的年底回报是不同的。当一个员工考核得了 70 分，绩效奖金拿 5 万元，和同一个员工考核得了 90 分，绩效奖金拿 5 万元，感觉是不一样的，这叫作期望值管理。

表 6-10　指标与指标标准的分级

指标名称	操作性定义	标准说明
销售收入	各类品种销售收入之和	良好基准点 5.4 亿元，每增加 3%，加 1 分；每减少 2%，减 1 分
资产利润率	利润额/量化资产额	良好基准点 15%，每增加 1%，加 1 分；每减少 0.5%，减 1 分
货款回收率	回款数额/实际商品发出价值额	良好基准点 90%，每增加 0.5%，加 1 分；每减少 0.5%，减 2 分
产品合格率	合格产品量/全部生产量	良好基准点 99%，每增加 0.1%，加 2 分；每减少 0.05%，减 2 分

资料来源：付亚和，徐玉林. 绩效管理[M]. 上海：复旦大学出版社，2023.

6.4.4　绩效标准设计注意事项

通常而言，提出一个考核指标并不难，难的是如何确定这个考核指标的标准，即这个指标在什么情况下是卓越、优秀、良好、及格与不及格。指标标准的设计是绩效管理流程最具挑战性的任务之一。更多时候，上级希望下级能够创造更好的业绩，会将标准定得高一些，而下级希望定得低一些以获得更好的评价分数，拿更高的绩效奖金。如果上下级纠缠于绩效考核标准的高低，并进行无休止的讨价还价，这显然已经违背了绩效管理的初衷——改进绩效。为了避免"零和博弈"，组织在定绩效指标标准时应该：①建立数据分析体系，通过历史数据、行业数据、终端数据，结合组织现状与发展目标，通过相关、回归等方式预测一个合理的目标值。②如果同类岗位人数众多，可以利用企业历史数据，统计过往要考核指标的最大值、中位数、平均数等，以此作为优秀、良好、合格的参照点，但要达到卓越水平，理论上标准应当超越历史最高水平。③管理者应该将重点放在与下属讨论现状、分析问题、制订计划与提供资源上，而不是讨价还价，这样才有利于绩效改进。④组织层次的标准确定可以借助外脑（专业咨询机构），一方面协助制定合理的标准，另一方面可以挖掘高层管理者的需求与工作意义点，将评价标准与其个人价值感相关联，以促使其积极地接受挑战性目标。根据目标设置理论，挑战性的目标一旦被接受，比简单的目标更有激励性。⑤对于基层员工可以允许其自行设计指标与标准，实现上级分派指标与标准的隔离，但前提是只有在公开、透明、开放的绩效管理体系与绩效文化下才有效。⑥建立长短期综合激励机制，让员工不只关注短期目标与利益。

6.5 确定考评主体

客观指标可以通过量化的方式来实现考核，但相同的业绩其评价分数不一定一致，这就需要评价者（考评主体）来做出判断。

6.5.1 考评主体选择的原则

（1）负责性评价原则。考评主体最好对被评价者有相关责任，例如，管理者对被管理者有培养、指导的责任；股东对经营者有监督、检查的责任。当考核是用来薪酬调整、晋升时更应遵从负责性评价原则。

（2）信息对称性原则。在评价时，应针对考核内容，选择熟悉相关内容的利益相关者参与评价。例如，对"团队协作"的评价同事最为熟悉，"服务满意度"的评价外部客户最为熟悉；员工服从性的评价，上级最为合适。

（3）简单有效性原则。直接上级评价是相对比较简单，也是大多数组织所使用的。直接上级通常处于观察与评价员工绩效表现的最佳位置。为了保障直接上级评价的客观性与公正性，在实践时有不同的做法。例如，华为员工的评价主要是其上级做出的，然后上级的上级进行审核与调整，人力资源部人员负责协调与组织，如图 6-1 所示。阿里巴巴实行的是"三对一"考核，例如，经理的上级是总监，总监的上级是副总，那么总监在考核经理时，副总要参加，再加上相应部门的人力资源人员，形成三对一的考核方式。这有助于副总了解总监是如何管理下属的，也为下属提供了上诉机会，避免了下级被上级考核，出现"一刀切""一言堂"的情况。无论是更高层级的上级审核还是人力资源部门审核，审核的重点都是"两端"——表现特别好或表现特别差的两端。例如，阿里巴巴要求对价值观得分 1 分及以下、4 分及以上的逐条进行核实，4.5 分或者 5 分的要了解最终受益者（客户）的看法并获得主管领导的批准，如图 6-2 所示。

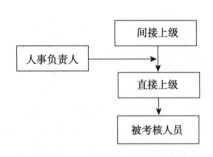

图 6-1 华为考核设计

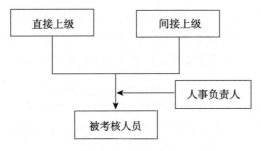

图 6-2 阿里考核设计

6.5.2 360 绩效评估技术

在设计考核主体时,最为复杂和全面的是 360 绩效评估技术,也被称为 360 考评反馈(360-degree feedback),即由被评价者自己、上级、下级、平级、业界专家以及与被评价值相关联的内外客户(如供应商、客户)来对被评估者的绩效表现进行评价,为其提供客观、具体的反馈信息的过程。360 绩效评估技术的目的是帮助组织或个人矫正自我意识,更好地改进绩效。需要特别说明的是,360 绩效评估技术是一种反馈技术,主要目的是促进员工职业发展与组织能力提升,而不是一种纯粹的绩效评价工具来直接为区分员工、薪酬分配服务。国内学者林新奇(2021)也强调 360 绩效评估是一个利益相关者共同参与管理的过程,是帮助管理者和员工提升自我认知的过程。如图 6-3 所示。

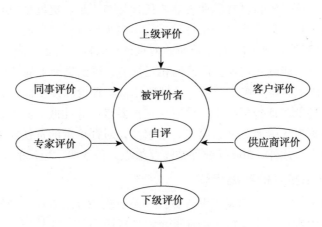

图 6-3 360 绩效评估

1. 360 绩效评估技术的发展脉络

360 绩效评估技术最早在 20 世纪 40 年代用于组织和个人职业发展中,在 20 世纪 50 年代和 60 年代该技术开始应用于领导力评价与工作评价,70 年代用于经理人筛选与项目评价,80 年代该技术进一步发展与完善。目前 360 绩效评估技术广泛应用于世界 500 强公司。越来越多的公司采用 360 绩效评估技术来为员工绩效提供全面、真实的反馈,帮助员工进行职业成长。例如,在对员工沟通协调能力的评价上,自评的评价分数明显高于同级、上级评价的分数，这就启发员工可能存在自我认知偏差。同样地，来自供应商、客户、用户的反馈也能够让组织对自身服务与产品做出更客观的认识，从而有的放矢地采取措施，更好地提升组织竞争能力。不同评价者在对被评价者进行评价时的优缺点，如表 6-11 所示。

表 6-11　不同评价源的优缺点

评价源	优点	缺点
自评	自己在某些方面更了解自己	存在认知偏差，40%的人将自己的绩效归入前 10%
上级评价	简单、便捷	可能存在评价偏差
下级评价	当用于改进而非评价时，上级管理技能确实可以改进	不敢评价，即使评价声称匿名
同级评价	适用于自我管理团队，更了解彼此	因竞争存在评价偏差
顾客/供应商	相对客观，直接体现客户导向	不是每个岗位都有外部客户，数据收集成本高
专家评价	适用于通用能力评价	不了解岗位职责与业务，评价不准确
评价委员会	比较综合，通常采用"1+1+1"，即上级+上上级+了解员工的其他管理者	

资料来源：加里·德斯勒. 人力资源管理（第十五版）[M]. 刘昕，译. 北京：中国人民大学出版社，2021.

2. 360 绩效评估技术的优缺点

360 绩效评估技术的优点在于：第一，实现了信息的三角验证。360 绩效评估技术下评价信息来源多，能够实现信息之间的相互验证，为管理者客观了解被管理者并给予被管理者反馈提供了依据。第二，增强了员工自我发展意识，通过多角度的反馈，员工得到了充分的信息，员工也可能了解自己在职业发展中的优势与不足，更好地进行职业发展规划。第三，提高了评价的可靠性。当同一个评价维度由多个评价者评价时，相较于单一评价者评价，所得分数更加可靠、可信。每个评价者对被评价者的评价都是真分数±评价误差，当多个评价者进行评价时能够实现评价误差的相互抵消，得到更准确的评价结果。

360 绩效评估技术的缺点在于：第一，性价比低，评价者涉及面广，操作复杂，成本较高；第二，可比性低，评价标准不一致时，评价要素区分性低，更多的是对人不对事的评价，导致多方数据对比毫无意义；第三，要求高，对评价者的责任要求较高，否则评价的数据参考价值不大，此外，360 绩效评估需要组织具备透明、坦诚的文化氛围。

3. 360 绩效评估技术的实施步骤

实施 360 绩效评估，主要遵循以下步骤：一是明确 360 绩效评估的使用目的；二是定义被评价者与评价内容；三是确定评价标准，设计相应问卷；四是进行评价方法培训与说明，收集相关数据信息；五是汇总评价结果，为管理者反馈提供资料；六是评价结果应用与反馈。

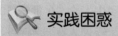 实践困惑

团队成员互评有意义吗？

在某一年的绩效打分时，当时的领导刚提拔不到两年。他为部门员工准备了打分表，

让大家相互评分，领导自己并没有参与到打分的过程中。这一过程看似公平，但并不是所有人都清楚每个人的工作完成情况，且关系好的同事之间可能相互打高分，而这一过程不受任何监督，漏洞较多，领导全程置身事外，可以不得罪任何一人。但是，我认为该方法的使用凸显了领导的不作为。

资料来源：MBA 学员分享。

4. 360 绩效评估技术实施注意事项

第一，360 绩效评估技术的有效实施依赖于变革、创新、竞争、开放的组织文化，适用于一定规模、业务处于成熟期的组织。对于创业期组织或者业务快速增长的组织，此方法并不适用。

第二，尽管 360 绩效评估技术强调多方评价，但并不需要所有同事对被评价者进行评价，通常而言，随机选择 2~3 位进行评价即可，既可以降低操作复杂性，又能够收集多源数据。

第三，匿名性并不是 360 绩效评估的必要条件，让员工与管理者真正理解并认同 360 绩效评估的目的才是根本。当组织成员将 360 绩效评估视为考核工具时，360 绩效评估反而会带来冲突、不信任等一系列问题。

第四，管理者反馈是否有效决定了 360 绩效评估的实施效果，这取决于管理者的反馈技能与水平，如何提高管理者的反馈技能与水平可以参考第 7 章中的绩效沟通以及第 9 章中的绩效面谈。

第五，尽可能采用具体行为事例来评价，例如，"在我跟他讲话时，他会停下手中的工作"要比"倾听我的想法"更容易评价。

第六，借助计算机网络系统，降低收集数据的复杂性，鼓励评价者按维度来对被评价者进行评价，而非总体评价，从而提高维度评分的区分性。

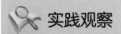 实践观察

京东：建立网状评价关系

京东集团原首席人力资源官及法律总顾问隆雨在谈及京东从零售商到服务全社会的零售基础设施服务商转型时提到，为成功转型，京东必须进行三个方面的组织变革——建立客户导向的网络型组织；建立价值契约的钻石型组织；建立竹林共生的生态型组织。为支持客户导向的网络型组织，有必要建立网络评价关系。通常而言，组织内的评价关系更多的是上下级、平级这样的线性关系，并不是真正的 360° 评价。近年来，虚拟团队、项目团队在原有线性关系的基础上不断扩充，组织内部逐步形成网状关系。网状评价更多，是以员工个体为中心，重视个人价值的贡献和相应回报。每个员工身边都有两张网，一张是组织内部的关系网，另外一张是员工每天与大量外部客户、合作伙伴、供应商进行沟通、交互形成的网。网络越密集，说明员工被需要的场景越多。很多网络关系是阶段性的、临时的，这导致网状关系还具有动态性。网络的密集性与动态性使得所

有关系人对一个员工的评价信息分散在不同的地方,难以收集,更谈不上基于这些信息对员工做出评价。保障网状评价关系成功的因素是建立配套的"网状评价"信息平台,以实时收集和汇总分析所有网状关系人的评价反馈。京东 2013 年开始规划人力资源信息化建设,在实现人力资源管理全流程信息化时,可以从人才评价系统、绩效管理系统、OKR 管理系统等多系统终端收集不同关系人的评价信息。

资料来源:隆雨. 致胜未来,组织先行——VUCA 时代的京东人力资源策略革新[J]. 哈佛商业评论(中文版),2018(1).

思考题: 你认为京东试图建立的网状评价关系可行吗,为什么?

5. 360 绩效评估技术对绩效考核的启示

尽管 360 绩效评估技术以及由此产生的评价分数不能直接用于绩效考核,但 360 绩效评估技术对实现科学的绩效评价具有重要启示。例如,管理者在评价下属时可以通过随机抽取与员工互动较多的 6 名员工(2 名同事,2 名下属,2 名同级)来收集被评价者表现的信息与反馈,来验证自身的判断,对于绩效考核,管理者依旧承担 100%的责任。在此情况下,员工为了获得上级的认可,不仅要把本职工作做好,还要尽可能地帮助他人,因为上级会找谁寻求反馈是不确定的。

6.6 确定评价周期

评价周期是指多长时间对绩效进行一次评价。评价周期的确定影响了数据收集的频次、管理成本等。

实践困惑

应该多久考核一次?

我对投资建设项目中的团队和个人考核上存在疑惑。一般来说,投资建设项目涉及前期开发(市场部)、投资建设(运营部门)、运用阶段(运营部)、资产经营(退出管理)等多个业务链条,周期长,如开发 2 年,建设 4 年,运营 20 年,退出 2 年。这些项目年度绩效考核在转期阶段需要考虑前后目标的衔接性、传递性、人员的衔接传递等,指标设计需要对应总体目标而非阶段性目标,因为个人的目标有时候与整体目标相冲突。例如,建设期成本的节余考核可能造成运营成本大幅增长。对于市场开发、建设和运营不是同一拨管理团队而言,势必不会有全生命周期的理念和意识去设定跨期考核。

资料来源:MBA 学员分享。

6.6.1 绩效评价周期

当确定了评价指标与评价标准后,需要明确绩效指标多久被评价一次。准确地说,绩效评价周期是指从绩效计划、绩效管控、绩效评价再到绩效反馈的总体时间跨度。绩效评价周期区别于数据收集频率。相同之处在于两者都需要进行数据收集，不同之处在于数据收集的目的可能是监测而非评价，但数据收集是绩效评价的必要条件。因此，通常而言，数据收集的周期一般短于或者等于评价周期。

6.6.2 绩效周期设计的影响因素

绩效评价周期的设计通常受到评价指标类型、业务成熟度、管理层级水平等因素的影响。

1. 评价指标类型

绩效指标可以分为结果类、过程类与能力类，相比过程类，结果类指标的评价周期更短，因为过程是结果的基础。能力改变较为缓慢，评价周期一般是一年。对于结果类指标，要根据成果显现的周期来确定评价周期，例如产品生产线次品率，这一指标当天就可以计算，评价周期可以精细到日、周或月。据了解，以工程主题的装备制造业为主业的三一集团就可以实现每天对生产类人员的按天评价，日薪日结。

2. 业务成熟度

通常而言，在业务较为成熟且指标波动不大的情况下，考核周期会长一些，例如，季度、半年等。2023 年字节跳动 CEO 梁汝波在内部发全员信，称公司将会把业绩目标制定和回顾的周期从双月改为季度，双月 OKR 也将改为季度 OKR。梁汝波对此的解释是字节跳动现在大部分业务相对成熟，双月变化不明显。

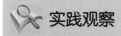 实践观察

谷歌的绩效管理模式变迁

在乌卡时代，组织的创新能力成为组织生存与发展的关键，而创新需要激发员工，而非管理员工。2022 年 5 月 4 日，Google 宣布启用 Grad（google reviews and development）体系，替换原来一年两次评价的 Perf 体系。在 Grad 体系下每年一次进行绩效评级，聚焦于员工发展、学习与晋升。在一年一次评级中，分 5 个等级（变革性的影响力、杰出的影响力、显著的影响力、中等影响力、影响力不够）。从评价者来看，原来的评价更多依赖同事互评，在新的评价体系中，管理者被赋予了更大的权利。员工一年中有两次晋升机会，以促使员工在 Google 得到更好的职业发展。一份文件显示，根据新的流程，预计多数 Google 员工会比原来的 Perf 系统获得更高的薪酬总额。

资料来源：刘秀华. 数字化支撑央企绩效变革[J]. 企业管理，2022（9）：108-111.

3. 管理层级水平

组织中的管理层级一般分为高层管理者、中层管理者与基层管理者。高层管理者通常负责愿景与战略规划、组织能力建设、组织文化建设、组织架构调整等，其工作的成果一般短期内难以进行全面系统的评价，通常评价周期会长一些。此外，之所以将高层管理者

的评价周期设置得长一些,更重要的目的是防止其急功近利。中层管理者通常负责一个业务条线或者一个部门,在组织中具有承上启下的作用,其评价周期相比高层管理者会短一些,这有助于高层管理者及时了解组织的运行情况。基层管理者负责具体的任务或项目,其业绩结果受个人影响更加直接,因此评价周期相比中高层管理者更短一些。

4. 岗位类型

一线或前台部门能够提供具体的产品与服务,可以更好地进行量化评价,也直接关乎组织价值的创造,通常而言,其考核周期更短。例如,销售部门的销售额、市场占有率、回款率等指标通常按月来评价。这些指标的短期考核有助于组织更快速地了解市场,调整战略与战术,也能够给予员工及时的奖励,达到更好的激励效果。研发人员、项目人员、虚拟团队等通常按项目周期评价。人力资源、财务、审计等中后台支持部门,相比一线业务部门不容易量化,其努力的成果显现速度较慢,通常以季度评价为主。

5. 绩效管理水平

管理是有成本的,绩效考核周期直接影响管理的成本。频繁的考核需要频繁地收集数据,需要占用管理者更多的精力进行评价与反馈,也可能会干扰员工的工作节奏。在组织信息化管理水平较低、管理者职业化程度较低、人力资源管理建设积累不足时,建议适当延长绩效考核的周期。

6. 评价目的

绩效管理变革的首要工作就是确定考核的目的,不同的考核目的会影响考核周期的设定。例如,当绩效考评的目的是评估绩效,并为薪酬、晋升、培训与开发提供决策依据时,就需要所有评价要素都能显现出来,通常评价周期相对长一些。当绩效评价的目的是改进绩效、促进员工发展时,则需要管理者及时了解组织与员工状况,可以缩短评价周期,以便及时发现绩效问题。

7. 法律合规

劳动法规定当组织认为员工不胜任时,可以辞退员工,为此多数组织会通过绩效考核的方式来界定员工是否胜任。工作很多公司会规定两个评价周期绩效排名末尾的员工将面临调岗、再培训甚至解除劳动合同。在这种情况下,如果评价周期太长对组织可能是不利的,会对不胜任工作的员工无法做到及时地识别。在阿里的中供铁军,对员工绩效评价进行强制分布完后会进行末位淘汰,排名后10%的员工如果两个评价周期都是如此,就会面临调岗或者淘汰。两个考核周期不是两年,有的岗位是每个季度考核,有的则是年度考核。

编者观点

1. 绩效计划核心产出结果是对未来应该重点做什么、怎么做以及做到什么程度达成共识,在这一过程中上下级充分沟通是基础,领导拆解目标能力是关键。
2. 绩效考核指标是目标实现的途径,而非目标本身。

3. 考核标准难一点比简单一点好，关键看上级是否有合理依据，是否能令人信服。
4. 指标权重可以根据公司的目标调整考虑季度或者双月调整，以实现动态匹配。
5. 360绩效评估是一种反馈工具，而非考核工具，上级对员工成长负责，是员工的主要评价人。
6. 考核周期以有利于目标实现为核心原则，短周期考核未必能够激发员工活力。

本章小结

绩效管理的开端是要制订好绩效计划，首先需要明确绩效计划的定义和特点，在了解绩效计划包含的具体内容后，制订绩效计划时需要遵循一定的原则，按照规范流程进行。

绩效指标通常分为结果（工作业绩）、行为（工作态度）、能力（工作能力）三类，构建绩效指标时要经过这几个步骤：确定绩效管理的目的、明确绩效考核内容的导向与原则、提出绩效考核指标、筛选并确定考核指标、粗略划分绩效指标的权重、确定绩效指标的具体内容以及修订与调整。并且在撰写绩效指标时要注意：简单指标比复杂指标好、指标的命名最好清晰易懂。

绩效考核的内容通常包括结果类、过程类与能力类三大类，各大类指标所占的权重因考核目的、职位类型、岗位层次、企业文化的不同而有所差异。设计绩效考核权重的技术方法包括：主观经验法、对偶加权法、倍数加权法、三维确定法、权值因子判断法。

绩效标准非常重要，指标标准可以分为描述性标准与量化标准，组织中更多的是连续变量的标准设计，难点在于确定基准点。

根据负责性评价原则、信息对称性原则以及简单有效性原则选择考评主体，在设计考核主体时，最为复杂和全面的是360绩效评估技术。了解360绩效评估的发展脉络、优缺点、实施步骤和注意事项有利于为绩效考核提供启示。

复习思考题

1. 有效的绩效计划应该具有哪些特点？
2. 要制订出有效的绩效计划，管理者需要遵循哪些原则？
3. 设定绩效计划的步骤是什么？
4. 设计绩效指标体系要经过哪几个步骤？
5. 360绩效评估技术的实施步骤和注意事项有哪些？

拓展阅读

[1] 柯林，比尔. 绩效：管理投入类指标，而非产出类指标[EB/OL]. (2023-09-13)[2024-04-15]. https://mp.weixin.qq.com/s/8rx34Lmjb5aKA1l1_BgwDw.
[2] 龚俊峰. 解锁绩效指标词典设计要领[J]. 人力资源，2022(19): 74-76.
[3] 潘鹏飞. 核心价值观也能考核？——看阿里巴巴和华为怎么做[J]. 企业管理，2018(8): 71-73.
[4] MBA学员自制视频：如何通过周会推进任务达成？

应用案例

阿里巴巴 CEO 对绩效管理的认知

张勇（前阿里巴巴 CEO）于 2018 年 9 月在阿里巴巴集团组织部上做过一次讲话，其中很多观点体现了其对绩效管理的深刻认知，以下是讲话中的一些核心观点。

我们要成为造梦者，而不仅仅是被梦想激励的人。

如果我们这伙人为 KPI 而活着，只是为了一个 KPI 而做事情，阿里就完了。

（如果）每个组织部同学只是为了一个数字、一个最后的绩效考评评语，阿里走不远，也走不好。

我希望我们每个人都是阿里巴巴未来的创造者，而不只是来做一个岗位、做一件事情，把这个事情做到一个数字、一个结果。

我最害怕阿里变成一台机器一样不断循环，我们的很多业务、很多事情，过去十几年已经这么做了，如果今天还这么做，五年以后继续这么做，阿里肯定没有未来。

如果每个人都有更多的好奇心，每个人都用学习的态度，多了解一点自己不熟悉的世界，阿里的边界和宽度会非常扎实，而不只靠一群有特定技能的人简单串联起来。

阿里巴巴不需要一个 manager，而需要更多的 leader。

资料来源：况阳. 绩效使能：超越 OKR[M]. 北京：机械工业出版社，2019.

思考题：上述讲话体现了绩效管理的哪些新趋势？

即测即练

自学自测　扫描此码

第7章 绩效管理的过程管控

"管理就是沟通、沟通再沟通。"

——通用电气原 CEO 杰克·韦尔奇

 学习目标

学完本章后,你应该能够:
1. 理解管理者进行绩效管控的目的,阐释绩效管控的重要性。
2. 列举绩效监督的方式,了解绩效监督的注意事项。
3. 掌握绩效沟通的方式,了解绩效沟通的注意事项。
4. 熟练运用绩效沟通的流程。
5. 阐释绩效辅导的作用,应用绩效辅导的方法。
6. 掌握绩效辅导的流程。
7. 说明在绩效考核结果应用中可能出现的问题有哪些。

 引导案例

数字化时代下的绩效监控

在新型数字化监控手段的全方位"视听监视、信息跟踪"下,企业管理者掌握了员工在工作和非工作状态下的大量信息,这种对员工即时性、全方位的监管与限制,形成了所谓"全景监狱"。具体地说,在如今现代化的工作场景中,员工上班需要进行人脸打卡签到,员工在线上办公软件的沟通记录、在办公场所的工作状态以及在公有设备上的操作痕迹都被实时监管,无一遗漏。同样地,企业对个体已经远远不需要诸如生产流水线式的节奏控制和基于制度与层级式的控制,而是升级为全面的、彻底的、时时刻刻的算法控制。要做什么有 AI 和算法告知你、调度你,甚至员工去厕所的次数和时间都可能被系统优化着。例如,Uber 等软件可利用 GPS 和移动通信设备记录所有员工的地理位置、工作行为和顾客的身份信息。佛罗里达州一家社交媒体公司在员工的工作计算机上安装了一款软件,它每隔10 分钟会对其桌面进行截图,并记录他们在不同活动上耗费的时间。公司使用这一数据来确定生产力水平,并找出违反规定的员工。同样地,亚马逊会跟踪送货司机的智能手机数据,以监控其效率,并识别不安全的驾驶操作。员工身处"全景监狱"中,失去了自主和自由,哪怕是一丝丝的偷懒和懈怠也不行,即使在家办公也是如此。

资料来源:黄世英子,龙立荣,吴东旭. 幸福感的危与机:数字化人力资源管理的双刃剑[J]. 清华管理评论, 2022(9): 88–99.

刘俊振,闫通慧,卢雨琪,等. 人事活动战略选择技术演进——人力资源管理数字化的路径与模式[J]. 清华管理评论, 2022(Z2): 84–95.

绩效管控是连接绩效目标设定和绩效评估的中间环节，也是绩效管理过程中耗时最长的一个环节，在整个绩效管理过程中，至少占据了管理者 50%的精力。绩效管控是指在绩效目标的实现过程中，管理者对员工的工作行为进行监督，与员工进行持续的双向沟通并及时调控员工偏离目标的行为，帮助员工解决目标实现过程中的问题和困难，确保绩效目标高质量完成的过程。绩效管控不是对员工工作的简单监督，也不是对员工工作行为进行严格控制的手段，而是协助员工解决在执行过程中所遇到的困难，使其一直处于工作的正常轨道上，按时保质地完成目标。在这一阶段，员工需要根据上一阶段设定的目标计划开展工作，以实现预计的绩效目标。管理者需持续跟踪监督员工的工作行为，以确保员工按绩效计划开展工作，管理者还需要及时与员工进行双向沟通，发现员工在目标完成过程中的困难和问题并对其进行绩效辅导，保证绩效目标的顺利实现。必要时，管理者还要思考是否调整员工的绩效目标。除了保证目标顺利实现外，绩效管控还可以激发员工的工作动力、激励员工表现出组织公民行为并构建良好的工作氛围。

绩效管控可以分为"管"和"控"两个部分，其中"管"包括绩效沟通和绩效辅导，"控"包括绩效监督，如图 7-1 所示。

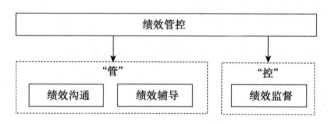

图 7-1　绩效管控的组成

7.1　绩 效 监 督

7.1.1　绩效监督的定义及内容

绩效监督是指在绩效目标的实现过程中，管理者通过一系列监督方式对员工的工作行为进行观察和监督，检查员工的工作状态和阶段性工作成果，以确保员工工作有序开展的过程。绩效监督的主要内容有以下四个方面。

1. 监督关键事项工作进展

关键绩效指标是根据公司或组织战略分解得到的指标，是对绩效目标的进一步细化和分解，因此抓住关键绩效指标的实现对工作绩效的完成非常重要。在绩效监督过程中，管理者需要根据关键绩效指标对员工阶段性工作完成情况进行监督，检查员工工作的准确度和完成质量，并帮助员工了解绩效计划的变动，对任务和目标进行优先排序，还可以根据当前工作情况与员工沟通有关绩效质量的期望，以确保员工的阶段性工作任务朝着预期绩效目标的方向进行。

2. 监督日常工作行为表现

在绩效目标的实现中，结果固然重要，但实现目标的过程也同样重要。管理者需要对员工的日常行为进行监督，不仅要确保其行为是朝着绩效目标的方向进行，还要保证其工作行为是符合组织规范的，不能放任员工为了实现绩效目标而不择手段。因此，防止员工进行有损组织利益的不道德行为或职场偏差行为也是重要的绩效监督内容之一。

3. 监督临时任务完成情况

在绩效计划的实现过程中，除了计划之内的工作任务，还可能出现一些突发状况或者预料之外的任务，这些临时性的工作任务也会对绩效方案的实施以及绩效目标的实现产生影响。因此，管理者也需要对这些临时性的工作任务进行监督。

4. 监督自己工作进展情况

管理者除了对员工的阶段成果以及工作行为进行监督，同样需要对自身的工作进展进行监督，并且可以主动和自己的上级进行沟通并寻求反馈，以保证自己的工作进展与组织战略目标相一致。

7.1.2 绩效监督的目的

绩效监督的直接目的包括以下三个方面。

1. 了解员工工作状态

员工的工作状态以及投入程度会对其工作绩效产生至关重要的影响。如果员工工作过程比较懒散，对工作的投入度不够高，无疑会对绩效目标的实现产生消极影响。绩效监督过程可以帮助管理者了解员工的状态以及工作投入情况。如果员工的工作状态不够理想，管理者可以了解是什么原因造成的，以及可以为员工提供哪些帮助，以保证其良好的工作状态。

◇ **跨课程知识点链接**

工作投入：员工为了工作绩效而投入的体力、认知和情绪方面的能量。

参考书目：斯蒂芬·罗宾斯，蒂莫西·贾奇. 组织行为学（第16版）[M]. 孙健敏，王震，李原，译. 北京：中国人民大学出版社，2016.

---

2. 校准员工努力方向

在绩效管理过程第一阶段定下合适的绩效目标后，员工很难自动按照预期实现绩效目标，而绩效监督则增加了任务按预期完成的可能，并且提供了向员工进行工作反馈的机会，包括纠正员工在工作过程中偏离目标的行为并提出针对性的建设性意见，这样才能确保绩效目标顺利实施。

3. 积累员工考评数据

管理者在实践中经常提到,自己平时对员工的具体行为观察比较少,在进行绩效反馈的时候可能底气不足。因此,这一阶段的监督和观察还可以为之后的绩效反馈提供可靠的资料和依据,保证绩效反馈的公平性和有效性,帮助管理者清晰、详细、准确地了解员工对实现组织目标做出的贡献。

7.1.3 绩效监督的方式

绩效监督有很多种方式,不同方式各有利弊,并且最佳适用情况和场景也有所不同,表 7-1 中总结了几种绩效监督的方式,并在之后详细介绍了电子监控、直接观察、检查正在进行或已完成的工作三种方式。

表 7-1 绩效监督方式及特点

方式	优点	缺点	适用场景
电子监控	客观准确,可以持续跟踪员工表现	员工会觉得自己的隐私被侵犯,并感受到压力	流水线或程序化的工作
直接观察	更加直观,相比电子监控的方式更容易被员工所接受	仍然是一种比较突兀的监督方法	新员工、表现欠佳的员工
检查已完成的工作	比较详细和具体地了解员工当前的工作情况,相比前两种方法,员工的压力更小	不能观察到员工的工作过程,不能纠正员工的不当行为	新员工、没有经验的员工或表现不佳的员工
检查正在进行的工作	可以在员工出现错误时及时纠正问题,防止返工	频繁的检查可能会给员工压力,可能会负面影响员工的工作动力	新员工、没有经验的员工或表现不佳的员工
检查表	可以准确、及时地确保任务完成	频繁的检查也会给员工带来压力	法律要求履行的至关重要的职责,未完成任务可能导致危险
绩效指标	直观了解与绩效目标相关的绩效指标,例如,投资回报率、市场份额、销售额等	只用这一种方法对员工绩效的监控比较片面,无法观察员工的行为	成熟的、训练有素的、积极的员工
正式展示汇报	对员工的创造力和绩效有激励作用,并且可以帮助员工了解同事的工作状况,使其更客观地进行自我评价	准备和呈现会消耗大量时间和精力	对组织目标实现非常重要的项目
非正式谈话	比较方便,更低调且花费的时间少,需要的面对面接触比正式汇报少	不会对工作进行非常仔细的监督,如果这是唯一的监督方式,员工的工作动力可能会降低	发生在员工有一段时间来处理任务之后

资料来源:Amsler G M, Findley H M, Ingram E. Performance monitoring: Guidance for the modern workplace[J]. Supervision, 2009, 70: 12-18.

1. 电子监控

当涉及流水线和程序化工作时,利用电子监控的方式进行绩效监督是比较合适的方法,可以提供详细的客观数据,并且可以在没有管理者的情况下跟踪员工的表现,如果员工感到自己正在被监控,就可能会继续保持高水平工作。然而,在电子监控下,员工可能会觉得自己的隐私受到了侵犯，并且这种方式会给员工造成很大压力，容易让人失去工作动力，这些都会对绩效、组织公民行为甚至员工的留任产生负面影响。

2. 直接观察

直接观察或近距离观察是跟踪员工绩效最常用的方法。虽然与电子监控相比，它更容易被员工所接受，但直接观察仍然是一种比较突兀的监督方法。直接观察法适用于新员工、表现欠佳的员工，管理者可以偶尔检查有经验的员工，让他们知道上级仍在追踪他们的工作行为。使用这种方法时，管理者要表现出对员工工作的兴趣，并且让员工感到管理者真的关心他们，具体的方法包括：①保持目光接触；②不显得急于离开；③以有益的、建设性的方式和措辞进行反馈。

3. 检查正在进行或已完成的工作

对正在进行或已完成的工作进行检查可以比较详细和具体地了解员工的工作现状，适用于新员工、没有经验的员工或表现不佳的员工。对于这些员工，对完成工作的检查应该相对更加频繁（但注意需要以激励的方式进行），直到管理者对他们的工作和表现有信心为止。此后，管理者应该定期检查工作。此外，即使对于经验丰富的员工，管理者也需要对其关键的工作进行检查。检查正在进行的工作相比检查已完成的工作而言，可以更好地发现员工的错误并及时纠正，避免费时费力的返工。与前面两种监督方法一样，这种方式也应该以积极的方式进行，尽量减少监督的突兀性。例如，管理者可以以友好、融洽以及团队合作的方式与员工一起进行绩效监督。

◇ **跨课程知识点链接**

组织公民行为：组织成员自愿做出的行为，这些行为没有得到正式的报酬系统直接而明确的认可，但从整体上有助于提高组织的效能。

参考书目：张德，吴志明. 组织行为学[M]. 大连：东北财经大学出版社，2016.

7.1.4 绩效监督的注意事项

1. 绩效监督不能过于密切、明显和突兀

管理者以合适的频率和适当的方式观察员工的工作行为非常重要。如果绩效监督实施得当，会增进员工绩效，增强员工组织公民意识，但如果绩效监督过于密切、明显和突兀，可能会使员工感到不自在，感到被冒犯，进而影响员工工作积极性。有研究表明，只有当团队中的员工认为他们的个人表现不会受到密切监视时，才有可能将同等的努力投入到所有能促进团队绩效的任务中；然而，如果团队成员感到管理层密切关注特定的工作任务，员工可能只会朝着这些任务职责调整自己的努力方向，从而降低整个团队的绩效。

2. 绩效监督的方法各有优缺点，要注意选择合适的监督方式

综上所述，绩效监督的方式有很多，并且有利有弊，不同工作岗位和类型可能适用不同的方法。管理者需要根据实际情况选择合适的监督方式，还可以结合不同的监督方式，以确保最大化观察和监督的有效性，如果方法选择不当，可能会适得其反，对员工的工作积极性和绩效产生消极影响。

7.2 绩效沟通

现代职场环境发生了很大变化，使管理者培养员工变得日益困难。一是传统企业的职场关系逐渐消融，典型表现是管理者与员工下班后互动机会较多，员工也乐意参加企业的集体活动，这与新生代员工所强调的平等、自由、个性与独立的价值观变迁相关；二是越来越多的年轻人进入管理层，员工年龄比管理者年龄大这一现象越来越普遍，这对管理者进行绩效反馈提出了更大的挑战；三是随着企业日益扁平化，组织要求管理者既做业务又懂管理变得日益普遍，即复合型管理者，使得管理者容易陷入"管理者忙→无时间培养员工→有能力员工更忙/没能力员工无成长→员工离职→管理者靠自己完成工作→管理者更没时间辅导员工"的恶性循环。绩效沟通则是管理者培养员工的重要方式。在企业经营中，绩效沟通正在变得越来越重要，在某种情形下甚至可能成为绩效管理成败的决定性环节，有学者认为，管理上的问题70%都是沟通的问题，考虑到绩效沟通的重要性，无论是企业经营者、人力资源管理者，还是员工，都必须从回避沟通或不善于沟通转变为更加关注积极的沟通。本节将系统探讨绩效沟通的作用、方式与流程。

7.2.1 绩效沟通的作用

绩效沟通是指在绩效管理的过程中，管理者和员工之间就工作绩效相关问题进行正式的或非正式的反馈、探讨和交流，从而促进绩效考核结果的公平合理、个人与组织绩效的改进、员工与组织的共同成长的过程。绩效沟通主要有以下几大作用。

1. 实现绩效目标的及时调整

据说科学考察队员在北极考察时，每天早晨起来第一件事不是刷牙洗脸，而是打开定位校正位置。因为当时他们只能在大块浮冰上扎营，但浮冰会受洋流、季风等影响发生位移，所以需要每天重新定位以确定行进路线，否则可能导致南辕北辙。绩效管理也是如此，一般企业在实施绩效管理时，新情况、新问题层出不穷，比如，员工不清楚企业未来的战略发展方向、企业部门间的关系不协调、个体绩效与企业整体绩效脱节……这些就像致使浮冰偏离的洋流、季风一样，可能引起绩效结果的偏差。即使在绩效管理计划阶段已经确定了绩效目标和行动方案，也很可能随着环境的变化而需要做出相应的调整，这就需要在绩效监督的过程中上下级之间，包括不同岗位、不同部门之间进行双向沟通，确定符合目前外部环境的绩效目标并确定调整后的绩效计划。

2. 促进工作问题的及时解决

尽管在目标设定阶段已经确定了详细的行动方案，但在实际工作过程中，可能会因为内外部环境的日趋复杂而出现各种突发问题。员工可能会在工作中遇到各种各样的困难和阻碍。绩效沟通可以帮助管理者获取员工的信息，掌握员工的工作情况，并根据具体的情况有针对性地提供各种资源和指导，帮助员工解决这些困难和问题。

3. 提高上级评价的客观公平性

在绩效沟通的过程中，管理者可以全面地了解员工的工作行动和成果，在下一阶段的绩效评价过程，管理者可以有更多客观依据对员工的工作表现进行评估，从而提高员工对绩效评价的满意度。

◇ **跨课程知识点链接**

霍桑实验：1924—1932年，在西方电气公司位于芝加哥的霍桑工厂进行的一系列实验，包括照明实验、福利实验、访谈实验和群体实验。

参考书目：斯蒂芬·罗宾斯，蒂莫西·贾奇. 组织行为学（第16版）[M]. 孙健敏，王震，李原，译. 北京：中国人民大学出版社，2016.

---

4. 激发员工工作的外在动力

心理学史上著名的霍桑实验中的访谈实验发现，和工人进行关于公司制度和管理方法方面问题的访谈和沟通会大大提高工人的士气，也就是说，每个个体都有被人认可和受关注的需要。在绩效沟通过程中，如果管理者和员工进行及时的沟通并且适当对其工作给予肯定，表现出对员工的关注和支持，会让员工受到鼓舞并且有助于其提高工作动力，为后续的工作任务打下良好基础。

5. 给予员工成长的绩效反馈

在日常工作过程中，员工为了确保可以实现工作目标，希望得到上级关于自己工作状况的反馈信息，以便更好地改进自己的工作方式并提高绩效水平。因此，通过上下级间的绩效沟通，管理者可以给到员工关于他们做得好或者还需要改进的地方的反馈信息，可以帮助员工及时了解自己在绩效周期内的业绩是否达到标准，及时发现这一阶段的绩效不足并加以改进。此外，管理者对员工做得好的地方给予肯定，可以对员工产生激励作用。如果管理者不对员工进行绩效反馈，员工可能会觉得自己的工作没有受到重视，反而会产生负面情绪，不利于工作绩效的提高。

7.2.2 绩效沟通的方式

绩效沟通的方式包括正式沟通和非正式沟通两大类别。正式沟通是指按照组织结构和规定的程序进行的官方沟通，包括书面报告、会议沟通、一对一面谈等。接下来将主要介绍这三种正式沟通方式。

1. 书面报告

书面报告是指通过书面形式记录和传达员工绩效信息的档案。这种报告通常包括员工在特定时间段内的工作表现、达成的目标、成就等方面的详细评估。书面绩效报告对于确保沟通的清晰和明确非常重要，它提供了一个可供参考和归档的档案，有助于员工和管理层了解绩效状况并制订进一步的发展计划。表 7-2 列出了一种简单的书面报告的模板。

表 7-2 书面报告模板

部门：	职位：	姓名：		时间：
任务名称	预期目标	目前完成情况	困难和问题	解决建议	需要的支持

资料来源：王怀明. 绩效管理：理论、体系与流程[M]. 北京：北京大学出版社，2022.

然而，书面报告的方式也有缺点，有些管理者进行书面报告沟通只是流于形式，并没有最大化地发挥它的作用，浪费了大量人力却又得不到预期效果。表 7-3 中列举了一些书面报告的优缺点。

表 7-3 书面报告的优缺点

优点	缺点
➤ 可以在较短时间内收集员工工作进展的信息，节约了管理者的时间 ➤ 可以培养员工的书面表达能力，帮助其养成及时总结工作的习惯，提高系统思考的能力 ➤ 打破了时间和空间的限制，解决了管理者和员工不在同一地点的问题 ➤ 内容准确严谨，并且方便留存	➤ 信息是从员工向管理者单向流动，员工难以得到反馈信息 ➤ 需要填写很多文字及表格，会花费较多时间，会增加员工的负担 ➤ 如果管理者不够重视很可能会流于形式 ➤ 只是管理者和下属的单独沟通，不能实现团队内的知识共享

资料来源：付亚和，许玉林. 绩效管理[M]. 上海：复旦大学出版社，2013.

2. 会议沟通

会议沟通是指通过召开面对面或虚拟的会议来讨论和传达员工的绩效信息。部门内部可以定期或不定期地召开内部会议，管理者借助会议与员工讨论工作表现、目标的达成情况以及未来的发展计划。会议沟通提供了一个互动的平台，使管理者能够直接与员工交流，强调关键绩效要素并共同制订改进计划，有助于建立开放的沟通氛围，促进员工的发展和绩效提升。这种沟通形式的优缺点如表 7-4 所示。

表 7-4 会议沟通的优缺点

优点	缺点
➤ 提供了上下级之间面对面、双向的沟通，管理者可以及时提供相应的反馈，弥补了书面报告的缺陷 ➤ 大大提高了沟通效率，缩短了信息传递的时间 ➤ 实现了团队内部的信息共享，团队内部成员可以互相了解彼此的工作进展，还可以从其他员工的问题中得到启发	➤ 需要会议成员统一会议时间，可能会耽误一些员工的工作 ➤ 有些问题不适合公开交流 ➤ 在多人讨论的过程中，可能存在从众和"搭便车"的现象 ➤ 会议交流的形式对管理者的沟通技巧和管理能力的要求比较高，如果这方面有所欠缺，可能会影响会议的效果

资料来源：付亚和，许玉林. 绩效管理[M]. 上海：复旦大学出版社，2013.

3. 一对一面谈

一对一面谈是指管理者与员工之间进行的具有私密性的一对一口头交流。在一对一面谈中，双方可以深入讨论员工的工作表现、目标达成、职业发展和相关问题。这种沟通方式为员工提供了表达自己意见、需求和目标的机会，同时也让管理者能够提供有针对性的反馈和指导。表 7-5 展示了这种沟通方式的优缺点。

表 7-5　一对一面谈的优缺点

优点	缺点
➢ 有助于建立信任关系，员工会有被重视的感觉，可以激发员工的工作动力，建立良好的上下级关系 ➢ 可以进行一些不方便公开讨论的具有私密性的问题 ➢ 管理者可以对员工的问题和困难进行更有针对性的指导和帮助，沟通效率高，沟通障碍少	➢ 一对一沟通中员工可能会产生比较大的心理压力，如果员工在工作中出现差错，会产生更大的压力 ➢ 沟通氛围难以保证，并且交流容易带有个人色彩 ➢ 只是管理者和下属的单独沟通，不能实现团队内的知识共享

资料来源：付亚和，许玉林. 绩效管理[M]. 上海：复旦大学出版社，2013.

非正式沟通是在组织内部以非正式的方式进行的信息交流，如走动式交流、开放式口头交流、非工作时间交流等。在正式沟通中，员工可能会因为和领导存在权力地位的差距而有比较大的心理压力，因此可能不会在这种严肃的环境中说出自己真实的想法。非正式沟通比较轻松、随意，不受时间和空间的限制，因此非正式沟通解决问题的效率是很高的。此外，非正式沟通还可以拉近管理者和员工的心理距离，有利于上下级良好关系的形成。接下来将介绍三种非正式沟通方式。

1. 走动式交流

绩效沟通中的走动式交流是指在日常工作环境中进行的随性交流，管理者可以在员工工作期间不时地到其工作场所走一走、看一看，了解员工的工作进度和面临的问题，还可以适当向员工表达关心，有助于缓解员工的工作压力并使其受到鼓舞。这种形式的沟通是一种轻松的、非正式的方式，可以包含一些简短的反馈、鼓励或提醒，有助于建立开放的沟通氛围，促进实时的信息流动，提高沟通效率，并使绩效管理变得更加灵活和自然。

2. 开放式口头交流

开放式口头交流是指管理者的办公室是向员工开放的，员工如果需要汇报工作进展、寻求反馈或者遇到问题和困难需要支持时，可以随时进入上级办公室进行沟通交流。在这种交流方式中员工占据着主动地位，员工可以根据自己的时间调整沟通的时间点和频率，弥补正式沟通的不足。

3. 非工作时间交流

非工作时间交流是指在工作间歇时间进行绩效沟通，例如，在午餐、下午茶以及平时聊天时进行比较随性的沟通，这种沟通方式比较简易、轻松，因此也比较受员工欢迎。非正式沟通也有一些缺点，表 7-6 展示了这种沟通方式的优缺点。

表 7-6 非工作时间交流的优缺点

优点	缺点
➢ 时间、地点比较灵活，形式多样 ➢ 沟通效率高，节约时间 ➢ 有利于上下级关系质量提升 ➢ 对员工有一定的激励作用	➢ 缺乏严肃性 ➢ 有些类型的工作不太适合非工作时间交流，例如，比较重要的工作项目汇报，可能正式沟通更加合适

资料来源：付亚和，许玉林. 绩效管理[M]. 上海：复旦大学出版社，2013.

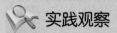

实践观察

绩效沟通的最佳实践

➢ 利用买咖啡、约午饭等非正式方式干预、调整员工的情绪。
➢ 随时沟通，方式随意，没有架子。
➢ 适当听取员工想法，提出建设性意见。
➢ 以开放、坦诚、尊重他人的方式进行沟通。

资料来源：MBA 学员分享。

7.2.3 绩效沟通的注意事项

1. 避免单向沟通

单向沟通是指管理者和员工在沟通时，整个过程是命令和接受命令，而没有就绩效问题进行交流，因而是不平等的对话，这样的绩效沟通变成了发布命令，并不能达到绩效沟通的预期效果，因此管理者在进行绩效沟通时要避免这种下命令的沟通方式。

2. 避免沟而不通

沟而不通，是指在绩效沟通过程中管理者和员工都不明白它并不是讨价还价的手段，而是讨论绩效问题的方式，最终的目的还是改进绩效。如果管理者和员工在进行绩效沟通时偏离了改进绩效这个大方向，反而纠结在一些无关紧要的事情上，那么绩效沟通也达不到预期的效果。因此，管理者在进行绩效沟通时要记住沟通的目的是改进绩效，避免其他形式的无效沟通。

3. 进行持续沟通

绩效沟通应该是一个持续的过程，而不是一次性的事件。定期及时地进行绩效评估和沟通，可以确保问题得到及时解决，目标得到及时调整，并且员工和管理者都能够保持对绩效目标的关注和承诺。

7.2.4 绩效沟通质量提升策略

1. 提高沟通心理水平

管理者要认真感知，建立信任，增强记忆准确性。管理者需要培养良好的沟通技能，通过积极倾听、关注非言语细节和对方的情感状态，更好地理解他人的观点，保证沟通的顺畅进行。在这个过程中，建立信任显得尤为关键，因为只有建立在信任基础上的沟通，才能够更深入地传递信息，消除误解，促进良好的人际关系。同时，要想在沟通中达到更好的效果，还需要注重提升记忆的准确性。通过采用有效的记忆技巧、整理信息的方法以及注重重要细节的记忆，能够在对话中更有条理地呈现观点，减少信息的丢失和混淆。

2. 提高语言表达能力

管理者避免使用空话、套话、学术用语，使语言简明易懂。管理者在沟通中的言辞不仅代表个人形象，还直接影响团队的理解和执行力，因此管理者需要在平时训练提高自己的语言表达能力，可以用真实而具体的例子来支持观点，从而使信息更加生动、有力，而不是使用空话、套话。此外，管理者还可以在沟通中不断优化自身的语言表达方式，促使整个团队保持高效的协作状态，推动共同目标的实现。

3. 缩短信息传递链

管理者要拓宽沟通渠道，保证信息的双向沟通，引入多元化的沟通平台，如即时通信工具、在线会议等，有助于打破传统信息传递模式，提高信息流动速度。同时，保证信息的双向沟通也至关重要，这意味着组织成员不仅要接收上级的指示，还要有表达意见和反馈的机会，例如，开设定期的团队会议、设立反馈渠道，都是促进双向沟通的有效方式。通过这样的机制，员工能够更好地理解组织的战略和目标，同时组织也能够及时获取基层的实际情况，促进决策的科学性和灵活性。

4. 建立良好的沟通文化

管理者要积极打造愉悦的沟通氛围。这需要管理者在沟通时展现出开放、尊重和理解的态度，包括积极倾听、表达欢迎和支持，并且尊重员工的观点和感受，以营造一个开放、诚实和支持的沟通文化氛围，鼓励员工和管理者之间的积极交流和反馈。例如，组织可以提供多样化的沟通渠道，以满足员工不同的沟通偏好和需求，包括面对面会议、电子邮件、在线聊天工具等多种形式，让员工可以选择最适合他们的沟通方式。此外，组织还应该鼓励开放的反馈文化，让员工可以自由地提供反馈意见，并且这些反馈意见会被认真听取和处理。

5. 选择合适的沟通策略

针对不同类型的下属，管理者需要因材施教，采取不同的沟通策略，以使绩效沟通的有效性最大化。具体策略如表 7-7 所示。

表 7-7　不同类型下属情境下管理者绩效沟通策略

下属类型	管理者绩效沟通策略
易怒型下属	不要轻易表扬；倾听观点；重复主张，指出逻辑漏洞；以沉默对沉默；换时间、换空间，改天再谈
逆反型下属	倾听；虚拟语气（如果你是管理者，你会如何改变现状）；承认好的意见；回到下属行为
总结型下属	询问下属总结的具体内容；辨别是不是自己的本意；直接明了地指出问题
粉饰太平型下属	避免笼统反馈（如"没问题吧"）；使用具体提问（如"工作中遇到了哪些困难"）

续表

下属类型	管理者绩效沟通策略
话题转移型下属	聚焦想反馈的内容，警惕话题转移（如和这个有关的……）；回到原点（可板书）；不为感情牌所动
借口型下属	让下属表达；重复借口，寻找逻辑漏洞；指责下属发言时持旁观者态度；聚焦下属自身行为；让下属自己表达可能的解决方案
充耳不闻型下属	收集更多SBI信息；不要过度指责；寻求可能说服下属的他人（如老员工，其他部门经理）间接反馈
闷葫芦型下属	描述下属给周围人的印象，使用"好像"；循序渐进，从容不迫
怀旧型下属	表示尊重；表明自己作为管理者的立场；明确当下形势；摆明问题，提出技能发展要求
畏难型下属	了解职业愿景；识别愿景与新任务/新工作的偏差；告诉下属不进则退
顽固型下属	设定反馈次数上限；规定改进期限；考虑调岗或降职等

资料来源：中原淳. 反馈管理[M]. 蓝朔，译. 北京：民主与建设出版社，2020.

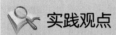

实践观点

百胜中国前主席兼CEO苏敬轼谈聆听技术

有效绩效沟通的前提是学会聆听，聆听不仅仅是让别人"表达+理解复述"，更需要走进他人的世界，完全理解对方的思考，做到"无我"。传统教材强调让对方把话讲完，强忍自己的观点，然而，实际工作中往往会出现虽然听了对方讲的话，但自己该说什么还是什么，对方也未必觉得你有诚意。被业界称为"中国快餐教父"的百胜中国前主席兼CEO苏敬轼建议，在与员工谈事时拿支笔，聆听过程中把自己的想法写下来，不要急着去分享，一面听、一面把听到的重点和自己的反应记下来。当自己的观点与对方不一样的时候，可以试探着问他是否曾经想到类似的观点，了解为什么会有不同的想法。在这样的绩效沟通中，往往事情就清楚了，共识就达成了。除了自己学会聆听，如何让他人聆听呢？苏敬轼认为，自己能够充分理解对方，肯定对方的初衷，甚至能够比他更好地解释他的想法，这时对方往往会开始察觉，自己没必要一再重复地争辩，也开始怀疑自己是否漏掉了什么。这个时候你再指出对方没有想到的地方，往往他就愿意听进去了。所以，其实很多时候根本不需要自己讲什么，对方一边讲，一边就已经发现自己的疏漏了。

资料来源：苏敬轼. 正路：我在百胜餐饮26年的感悟[M]. 上海：东方出版中心，2022.

7.2.5 绩效沟通的流程

绩效沟通的流程包括前期准备、实施沟通与事后跟进三个步骤，其中实施沟通是核心。

1. 前期准备——绩效信息收集

有效、充分的绩效信息收集是绩效沟通的第一步，绩效信息收集是指管理者系统地、有组织地收集、整理和分析员工绩效数据的过程，包括收集有关员工阶段性目标达成、工作表现、下属同事的反馈、客户表扬和投诉等信息。

1）绩效信息收集的作用

（1）通过绩效信息收集，管理者能够全面了解员工的工作表现，为接下来的绩效沟通提供素材，并且还可以为下一阶段的绩效评估提供实质性的依据。

（2）管理者在绩效管控的过程中有意识地收集员工的绩效信息，不仅可以在绩效评价过程中有充分的依据，避免主观偏差带来的消极影响，还可以在绩效面谈时更加有底气，能够言之有据，避免上下级因为绩效评价产生矛盾和冲突。

（3）绩效信息的收集可以帮助积累绩效比较突出和绩效比较差的案例，并从中分析绩效优秀和较差的原因，总结绩效问题，有助于管理者针对特定问题帮助员工改善绩效，还可以提炼出绩效优秀的原因和经验，帮助其他员工提高绩效表现。

2）绩效信息的来源

（1）定期的绩效评估。定期的绩效评估涉及对员工在工作职责执行、目标达成、团队合作等方面的综合评价。通过定期的绩效评估，管理层可以全面了解员工的工作表现，从而使管理者在绩效沟通的过程中更加有理有据。

（2）项目进展报告。项目进展报告是针对特定项目或任务的绩效信息来源。在项目进行过程中，团队成员会定期提交项目进展报告，其中包括任务完成情况、遇到的问题、解决方案以及预期进展。这种方式可以帮助管理者了解团队在项目中的实时表现，为管理层及时调整策略提供支持。

（3）自我评价。自我评价是由员工自主完成对自身工作表现的评估，通过自我评价，员工可以反思自己的工作表现、发现不足之处并制订改进计划，也为管理层提供了员工对自己表现的真实认知，然而自我评价存在不准确的问题。因此，管理者不能仅仅依赖自我评价报告来收集绩效信息，因为，自我评价报告可能会掩盖工作的实际进展。

（4）同事和客户的反馈。当员工需要为另外一个岗位提供相应的信息和服务时，管理者就可以通过访谈另一个岗位的相关人员来获得下属员工提供服务的质量、效率以及工作态度的信息；如果管理者想了解员工在自己工作团队的工作表现，可以访谈同一团队内的下属同事，以了解该员工在团队内的工作态度和表现。但这种方式潜在的缺点在于对被访谈对象的评价可能会受到其与被评价员工关系的影响，还有些被访谈者出于不想得罪人的态度，可能会有意识地隐藏对其他员工不好的评价，而只是提供一些大而空的、不痛不痒的评价。

2. 实施沟通

实施沟通包括建立信任、阐述事实、说明问题、辅助自省与表示期待5个子步骤。具体而言，在建立信任阶段，管理者可以通过询问下属近况、关心下属家庭情况、正视对方、安排私密性空间等方式表达对员工的尊重。

在阐述事实阶段，管理者需要不偏不倚地表述信息，单刀直入地说明沟通目的，例如，"今天叫你来，是觉得……让我们一起讨论下吧"，对于无法判断的事实或者情境，可以使用"好像……"的方式来阐述，即使意识到下属有情绪的波动也不要着急补充多余的话。

在说明问题阶段，管理者在与员工的对话中，多用"你是如何看待的""你觉得呢"等问题启发员工，识别员工看待问题的视角与自己的差异，逐渐帮助下属明确其表现与目标、期望的差距，逐步建立共识。

在辅助自省方面，管理者通过提问"发生了什么事""为什么发生这种事""今后如何做"等问题，加深下属对问题的理解，识别问题产生的根因，辅助员工自行制订工作计划。

表示期许方面，管理者需要做到表达对员工表现的期待；表达愿意帮助员工克服困难的意愿；探讨应对措施，做再犯的最坏打算。

3. 事后跟进

在事后跟进阶段，管理者要有意识地进行定期检查。为了防止管理者忘记上次沟通反馈提及的内容与制订的计划，管理者有必要将每次与下属对话的核心内容进行记录，也可以让下属按照会议记录的方式记录每次沟通反馈的内容，以此作为事后检查的依据。一对一面谈是事后跟进与检查的理想契机，最好隔周能够检查一次。

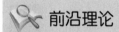

前沿理论

管理者如何充分利用一对一会面

越来越多的企业意识到一年或者半年一次的绩效反馈无法实现绩效管理的目的，更好的方式是进行日常的绩效沟通与反馈。日常的绩效沟通多久一次是好的，一个直接的经验是与标志性事件联系在一起。例如，呼叫中心员工每天都有通话量的要求，他们的上级可以每周与他们进行回顾。调查显示，管理者在与员工进行一对一沟通时，有近一半的人认为这个过程并不理想。一对一沟通是管理角色的基础而非附加品。在这个过程中管理者应该关注员工的需求、关切和期望，积极促成会谈、管理真诚谈话、提出问题、提供支持，并帮助员工获得短期业绩和长期成长所需的东西。具体包括以下两方面内容。①会前准备要做好几个关键动作。一是团队会议上传达倡议，管理者应该在团队会议上澄清一对一面谈与沟通不是为了表达对团队的不满，而是为了更好地了解彼此、了解挑战、讨论事业、提供帮助；二是确定频率，通常而言，每周与每位团队成员进行一次30分钟的会面更加可取；三是选好地点，管理者办公室或者会议室即可，尽量避免在员工的办公室；四是确定议程，员工参与议程议题拟定，优先解决员工所列主题；五是预期时间，除讨论紧急问题、战术问题外，预留5~10分钟谈一谈职业发展、发展机会等长远话题。②会议期间，管理者要做到确定基调，关闭手机体现重视，调动情绪传递期待；少说多听，理想情况下让员工说50%~90%，避免比员工更健谈；灵活应对，专注最关键项目的同时将悬而未决的话题移入下次会谈；形成方案，明确双方的行动要点与计划。一对一绩效沟通是否成功，最重要的指标是员工认为此次面谈对他/她而言是否有价值，无论是在战术上还是在个人成就上。

资料来源：史蒂文·G. 罗格贝格. 充分利用一对一会面[J]. 陈战，译. 哈佛商业评论（中文版），2022(11).

7.3 绩效辅导

7.3.1 绩效辅导的定义

绩效辅导（Performance Coaching）有不同的定义，具体会因为观点、辅导对象、目标设置而有所不同。一类定义是将绩效辅导看作提高员工绩效的管理行为，强调管理者反馈。例如，彼得·A.赫斯林等将绩效辅导定义为"管理者提供一对一的反馈和观点，旨在指导和激励员工改善工作绩效"。还有学者将绩效辅导定义为一个更广泛的管理过程："通过绩效辅导的过程，管理者可以向员工传达明晰的绩效期望，为提高绩效提供反馈和建议，并激励员工努力解决问题或接受新的挑战。"另一类定义更加侧重绩效辅导的作用，乔恩·M.韦纳(Jon M. Werner)将绩效辅导定义为"用来鼓励员工为自己的绩效承担责任，使他们能够实现和保持卓越的绩效表现，并将他们视为合作伙伴，努力实现组织目标的过程"。这两类观点的共同点在于都强调绩效辅导是为了提高员工的绩效表现。我们将绩效辅导定义为在与员工或团队进行持续双向沟通的基础上，针对绩效计划实施过程中存在的问题与潜在的障碍，管理者采取恰当的领导方式，对员工或团队进行有效的指导与激励，帮助其顺利实现绩效目标的过程。

对绩效辅导定义的理解要注意以下几点。

1. 给员工提供指导

绩效辅导的关键任务是当员工在实施绩效计划过程中遇到问题和困难时，管理者为其提供必要的支持和帮助，以确保绩效计划的顺利完成。

2. 向员工传授技能

通过传授技能，管理者可以帮助员工学习、进步与成长。除了单纯地为员工提供指导和帮助，管理者还可以亲自给员工进行示范，向其传授核心技能，告诉员工工作要领，或者与员工一起探讨解决问题的方案，激发员工的创造力，提升员工的工作技能，促进员工自身的进步与成长。此外，管理者还可以结合员工的整个职业生涯发展来进行绩效辅导，着眼于员工的长远发展，帮助员工实现其职业目标。管理者在辅导时要注意将其角色定位为教练而不是裁判，要把员工身上最好的潜质激发出来，帮助员工成长，而不是教育批评。

3. 辅导是持续性的动作

管理者对员工进行绩效辅导的前提是要充分了解员工目前的工作进展并知晓其遇到的问题和困难，员工的成长不是年底关注一次，而是每天都要关注的事情。因此，这就需要管理者及时并持续地和员工进行绩效沟通，以了解员工绩效计划的执行情况，而不是突击检查。

4. 对象既可以是员工也可以是团队

管理者不仅需要对员工个人进行辅导，还需要对整个团队进行必要的辅导，例如，为整个团队安排相应的培训,以提升整个团队的技能水平。此外,团队工作中成员之间的关系、团队合作精神、合作能力、冲突管理能力都对团队工作绩效产生重要影响,因此管理者也需要对这些方面进行辅导和协调,以提高整个团队的工作能力。

在绩效管理过程中,对于员工和管理者,他们应当承担的责任如下表 7-8 所示。

表 7-8 绩效辅导阶段员工和管理者的主要责任

员工	管理者
对达成目标的承诺	跟踪与记录
经常性绩效反馈	更新
与管理者进行交流	反馈
整理与共享绩效状态	提供资源
准备绩效评审	强化

资料来源:朱宁,曹君. C 汽车零配件公司新产品导入团队绩效管理的困惑[Z]. 中国管理案例共享中心案例库,2021.

此外,在绩效管理过程中,管理者是否具备与员工沟通、培训以及辅导的能力对绩效辅导的有效性起着关键作用,如果管理者缺乏培训员工所需要的技能,则需要接受绩效辅导所需的沟通技能培训,学者们也强调需要通过建立支持性和开放的沟通、参与非正式的绩效对话、诊断和解决绩效问题、建设性地提供反馈等适当的培训来改善管理者和员工之间的沟通,从而提升绩效管理的有效性。因此,企业除了要保证绩效辅导按时完成之外,还需要关注管理者的辅导能力和技巧,以保证绩效辅导保质完成。

7.3.2 绩效辅导的作用

保证绩效计划的顺利实施。通过绩效辅导,管理者可以帮助员工及时解决工作中遇到的困难与障碍,提供及时的支持和纠偏,帮助员工认识到自己工作的不足,并及时采取措施关注改进,帮助其顺利实现预定的绩效目标,从而确保绩效计划的顺利实施。

促进员工的成长和发展。在绩效辅导过程中,管理者会为员工提供必要的技能辅导或提供必要的培训机会,辅助员工进行职业生涯规划,着眼于员工的长远发展,可以促进员工自身的进步、成长和发展。

◇ 跨课程知识点链接

权力距离:一个国家的人们对机构和组织内权力分配不平等这一事实的接纳和认可程度。

参考书目:斯蒂芬·罗宾斯,蒂莫西·贾奇. 组织行为学(第 16 版)[M]. 孙健敏,王震,李原,译. 北京:中国人民大学出版社,2016.

改善上下级关系的质量。在传统管理过程中,管理者的角色更多的是监督和控制的角色,这种关系下的上下级关系往往比较紧张,员工会将管理者看作和自己对立的个体。在

现代绩效管理过程中，上下级之间是合作伙伴的关系，在绩效辅导中，管理者为下级提供支持和帮助，亲自辅导下属，双方都为了绩效目标的实现而奋斗，这种情境下可以很好地改善上下级的关系，建立下属对上级的信任感，有利于形成良好的工作氛围，进一步提升工作绩效，形成良性循环。

7.3.3 绩效辅导的方式

绩效辅导的方式分为指示型、演示型、体验型、探索型四种（如图 7-2 所示），从左到右逐渐由以指导者为中心转变到以学习者为中心。

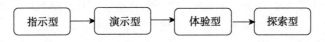

图 7-2　绩效辅导方式

资料来源：王怀明. 绩效管理：理论、体系与流程[M]. 北京：北京大学出版社，2022.

1. 指示型绩效辅导

这种辅导方式是指管理者直接告诉员工应该怎么做，只要员工按照指示去做就能把工作做好。这类辅导方式往往适用于管理者具有某一特长，可以通过言传身教的方式向员工传授特长和技能。此外，如果员工的工作是存在最佳方案、标准化的工作，或具有明确操作标准的工作，指示型绩效辅导就很合适。

2. 演示型绩效辅导

这种辅导方式是指管理者亲自操作或演示，员工可以直接观察到这种工作技能，然后通过模仿和学习掌握这种技能。这种辅导方式需要管理者具备丰富的实操经验，可以向员工传授某种知识或技能。在员工练习过程中，辅导者也需要对其不恰当的地方进行纠正，学习者需要对正确的知识和技能进行不断练习，最终掌握这种技能。需要将知识转化为实践的工作就比较适合演示型绩效辅导。

3. 体验型绩效辅导

这种辅导方式是指让员工切身体验，使其形成新的观念或改变思维模式。当指示、命令、传授知识技能等方式难以发挥作用时，就需要采用体验型绩效辅导。例如，在对员工的团队合作精神、沟通技能等方面进行培训时，体验型绩效辅导就是比较好的辅导方式，管理者可以设计和安排一些特定场景，让员工扮演相关角色并亲身体验，这种辅导效果可能会比指示型和演示型绩效辅导更好。

4. 探索型绩效辅导

这种辅导方式以被辅导者自主学习为主，管理者会为员工提供迎接工作挑战的机会，这种辅导方式激励员工自主探索、主动思考解决办法，而不是直接告诉员工具体应该怎么做。管理者可以通过观察、倾听和提问，启发点拨员工，以培养员工分析问题和自主解决问题的能力，当工作需要员工具备一定创造力时，这类绩效辅导会非常合适。

理论前沿

员工如何应对管理者的消极辅导与反馈

哈佛大学学者道格拉斯·斯通和希拉·汉在 Thanks for the Feedback 一书中提到,反馈大致可以分为三类:感谢型(如"感谢你付出的努力")、评价型(如"同别人比,你目前的成绩是这样的")和辅导型(如"这些地方是你需要改进的")。辅导型反馈又分为改进型辅导(提供改进辅导的目的是帮助员工在某个方面做得更好,例如,"你这种做法阻碍了你的进步,你可以试试这样做")、关系型辅导(辅导员工的目的是员工的部分行为对反馈者产生了不良影响,例如,"你向客户介绍我时,提到'我是年轻同事',我担心客户会据此认为我经验不足,能力不够")、命令型辅导(彰显自己的权威,例如,"你就这样吧,看着办吧")(如表7-9所示)。上述三种消极反馈类型,当你打算拒绝采纳,但又怕名誉受损、关系破裂或者工作不保,应如何去做呢?

表7-9 辅导反馈的三种方式

情景	示例	应对策略
改进型辅导	我明白你在家工作效率更高,但多在办公室工作、多接触他人和领导对你的职业发展有帮助,最好还是每周安排几天来办公室	表示理解+阐明想法+解释原因
关系型辅导	我希望你多在办公室工作,否则会经常出现找我签字找不到的情况,不方便及时付款给供应商	澄清影响+在意他人+共同解题
命令型辅导	从现在开始不可以在家办公	表示照办+询问理由+共同解题

资料来源:道格拉斯·斯通,希拉·汉. 如何对反馈意见说"不"[J]. 彭建辉,译. 商业评论(中文版),2020(3).

7.3.4 绩效辅导的方法

管理者想要进行有效的绩效辅导,首先要了解绩效辅导的底层逻辑,其次确定具体的辅导方式和机制,也就是辅导具体是怎样展开的。绩效辅导的底层逻辑可以用 GROW 模型来概括,而具体的绩效辅导方式有四大机制可以参考。

教练式辅导 GROW 模型既是一种工具,也是一种思维模式,是通过富有技巧性的提问和结构清晰的工作流程帮助被辅导者释放潜能、独立思考、加深认识、承担责任,使他的绩效最大化。通过 G-R-O-W 的循环,激发员工主动做事,让员工愿意承担责任,实现个人成长,同时也能让辅导双方建立一种更信任的关系。

(1) G—Goal,建立目标。辅导者帮助被辅导者明确其想要达成的目标,而不是辅导者的目标。

(2) R—Reality,了解现状。辅导者和被辅导者双方一起了解现状,并识别出所有妨碍因素。辅导者本人绝不能做假设,要促使被辅导者思考,帮助他看到全部事实,并鼓励他描述现象,提供具体事例、事实,而不是判断。

(3) O—Option,讨论方案。辅导者要帮助被辅导者拟定一张可供选择的行动列表,注意不只是一个行动。鼓励被辅导者提出尽可能多的可选方案,并分析各种方案的利弊,适当提出建议。当第一个方案出现的时候,继续去寻找其他方案。

(4) W—Will,激发意愿。确保被辅导者对方案做出选择,并自愿承诺去执行自己的行动计划,获得被辅导者采取行动的承诺,辅导者在这个过程中起的是协调作用,而不是将自己的意志强加于人,这一点很重要。不过,要确保被辅导者自己做出选择,而不是辅导者选择;还要确保被辅导者对自己的行动有承诺,辅导者也要对其所选择的行动计划有承诺支持。

绩效辅导的四大核心辅导机制包括:培训机制、分享机制、陪访机制、演练机制。

(1) 培训机制。培训并不是简单地开个培训课程,员工流于形式地听一听。培训需要有规划,包括内容上的规划、时间上的规划、形式上的规划,等等。可以通过每周固定的培训去落实以达到预期的培训效果,使每一位员工通过培训机制可以熟悉产品,提升技能和专业水平。

(2) 分享机制。分享机制就是让一些有经验的员工向其他员工分享宝贵的经验。例如,员工验收完产品,可以向其他员工分享:产品验收流程是什么?怎么跟进的?需要注意什么?过程中有一些重要的点是如何交付的?等等。管理者需要做的就是为员工提供分享的平台以及良好的共享氛围和环境,让员工在分享的过程中沉淀成功案例,互相学习,收获实战经验。分享机制可以使员工互相监督,避免员工在工作上出现懈怠、敷衍了事的情况。除此之外,管理者可以在分享的过程中,奖励那些达到目标的员工,针对目标未达成的员工给予建议,有利于管理者对员工进行激励,提升员工对团队、对企业的认同感。

(3) 演练机制。演练机制可以理解为实战模拟,管理者和员工通过模拟情景,发现实现目标的计划中出现的漏洞,然后一起讨论分析,得出解决办法。演练机制和培训机制有相似之处,但培训机制主要针对全体员工,而演练机制主要针对新人。实行演练机制需要注意的是,首先,要有明确的主题和演练场景,这样才能保证演练过程的针对性和有效性;其次,管理者在每次演练结束后,要对员工的表现进行点评并提出改进意见,为下一次演练与实战积累经验,最终促进目标达成。

(4) 陪访机制。陪访机制就是团队中"老人带新人"的方式,让新员工得到快速成长。一般而言,"老人"是指团队中能力出众的员工或者是管理者自身,他们发挥着导师的作用,比如,"老人"在陪访的过程中,及时发现被陪访员工的问题,并帮助他们解决问题。阿里师徒陪访机制有16字方针:我做你看(全程展示),我说你听(说明道理,强调重点),你做我看(亲自试手),你说我听(讲述逻辑,举一反三)。管理者或者老员工在陪访的过程中发挥着巨大的作用,实时地帮助新员工不断地改进、突破自我。以下示例可以较好地展示陪访的过程。

陈经理是某销售公司的管理者。他在陪访前会做好准备工作,如准备好客户资料、初步了解新员工的能力、复盘以前的销售细节等。在陪访时,先向被陪访人员李丽介绍公司客户的特征、与客户的交流话术,然后再和她去与客户交谈,并且让李丽在这个过程中做好笔记。在第二次进行客户面谈时，以李丽为主，陈经理在一旁负责协助。陪访结束后，陈经理会分析李丽出现的问题，给予建议，并鼓励她积极地去开发客户。对于每一位被陪访员工出现的问题，陈经理都会记录下来，并在集体会议中提出，让员工讨论，并分享应对这类问题的经验。不仅如此，陈经理还会在会议上分享自己的陪访心得，并根据员工的意见进行改进，以便下一次陪访。

这样的陪访才是完整且有效的，能够真正地解决问题。管理者在陪访时，最重要的就是写陪访记录，这是开展讨论与分析问题的前提条件。表 7-10 是陪访记录需要包含的内容。

表 7-10 陪访内容记录表

陪访记录表		
被陪访员工：李丽		
陪访目的	1. 了解李丽的路线安排 2. 了解李丽的谈判技能	
陪访内容	1. 9:30，打电话突击安排与李丽见面，并与她一起去和第一个客户面谈 2. 李丽认为客户在"产品的现价比其他公司贵"这一问题上存在异议，认为与客户没有谈判的余地，因此没有进入谈判阶段 3. 11:30，李丽到达第二个客户处，但客户已经离开。由此可见李丽的时间安排不合理，这样很容易造成客户流失	
陪访评估	优势	1. 能够虚心接受和采纳别人的建议，有较强的学习能力和变通能力 2. 有很强的自尊心，急于表现自己，想向别人证明自己可以做得更好
	问题	李丽在跟进客户时，不能与上次谈判的进度有效联结起来，在判断客户真实想法方面存在不足，没有完整的工作思路
陪访建议	1. 李丽在下次与客户面谈前，必须注意事前的电话约访和路线安排，提高工作效率 2. 事先做好计划，确保在跟进客户时不会被打断思路	

资料来源：王建和. 阿里巴巴管理三板斧[M]. 北京：机械工业出版社，2019.

通过以上示例可以理解陪访的核心是记录和解决问题。每次陪访时，管理者需要确立明确的目标和主题，并通过突击陪访来有效检查员工工作状态，揭示潜在问题，避免日后可能造成的更大损失。此外，管理者还应注意不要期望员工完美无瑕，而是应给予他们犯错的机会和成长空间，以促使他们通过纠正错误不断提升能力。

7.3.5 绩效辅导的流程

绩效辅导的流程包括前期准备、实施辅导与事后跟进三个步骤。

1. 前期准备

绩效辅导的前期准备首先包括收集关于员工的绩效信息，其次要设定辅导的主题和目标期望，再次要准备好辅导的相关材料，最后要选择好适当的辅导时间和地点。

（1）收集绩效信息：管理者在辅导前也要收集与员工绩效相关的信息，包括过去的表现评估、工作成果、客户反馈等，以了解员工目前的工作进展以及工作中存在的困难和不足，为辅导内容和目标做好准备。

（2）设定辅导主题和目标期望：在进行绩效辅导之前，管理者需要明确制定辅导的主题以及目标期望，明确辅导应达到的效果，而不是随随便便、没有目标地进行辅导，否则不利于辅导的效率和有效性。

（3）准备辅导材料：管理者在辅导前可能需要准备一些资料或案例来支持辅导过程，帮助员工更好地理解问题，并明确改进方向。

（4）选择适当的时间和地点：绩效辅导应该在一个适当的时间和地点进行，管理者应该尽量选择相对轻松、气氛活跃的地方进行辅导，避免在忙碌或紧张的工作时进行，以确保员工能够专注于辅导内容。

2. 实施辅导

（1）建立开放的辅导氛围：在辅导过程中，管理者应该营造一种开放、信任的氛围，让员工感到舒适和放心，愿意分享问题和困难。

（2）明确问题和提出建议：管理者应该清楚地指出员工的表现不足之处，并提出具体的改进建议或行动计划，以帮助员工提高绩效。

（3）倾听员工反馈：辅导过程应该是双向的，管理者需要倾听员工的反馈和想法，了解员工对工作和绩效的看法，以便更好地定位问题和提供支持。

3. 事后跟进

（1）设定行动计划：在辅导结束后，管理者和员工应共同制订行动计划，明确改进的目标、时间表和责任人，以确保问题得到有效解决。

（2）持续反馈和支持：管理者应该定期与员工进行沟通和反馈，提供必要的支持和指导，帮助员工顺利实施改进计划，达到预期的绩效目标。

（3）跟踪和评估：管理者需要跟踪员工的改进进展，定期评估绩效，并根据实际情况调整行动计划，以确保绩效持续改进和提升。

编者观点

1. 绩效辅导的核心是关注员工成长，管理者在员工遇到困难时及时施以援助，既可以自己赋能，也可以借助外脑为员工排忧解难。

2. 绩效沟通的核心是尊重员工，让员工愿意"听你讲"，管理者应该善用任何机会与员工进行非正式沟通、愿意倾听并准备随时提供帮助。

3. 绩效监督的常用方式是工作记录、例会跟进，让员工汇报进度。在这一过程中，管理者一是要询问细节，二是要给予具体性、建设性反馈。

本章小结

在实现绩效目标的过程中，为了确保绩效实现朝着既定目标进行，需要对绩效实现过程进行管控，包括绩效监督、绩效沟通及绩效辅导。绩效管控过程不仅是实现既定绩效目标的重要基石，同时还可以为下一阶段绩效评估及绩效反馈提供充分的依据。

在绩效目标的实现过程中，管理者需要通过一系列监督方式对员工的工作行为进行观察和监督，检查员工的工作状态和阶段性工作成果，确保员工的工作有序开展。绩效监督的方式有很多，管理者需要根据情况选择最合适的监督方式，并且要注意绩效监督不能过于突兀。

管理者还需要与下属保持持续的双向沟通，以及时调整绩效目标和绩效方案，这个过程还可以激励员工的外在动力。此外，管理者需收集绩效信息并及时纠正员工偏离目标的行为，并做好事后跟进。管理者还要注意提升自己的沟通技能。

最后，管理者还需要根据员工实际情况提供必要的指导和资源，帮助员工解决目标实现过程中的问题和困难，促进员工自身的成长和发展，确保绩效目标得以顺利高质量完成。

复习思考题

1. 绩效管控是什么？其目的是什么？
2. 绩效监督有哪些方式？有哪些注意事项？
3. 绩效沟通的作用是什么？有哪些方式？
4. 绩效沟通的流程是什么？有哪些注意事项？
5. 绩效辅导有什么作用？有哪些机制和方法？

拓展阅读

[1] 哈佛商业评论. 监管员工，消解反噬[EB/OL]. (2024-04-09)[2024-04-15]. https://www.hbr-caijing.com/#/article/detail?id=481042.
[2] 吉雷. 绩效辅导：用"好问题"激发思考[J]. 人力资源，2023(13): 32-34.
[3] 宋萌,郑秋霞,姜傲雪,等. 领导辅导与下属工作投入：自我决定的视角[J]. 管理评论,2023, 35(5): 163-172.
[4] 杨继刚. 全周期员工辅导手册——从一声叹息到皆大欢喜[J]. 企业管理，2022(11): 91-94.
[5] MBA 学员自制视频：沟通技巧、策略调整与个性化辅导。

应用案例

绩效过程监控的抓手——早周月会

如何正确把握过程和结果监控之间的平衡，是每一位管理者必须面对的课题。将下属转变为助手，关键在于把控日报、早会、周会以及月会这些关键环节（如表 7-11 所示）。

日报

大部分企业的日报制度只是流于形式，并没有真正发挥作用。实际上，日报制度对管理者和员工均有益处。对管理者而言，日报是解决上下级信息不对称的重要工具，有助于

表 7-11　早 周 月 会

	环节	内容
早会	分享组织重大事项，制订团队、个人计划	管理者通报企业重大事项，宣讲团队目标，并与员工展开互动讨论，共同调整和完善目标，最后员工根据个人职责设定具体目标及实现路径
周会	总结过程数据	全面梳理一周内的询盘数、开发信和电话量等关键数据，分析过程亮点、进行经验分享
	盘点客户	盘点本周新开发的 A、B 类客户、探讨具体方法，对重点客户进行深入跟进分析
	产品培训	培训主题类产品，进行深入探讨
月会	总结月工作	全面回顾和分析月目标达成情况、总结过程数据、分析重点客户的需求、关键人、障碍以及合作时间
	制定下月目标及规划	制定清晰目标、研究客户组成、量化过程指标、提出团队建议及其他需求

管理者进行绩效监控并及时提供反馈建议。对员工而言，日报可以培养员工分析问题、总结成果和主动思考的习惯，也能促进员工养成制订工作计划的习惯，为工作目标提供依据，从而提高工作效率。

为了真正发挥日报制度的价值，管理者需要掌握以下诀窍：第一，管理者需设定明确的提交标准和奖惩制度，以确保日报提交的质量和及时性；第二，通过应用"KPTP 工作法加总结的协作方法"使日报内容既简单明了，又能准确反映工作进展与问题，从而助力管理者追踪工作的核心关键点，提供及时有效的反馈。

早会

早会是一种结果导向的会议形式，旨在提升团队士气、传递企业价值观与文化、促进员工间的经验分享、提供奖惩平台以及部署重点工作。它借助文化熏陶，以简洁高效的方式解决问题。为实现这些目标，阿里采取了以下策略：首先，通过小游戏点燃员工的激情与活力；其次，管理者及时通报企业重大事项，确保信息畅通；再次，管理者宣讲团队目标，并与员工展开互动讨论，共同调整和完善目标；最后，员工根据个人职责设定具体目标及实现路径。

在执行早会的过程中，管理者还需注意建立有效的奖惩机制，激发员工参与热情。同时，选择合适的早会主持人也至关重要，应根据会议内容和目的灵活安排主持人。在涉及重大事项时，最好由管理者本人亲自主持，以确保信息的准确性和权威性。此外，切忌在早会上批评员工或传播负能量，以免影响团队氛围和士气。

周会

周会不仅是工作阶段性总结的契机，更是一个完整的 PDCA 循环过程，因此，其成效往往与业绩紧密相连。它旨在实现成员间信息同步、问题解决、协作事项明确化，以及深入讨论对企业和团队发展具有重要意义的话题，同时传递企业价值观与文化并增强员工认同感。为了最大化发挥周会的作用，管理者应掌握以下三个环节和两个诀窍。三个环节包括总结过程数据、盘点客户情况以及聚焦产品培训。两个诀窍是指，首先，管理者不仅要检验员工一周工作的过程数据，更要深入剖析结果数据，避免员工无效努力或虚假努力。其次，周会的频率使其成为培训的最佳时机。此时应避免宽泛的全产品培训，而要选择产品的一个点进行深入探讨。

月会

月会的开展形式依企业的具体情况而定，但主题明确和方案可行始终是月会发挥实效的关键。一些企业可能会将月会作为月度总结会，在这样的月会上，管理者会着重强调团队目标规划、明确团队建设及需求等。而阿里则将月会定位为动员大会。通过提供一个自我表达的平台，员工能分享自己在工作中的喜怒哀乐，这种分享增强了员工的参与感和归属感，激发了员工的工作热情，从而能进一步促进员工工作目标的完成。

绩效过程监控的抓手在于将日报、早会、周会、月会等落到实处，通过保障流程，不断将会议内容做细、做深、做透，才能更好地发挥管理者的监控与辅导作用，推动员工取得优异的工作成果。

资料来源：王建和. 阿里巴巴管理三板斧[M]. 北京：机械工业出版社，2019.

思考题：以上案例对你有什么启示？

即测即练

自学自测　扫描此码

第8章 绩效考评

"各位阿里人,又到一年一度的业绩考核了,提到考核大家就会想到自己是否完成了KPI,其实完成KPI是应该的,但光会完成KPI绝对不是我们想要的,我们核算的是KPI数据,但考量的一定是KPI以外的东西。"

——阿里巴巴集团创始人 马云

"无法评估,就无法管理。"

——管理学家 琼·玛格丽塔

学习目标

学完本章后,你应该能够:
1. 掌握绩效考评的含义,阐释绩效考评与绩效考核的区别与联系。
2. 认识绩效考评的不同方法,分析不同方法的特点。
3. 掌握强制分布法的概念和特点,了解其实际应用。
4. 掌握年度述职的流程,说明其管理应用。
5. 阐述绩效评价偏差,举例说明其对应的防范措施。
6. 说明在绩效考核结果应用中可能出现的问题有哪些。

引导案例

华为"六君子"包政:绩效考评的逻辑

考核评价的直接目的是人尽其才、物尽其用,是为了人事匹配或人岗匹配,直接影响的是职务和资格的晋升或贬黜。常见的情况是,一个人的能力低或能耐小,职务的价值就发挥不出来;反之,一个职务的价值低或要求低,人的作用就发挥不出来,或者说,人的才能浪费了,大材小用了。为了物尽其用、人尽其才,需要依据考核评价的结果做出适当的调整。在职务工资制的条件下,经过考核评价,调整一个人的职务类别与职务等级;同样地,在资格工资制的条件下,调整一个人的资格类别和资格等级。

如果一个企业既没有建立职务等级体系,也没有建立资格等级体系,那么只能依据员工实际担当的任务及价值贡献确定工资及收入,这种工资制度被称为"绩效工资制"。这种工资制度,在保险行业非常流行,被称为"佣金制"或"底薪+佣金"的工资制。说白了,每个业务员根据为企业创收的多少,提取一定比例的佣金,以鼓励每个业务员为企业也为自己多创收。

国内有一家著名的保险公司,年初,董事会与总裁签订协议,委托总裁实现董事会要求的销售收入和利润指标。按照责任、风险和收入对等的原则,总裁可以获得6000多万元的年薪。换了谁当总裁都会全力以赴，去完成董事会下达的业绩指标。事实也是这样，那年该保险公司完成了业绩指标，董事会也履行协议，兑现了承诺。

值得讨论的问题是，一个企业的总裁，如果也被当期业绩最大化牵着鼻子走，那么企业中还有谁会关心长期价值最大化呢？单纯的价值评价和价值分配的结果，不可能提高企业价值创造的能力，不可能强化企业的战略经营领域及价值创造流程，不可能提高团队或个人承担责任的能力与承担责任的意愿。可能刺激员工各自为政，为完成当期业绩指标，八仙过海，各显神通。鉴于此，华为在绩效考核和绩效工资制的基础上，努力完善绩效评价体系，同时，努力强化战略经营领域及价值创造流程。

资料来源：包政. 任务、活动与考核评价的逻辑[EB/OL]. (2021-10-03) [2024-04-26]. https://mp.weixin.qq.com/s/_qQmLR_4Th1GNJz99_0lSQ.

8.1 绩效考评

绩效管理的思想日益得到重视，在这个过程中，如何进行绩效考评，即如何就员工的绩效表现进行评价，依然是绩效管理的重点和关键。绩效考核在整个绩效管理循环中发挥着重要作用，没有绩效考核和评价，就无法对员工过去的绩效表现进行总结，发现过去工作中存在的问题，以及找到改善绩效的方法。明确绩效考核与绩效评价的区别与联系，有助于员工和管理者正视绩效考核和评价，并以积极的态度参与这项工作。

8.1.1 绩效考评的含义

工作中常听到的关于绩效打分的词汇有：绩效考核、绩效评价、绩效评估、评分等，尽管在概念上它们是近义词，但还是存在一些差异。对这些差异的理解有助于管理者更好地理解绩效考评的由来与合理性。例如，每个人经历了无数次的课程考试，考试中一般都有客观题与主观题，客观题可以用读卡器快速出分数，而主观题通常需要人来做评价（当然，不排除现在有大语言模型评价的特例）。客观题更多的是绩效考核的概念，即有明确的考核标准，可以得出相对客观的分数；主观题类似于绩效评价的概念，需要管理者结合自己的理解对被管理者进行综合评价。

绩效考核是指对个体、团队或组织在一定时期内的工作结果、表现和行为进行主客观的综合评价，即绩效考评＝绩效考核＋绩效评价。绩效考核通常以定量的 KPI 为依据，根据季度初或者年度初的目标/标准进行考核。这个过程中通常不需要管理者进行打分，依据客观的结果来计算就可以了。绩效评价通常是主观评价，以员工或团队的行为、价值观、态度、能力做评价，尽管这些评价也可以参考一些标准来打分，但更多依赖于管理者如何打分。绩效考核与绩效评价构成了绩效考评，两者缺一不可。

8.1.2 绩效考核与绩效评价的区别与联系

绩效考核与绩效评价的联系在于以下两点：①两者共同构成了绩效考评的内容，在对员工年度表现的打分中两者都包含在内。通常而言，绩效考核占的权重更大（如70%），绩效评价的权重则小一些（如30%）。②两者的目的具有统一性，例如，两者都是为了实现区分员工，为奖勤罚懒提供依据。绩效考核与绩效评价的区别在于以下四点。

一是评分对象不同，考核的是任务，评价的更多是人本身。例如，绩效考核通常考核工作结果，包括销售完成率、利润率、项目进展及时性、产品合格率等，考核以目标与标准为依据；绩效评价通常考察的是员工本身，例如，员工在完成上述工作的过程中是否合乎企业的规范、是否体现企业的价值观、是否展现出过人的潜力，等等，以组织未来发展需求为依据。

二是评价层次不同。在KPI章节中曾提到目标与指标的差异。组织更加关注目标，而员工更加关注指标，因为后者可以量化评价，与评价等级、奖金挂钩。例如，招聘经理的目标之一是满足业务部门的用人需求，KPI可以设置招聘计划完成率、试用期合格率等多个指标。绩效考核针对的是KPI，而绩效评价针对的是目标，后者更能体现员工工作成果对组织的实际价值。

三是用途重点不同。绩效考核更多的是为奖惩提供依据，而绩效评价更多是为晋升管理、员工发展指导提供依据，这也是为什么业绩得A的优秀员工未必能晋升的重要体现。例如，一个业务单元的管理者业绩同比增长100%（年初定的标准是同比增长50%以上为优秀），绩效考核评价是A，但这并不意味着其有过人的管理潜力，有可能相同行业的相同业务年底回看时，外部都在以200%的速度增长。与此相反，同比不增长的经营管理者绩效考核是B，但年底回看时竞争对手都是业绩下滑，这说明其可能具有较高的管理潜力。

四是客观程度不同。绩效评价相较于绩效考核对管理者的挑战更大。正如前文所讲，绩效考核是客观题，管理者不需要做评价，任务有没有完成是客观的事实。绩效评价是主观题，带有主观性，这恰恰考验一个管理者的管理能力。在绩效评价上是否能够让员工心服口服依赖于管理者平时是否善于观察、是否收集多方面信息、是否能够给予员工正确评价、是否能够承认自己的错误、是否能够及时反馈结果、是否具备良好的反馈技巧，等等。苗兆光博士进一步总结了绩效考核与绩效评价的不同点，具体如表8-1所示。

表8-1 绩效评价与绩效考核的区别与联系

	绩效评价	绩效考核
评分对象	主体是人（人对工作成果的贡献）	主体是工作结果（如销售收入）
评价层次	工作目标	绩效指标
关注点	除结果外，还关注价值观等	更关注结果
客观程度	客观性低	客观性高

资料来源：苗兆光. 评价做不好，再优秀的高管也会沦为平庸[EB/OL]. (2023-02-10) [2024-04-26]. https://mp.weixin.qq.com/s/qHWhgwAeeVyT3MzLO_u7aQ.

8.2 绩效考评的方法

绩效考评的方法按照操作和表现形式可以分为比较法、量表法和描述法。所谓比较法，是指按被考评员工绩效相对的优劣程度，通过比较，确定每人的相对等级或名次的方法，即排出全体被考评员工的绩效优劣顺序。在具体操作中，比较法又可分为简单排序法、交替排序法、配对比较法。量表法需要设计一个量表来考评，量表法又包括图示量表法、行为锚定法、混合标准量表法、行为观察量表法。描述法是利用书面形式进行总结与考核的一种方法，包括自我鉴定法和指导记录法。

8.2.1 比较法

大部分绩效考核工具要求评定者依据绩效标准来考核员工绩效。组织也可以使用员工比较系统，员工的绩效是通过与其他员工的绩效相比较来考核的。换句话说，员工比较系统是用排序，而不是用评分。排序形式有多种，主要方法包括简单排序法、交替排序法、配对比较法。

1. 简单排序法

在使用简单排序法进行绩效考核时，管理者只要简单地把一组中的所有员工按照业绩顺序排列即可。例如，部门中业绩最好的员工被排在最前面，最差的被排在最后面。这种方法的主要问题是，当个人的业绩水平相近时，难以进行准确排序。

2. 交替排序法

通常来说，根据某些工作绩效考核要素将员工按绩效最好的人到绩效最差的人进行排序，要比绝对地将他们的绩效进行考核容易得多，如表 8-2 所示。因此，交替排序法也是一种运用得非常普遍的工作绩效考核方法。其操作方法是：

（1）把需要进行考核的所有下属人员名单列出来，然后将不是很熟悉因而无法对其进行考核的人名划去；

（2）用表格来显示在被考核的某一要素上，哪位员工的表现是最好的，哪位员工的表现却是最差的。

表 8-2 交替排序法

运用交替排序法对员工绩效进行考核	
考核所依据的要素：_____	
针对你所要考核的每一种要素，将所有员工的姓名都列举出来。将工作绩效考核最高的员工姓名列在第 1 行的位置上；将考核最低的员工姓名列在第 20 行的位置上。然后将次最好的员工姓名列在第 2 行的位置上；将次最差的员工姓名列在第 19 行的位置上。将这一交替排序继续下去，直到所有的员工都被排列出来。	
1._____	7._____
2._____	8._____
3._____	9._____
4._____	10._____
5._____	11._____
6._____	12._____

资料来源：王怀明. 绩效管理理论、体系与流程[M]. 北京：北京大学出版社，2022.

(3)再在剩下的员工中挑出最好的和最差的;依此类推,直到所有必须被考核的员工都被排列到表格中为止。

很显然,运用交替排序法进行绩效考核的最大优点就是简单、实用,其考核结果也令人一目了然。但这种方法容易对员工造成心理压力,在感情上也不易接受。

3. 配对比较法

配对比较法是将每一位员工按照所有的考核要素(如"工作强度""工作质量"等)与其他员工进行比较,根据配对比较的结果,排列出他们的绩效名次,而不是把各个被管理者笼统地排队。假定需要对 3 位员工进行工作绩效考核,那么在运用配对比较法时,首先应当列出一张如表 8-3 的表格,其中要标明所有需要被考核的员工姓名以及需要考核的所有工作要素;然后,将所有员工根据某一类要素进行配对比较,再用"+"(好)和"-"(差)标明谁好、谁差一些,最后分别将每位员工获得"+"的次数相加即为最终结果。表 8-3 中,B 的工作质量考核更好一些,A 的更差一些。

配对比较法的缺点是,一旦下级人数过多(大于 5 人),手续就比较麻烦,因为配比的次数是按 $[n(n-1)]/2$(其中 n = 人数)的公式增长的。5 个下级的配比需要 10 次;10 个下级就要配比 45 次;如有 50 个下级就要配比 1225 次。而且,配对比较法只能评比出下级人员的名次,不能反映出他们之间的差距有多大,也不能反映出他们的工作能力和品质的特点。此外,员工可能会出现获得"+"次数一样的情况,如下表中的创造性考核,此时无法对 3 位员工的创造性进行区分。

表 8-3 配对比较法

	工作质量考核 被考核员工姓名:____				创造性考核 被考核员工姓名:____		
比较对象	A	B	C	比较对象	A	B	C
A		+	+	A		-	+
B	-		-	B	+		+
C	-	+		C	-	+	
考评结果	0+	2+	1+	考评结果	1+	1+	1+

资料来源:王怀明. 绩效管理理论、体系与流程[M]. 北京:北京大学出版社,2022.

8.2.2 量表法

量表法是一种被广泛采用的考评方法,它根据所限定的因素来对员工进行考评。采用这种方法,主要是在一个等级表上对业绩的判断进行记录。量表法的具体做法是,首先将绩效分为不同的维度,即绩效指标;然后将一定的分数或比例分配到各个绩效指标上,使每一个评价指标有一个权重;最后由评价者根据评价对象在各个维度上的具体表现,采用诸如优秀、一般和较差这些形容词来定义。不同指标的评价分数加权求和后得出的总分就是被评价者的绩效评价得分。根据评价时所使用量表的不同,量表评价法又分为四种具体类型。

1. 图示量表法

图示量表法是使用非定义式的评价尺度进行绩效评价的一种量表评价法，如表 8-4 所示。

表 8-4　图示量表法

评级要素	评价标准	事实依据
工作主动性（20%）	5　4　3　2　1	
协作意识（20%）	5　4　3　2　1	
……		

注：5—优秀；4—良好；3—一般；2—合格；1—不合格
资料来源：王怀明. 绩效管理理论、体系与流程[M]. 北京：北京大学出版社，2022.

2. 行为锚定法

行为锚定法又称行为定位评定量表法（Behaviorally An-chored Rating Scale Method，BARS），该方法把传统的量表评价法与关键事件法相结合，使用具体的行为标准对每一评价等级进行界定。行为锚定法主要评价那些明确的、可观察的、可测量的工作行为。使用这一方法时，首先确定要评价的维度，即需要从哪些方面对员工的绩效进行评定；然后为每一评价维度设计一个评价量表，并列举与各评价等级相对应的关键事件，作为对员工的绩效进行评价时的参考依据。图 8-1 以汽车销售员为例，展示行为锚定等级评价量表。

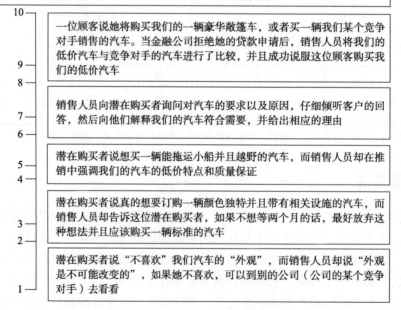

图 8-1　行为锚定等级评价量表

资料来源：加里·德斯勒. 人力资源管理[M]. 刘昕，译. 北京：中国人民大学出版社，2023.

行为锚定法的优点是：尽管在实际的考评过程中，所列举的关键事件是有限的，被考评员工的实际行为很少能与量表所列举的关键行为完全吻合，但有了量表上的关键行为作为参考后，评价者在对员工工作过程中所表现的行为进行评价时便有了参考框架，比一般评价量表中的"优""良""中""差"等抽象词语好掌握得多，从而在一定程度上避免了评价者的主观随意性；同时，员工也可以把自己的行为表现与评价量表上不同评价等级的典型行为相对照，从而发现自己与典型行为的差距，找到具体的改进方法。

行为锚定法的缺点是：量表的设计是一项极复杂的、费时费力的工作，要求很多人参加，通常由公司领导、考评者、被考评者代表、人力资源专家，甚至外聘专家等共同制定，而且对不同的工作必须采取不同的行为锚定量表，因此量表设计的难度和成本均较高。

设计行为锚定量表时需要注意的问题是：界定每一个评价等级时所使用的关键行为应有一定的概括性，不能过于具体或情境化，因为在一个绩效管理周期内，被评价者在同一个行为维度上完全可能既有过较好的行为表现，也有过较差的表现，即在一个评价周期内曾表现出量表两端的行为，这给评价工作带来一定的困难。

3. 混合标准量表法

该方法先分解出若干考评维度，为每一评价维度指标只设计"好""中""差"三个评价等级，为每一等级分别拟制一条典型表现的陈述句作为评价标准，然后把各维度的不同等级陈述句的顺序打乱并随机排列，使评价者看不出每个陈述句评价的是哪个维度。评价时评价者只需把被考评者的实际情况与这些陈述句逐条对照，若被考评者的实际表现与陈述句所描述的行为相符，在该陈述句后画"0"，优于陈述句所述则画"+"，不及陈述句所述则画"-"，最后根据各维度的符号组合，判断该员工在各维度上的得分。混合标准量表如表 8-5 所示。

表 8-5 混合标准量表

被评价的三个维度		绩效等级说明	
主动性；智力；与他人的关系		高；中；低	
说明：请在每一项陈述后面标明员工的绩效是高于陈述水平（填"+"）、相当于陈述水平（填"0"），还是低于陈述水平（填"-"）			
主动性	高	1. 该员工确实是个工作主动的人，一贯都是积极主动地做事，从来不需要上级督促	+
智力	中	2. 尽管这位员工可能不是一个天才，但他确实比我认识的许多人都更聪明	+
与他人的关系	低	3. 这位员工有与别人发生不必要冲突的倾向	0
主动性	中	4. 通常来说他的工作还是积极主动的，但有时候也需要上级来督促其完成工作	+
智力	低	5. 这位员工在理解问题的速度方面比某些人慢一点，在学习新东西方面花费的时间也比别人更长，具有一般的智力水平	+
与他人的关系	高	6. 这位员工与每一个人的关系都不错，即使在与别人意见相左的时候，也能够与他人友好相处	-
主动性	低	7. 这位员工有坐等指挥的倾向	+
智力	高	8. 这位员工非常聪明，学东西的速度非常快	0
与他人的关系	中	9. 这位员工与大多数人相处得比较好。只是在少数情况下会与他人在工作上产生冲突，这些冲突很可能是要受到监督的	-

资料来源：方振邦，杨畅. 绩效管理[M]. 北京：中国人民大学出版社，2019.

4. 行为观察量表法

行为观察量表法能够将组织发展战略与其所期望的行为结合起来，能够向评价对象提供有效的信息反馈，指导其得到较高的绩效评分。管理人员也可以利用量表中的信息有效地监控评价对象的行为，并使用具体的行为描述提供绩效反馈。行为观察量表法使用起来十分简便，成员参与性强，易被接受。但行为观察量表法存在以下缺陷。

（1）只适用于比较稳定、不太复杂的工作。只有这类工作才能够准确、详细地找出有关的有效行为，从而设计出相应的量表。

（2）不同的评价者对划分等级的理解有差异，导致评价的稳定性下降。这一问题类似于在图尺度量表法和等级择一法中理解"优异""优秀""较差"等概念时的问题。

（3）开发行为观察量表需以工作分析为基础，而且每一个职务的评价项目都需要单独开发，因此开发成本相对较高。

行为观察量表如表 8-6 所示。

表 8-6 行为观察量表

评价项目：克服变革的阻力					
行为得分	几乎没有	有时	经常	绝大多数时候	几乎总是
1. 向下属描述变革的细节	1	2	3	4	5
2. 解释为什么必须进行变革	1	2	3	4	5
3. 与员工讨论变革会给其带来何种影响	1	2	3	4	5
4. 倾听员工的心声	1	2	3	4	5
5. 在推动变革成功的过程中请求员工的帮助	1	2	3	4	5
6. 如果有必要，会就员工关心的问题确定一个具体的日期来进行变革之后的跟踪会谈	1	2	3	4	5
总分=					
6~10 分，很差；11~15 分，尚可；16~20 分，良好；21~25 分，优秀；26~30 分，出色					

资料来源：方振邦，杨畅. 绩效管理[M]. 北京：中国人民大学出版社，2019.

8.2.3 描述法

描述法是利用书面形式对自己或下属的工作进行总结及考核的一种方法。这种方法适合对自己或下属的一段工作结果进行总结，让被管理者主动地对自己的表现加以反省和考核，但测评的人数不宜太多。常见的描述法有两种。

1. 自我鉴定法

自我鉴定法通常让被考核人填写一份员工自我鉴定表，对照岗位要求，回顾一定时期内的工作状况及列出将来打算，并举出在这段时间内 1~3 件重大贡献事例及失败的事，给出相应的原因，并对不足之处提出有待改进的建议（见表 8-7）。一般每年在年终时进行，要求大家集中在一起，预先不清楚集中的目的，且要求没有助手参加，自己独立完成总结。

表 8-7 员工自我鉴定表

项目	描述
目前工作	本月（年）你所担任的实际工作及在工作中遇到的困难
工作目标	本月（年）你的工作目标是什么
目标实现	本月（年）你的工作目标实现程度是什么
原因	目标实现（未实现）的原因是什么
贡献	本月（年）你对公司有较大贡献的工作是什么？为什么
工作构想	对未来工作有什么构想，请具体说明

资料来源：付亚和，许玉林，宋洪峰. 绩效管理[M]. 上海：复旦大学出版社，2023.

2. 指导记录法

指导记录法要求上级将其对下属的日常指导记录下来。这种方法多用于发展性评价。指导记录法可以与各种评价方法结合使用。表 8-8 给出了一个样表。

表 8-8 指导记录法样表

指导记录表				
姓名：____	所属部门：____	职位名称：____	指导期间：____	直接上级：____
时间	地点	相关事实	指导意见	改进目标

资料来源：方振邦，杨畅. 绩效管理[M]. 北京：中国人民大学出版社，2019.

8.3 绩效考评的常见要求——强制分布

强制分布法实际上也是将员工进行相互比较的一种员工排序方法，只不过它是对员工按照组别进行排序，而不是对员工个人进行排序。这一方法的理论依据是数据统计中的正态分布概念，即假定员工的业绩水平遵从了正态分布。但需要在适用的情景下实施强制分布法，且强制分布法在实施时也容易出现一些常见问题，如负面影响团队合力、绩效考核流于形式等。实践中，实行强制分布法的企业通过对设定的分布形式做一定程度的变通，使员工业绩水平的分布形式呈现出某种偏态分布。

8.3.1 强制分布的概念与来源

企业按 100 分制要求管理者给员工打分时，时常会出现很多员工评价都是 90 多分或评分过于集中（如趋中效应）的现象，很难拉开部门之间或者员工之间的分数差距，达不到合理拉开员工绩效评价，实现奖勤罚懒的目的。在此背景下，强制分布日益盛行。强制分布最早兴起于美国通用电气公司，杰克·韦尔奇将其称为"活力曲线"，如图 8-2 所示。按照业绩及潜力,杰克·韦尔奇在任时将员工分为 A、B、C 三类,其占比分别是 20%、70% 和 10%。对于 A 类员工,公司会提高工资、授予股票及晋升职务,对于 B 类员工可根据其贡献提高工资并部分授予股票,C 类员工则是什么都没有(张方国,2022)。

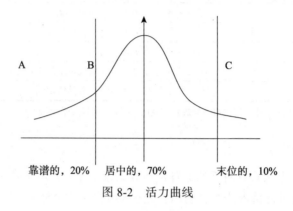

图 8-2　活力曲线

强制分布是指按照正态分布的规律,事先确定好各评价等级人数占总被评价人数的百分比,指导评价者打分或事后按绩效得分高低进行排序,强制将员工划入不同等级之中,并依据不同绩效考核等级进行赏罚的方法(张方国,2022)。例如 100 名销售人员,公司规定获得卓越(S 级)、优秀(A 级)、良好(B 级)、合格(C 级)与不合格(D 级)的比例分别为 5%、20%、40%、30% 和 5%。强制分布的直接结果是拉开员工之间的绩效表现,便于组织进行末位淘汰、人员优化。尽管强制分布备受争议,后来也掀起是否摒弃强制分布的争议,但值得注意的是,2022 年 Facebook 母公司 Meta 悄然实施末位淘汰制,要求工程经理明确并清退表现差的员工。实行强制分布式管理,设置 5 档和 7 档两个级别,每档的比例应该是多少可以根据业务发展阶段、公司类型进行不同的设定,例如,为了最大程度地激发员工活力,在业务快速爬坡阶段,可以设定 3∶6∶1 的比例;为了满足人员优化的需要,可以设定 2∶5∶2 的比例等。

8.3.2　强制分布的适用情景

在使用强制分布法前,要根据负面影响确认其适用环境,同时应权衡使用这一方法的利与弊,根据企业的自身实际灵活运用。强制分布法适用环境包括以下几方面。

1. 文化基础

由于强制分布法对人们心理冲击较大,所以需要与之吻合的文化基础,需要让员工从价值观上认可此方法是合理的、可接受的。GE 的绩效文化是坦率和公开,加上 CEO 杰克·韦尔奇的领导风格是坚决果断,因此员工可以随时与各级领导进行沟通与反馈。在这种文化下,员工将重点放在了绩效的持续改进与提升上(林新奇,2023)。如果强制分布法不与绩效文化相配合,那这一方法与传统绩效考核方法则无本质区别,只能起到"胡萝卜加大棒"的效果。

2. 制度保证

企业的各项管理系统间必须是兼容的。企业的人力资源系统内部、企业的其他管理系统与人力资源系统之间，必须有较高的融合度。如果企业的绩效管理本身不够系统和规范，那么绩效只能与物质奖励（或惩罚）挂钩而无法引导员工持续发展；如果企业的愿景和使命不能激发员工的工作热情，强制分布法的激励效果就非常有限。

3. 管理水平

方法的使用要充分结合企业的自身情况，要让强制变得柔软起来，因此需要管理层敏锐的洞察力与果断的决策力。对于不同部门间绩效水准以及员工素质参差不齐、人数相差较大的情况以及不同人员所需的激励要求不同的情况，管理者应具备及时准确辨别的能力，并根据上述不同情况调整强制分布法。如根据部门的不同，不强调名额的精确性，只是模糊规定出上下限，以确保不同部门间绩效考核的公平性；另外在必备的绩效文化没有形成前，管理者可以不把强制分布法与员工的末位淘汰结合起来，将关注点由对过去的结果评价转移到对员工未来绩效与能力的提升上来。在何时何种情况下如何调整强制分布法，使之真正地为企业绩效服务，是对管理者管理水平的考验。

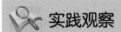

实践观察

通用的活力曲线

我们一直在寻找一套能更有效地评价组织的方法，最终发现了一种真正喜欢的方法，我们称之为活力曲线。每年，我们都要求每一家GE公司为所有的高层管理人员分类排序，其基本构想就是强迫每个公司的领导对他们领导的团队进行区分。他们必须区分出在组织中，哪些人属于最好的20%，哪些人属于中间的70%，哪些人属于最差的10%。如果他们的管理团队有20个人，那么我们就想知道20%中最好的四个和10%最差的两个是谁——包括姓名、职位和薪金待遇。表现最差的员工通常必须走人。做出这样的判断并不容易，而且也并不总是准确无误的。是的，你可能会错失几个明星或者出现几次大的失误——但是你造就一支全明星团队的可能性会大大提高。这就是如何建立一个伟大组织的全部秘密。一年又一年，区分使得门槛越来越高并提升了整个组织的层次。这是一个动态的过程，没有人敢确信自己能永远留在最好的一群人当中，他们必须时时向别人表明：自己留在这个位置上的确当之无愧。"A类是指这样一些人：他们激情满怀、勇于做事、思想开阔、富有远见。他们不仅自身充满活力，而且有能力带动自己周围的人。他们能提高企业的生产效率，同时还使企业经营充满情趣。"他们拥有我们所说的"GE领导能力的四个E"：有很强的精力（Energy）；能够激励（Energize）别人实现共同的目标；有决断力（Edge），能够对是与非的问题做出坚决的回答和处理；最后，能坚持不懈地实施（Execute）并实现他们的承诺。

"在我看来，四个E是与一个P（Passion）相联系的。正是这种激情，也许比任何因素都更为重要。是这种激情将A类员工和B类员工区别开来。B类员工是公司的主体，也是业务经营成败的关键。我们投入了大量的精力来提高B类员工的水平。我们希望他们每天都能思考一下为什么没有成为A类，经理的工作就是帮助他们进入A类。"

C类员工是指那些不能胜任自己工作的人。他们更多是打击别人，而不是激励；是使目标落空，而不是使目标实现。你不能在他们身上浪费时间，尽管我们要花费资源把他们安置到其他地方去。"活力曲线是我们区分A类、B类和C类员工的动态方法，是C类会议所使用的最重要工具。将员工按照20∶70∶10的比例区分出来逼迫管理者不得不做出严厉的决定。""活力曲线并不完美，我的意图——将人才区分为A、B、C三类——并不能完全地实现。有时候——甚至是很可能——某个A类员工被划到重要的70%那部分里去。这是因为，并不是每个A类员工都具有在公司里得到更高发展的志向，尽管他们仍想在目前的位置上做得最好。经理们如果不能对员工进行区分，那么很快，他们就会发现自己被划进了C类。"

"活力曲线需要奖励制度来支持：提高工资、股票期权以及职务晋升。A类员工得到的奖励应当是B类的两到三倍。对B类员工，每年也要确认他们的贡献，并提高工资。至于C类，则必须是什么奖励也得不到。每一次评比之后，我们会给予A类员工大量的股票期权。60%~70%的B类员工也会得到股票期权，尽管并不是每一个B类员工都能得到这种奖励。"

"失去A类员工是一种罪过。一定要热爱他们，拥抱他们，亲吻他们，不要失去他们！每一次失去A类员工之后，我们都要做事后检讨，并一定要找出造成这些损失的管理责任。我们的做法很有效。每年我们失去的A类员工不到1%。拥有A类员工是一种管理业绩，每个人都喜欢做这种事。"

"有些人认为，把我们员工中底部的10%清除出去是残酷或者野蛮的行径。事情并非如此，而是恰恰相反。在我看来，让一个人待在一个他不能成长和进步的环境里才是真正的野蛮行径或者'假慈悲'。先让一个人等着，什么也不说，直到最后出了事，实在不行了，不得不说了，这时候才告诉人家：'你走吧，这地方不适合你。'而此时他的工作选择机会已经很有限了，而且还要供养孩子上学，还要支付大额的住房按揭贷款。这才是真正的残酷。"

"认为活力曲线残酷，这是错误的逻辑所得出的结论，是那种弥漫着'假慈悲'的企业文化所产生的后果。试问，在学生们毕业的时候，为什么不能取消评定成绩？绩效管理是人们生命中的一部分，从我们上小学一年级开始就是这样。区分的原则适用于橄榄球队、啦啦队以及种种荣誉社团；它适用于大学录取过程，你总是可能被一些学校接受，而被另一些学校拒绝。区分的原则在你毕业的时候依旧适用，你的毕业证书上可能会加上各种褒奖或赞扬的评语。""我们生命的头20年里一直进行着区分。我们清醒时绝大部分的时光是在工作场所度过的，为什么要在工作场所中停止区分呢？""我们的活力曲线之所以能有效发挥作用，是因为我们花了10年的时间在企业里建立起一种绩效文化。在这种绩效文化里，人们可以在任何层次上进行坦率的沟通和回馈。坦率和公开是这种文化的基石。我不会在一个并不具备这种文化基础的企业强行使用这种活力曲线。"

资料来源：杰克·韦尔奇，约翰·拜恩. 杰克·韦尔奇自传[M]. 北京：中信出版社，2017.

8.3.3 强制分布的常见问题

强制分布或者基于此的末位淘汰在中国很多企业会水土不服，表现为以下三点。

（1）带来考核的不公平。由于强制分布是强调人与人之间的相对比较，而绩效考核的本质是工作结果与工作目标的绝对比较，容易导致不同部门、不同业务、不同岗位之间员工的不公平感。例如，部门与部门之间由于员工能力不同、评分标准不一，公平性难以把握。有的部门，整体员工素质与绩效都很不错，部门内评价"一般"的，也许到部门外可以得到"优秀"，但强制分布法的规则，要求必须有人是最差的。

（2）负面影响团队合力。过于强调绩效考核结果，每个人都着眼于自己的绩效排名，会带来团队内部、团队之间的过度竞争，影响团队协作，不利于员工发展。

（3）绩效考核流于形式。管理者往往采用"上有政策，下有对策"的做法，采用"轮流坐庄"的方式，即不同评价周期内让不同下属获得优秀或者不合格档次，无法真正达到绩效考核的目的。

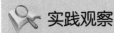
实践观察

阿里巴巴的"271"制度

"271"制度——阿里巴巴以强制分布法为基础，根据季度、年度绩效考核把员工划分成三个档次并采取不同管理方式的绩效考评方法。第一档"2"，是超出期望的员工；第二档"7"，是符合期望的员工；第三档"1"，是低于期望的员工。这三档员工分别占整体的20%、70%和10%。

对于第一档员工，阿里巴巴采用"立榜样"的措施。具体而言，第一档的员工不仅业绩表现突出，同时也是阿里巴巴核心价值观的践行者。因此，管理者自然要给予这部分员工大量的褒奖。在阿里巴巴，"271"中的"2"要拥有整个激励份额的30%～50%。除此之外，阿里巴巴的管理者还会将这部分员工树立成榜样，给予他们最大的精神奖励。

对于第二档员工，阿里巴巴采用"做辅导"的措施。这70%的员工代表了业绩和价值观都不突出的员工，对他们的管理方式更多的是技能辅导和周全的目标设定。阿里巴巴的技能辅导更像是师傅带徒弟，会手把手地传授，教会他们工作技能，并在事后通过员工的汇报检验来判断员工是否真正学会。此外，管理者还会帮助这部分员工建立目标感，养成以结果与目标为导向的习惯。

对于第三档员工，阿里巴巴采用"解决人"的措施。这10%的员工也许业务能力很差劲，也许业务能力非常突出，但他们的共同特征是不认同公司的核心价值观。因此，阿里巴巴会直接开除连续两个考核周期排在最末尾10%的员工。其中，年度考核每两年一次，季度考核每两季度一次，将考核周期拉长是因为员工的行为具有不确定性，可能会随着时间、环境等因素的变化而变化。拉长周期可以得到更准确公正的考核结果。

资料来源：王建和. 阿里巴巴管理三板斧[M]. 北京：机械工业出版社，2019.

8.4 绩效考评的常见方式——年度述职

所谓述职，即对岗位职责的汇报与总结。早在公元前一千多年的商周时期，古代诸侯就有向天子履行述职的义务，《孟子·梁惠王下》有云："诸侯朝于天子曰述职。述职者，述所职也。"现代企业管理中，述职是上级跨地区了解并遥控下级的手段，它是大型企业中区域负责人的一项基本工作，指低级干部向上级干部进行工作汇报，年度述职可以帮助企业在进行绩效考评的同时盘点现状。结合华为述职实践，本节介绍了年度述职的内容、适用人群、流程以及注意事项。

8.4.1 年度述职的概念及作用

年度述职是指在每年结束时，管理者向直接主管或管理层汇报本年度工作成果、工作业绩、个人发展情况以及未来目标和规划的一种常规性工作。它是一种重要的自我评价和沟通机制，有助于员工和管理层就个人表现和发展展开对话，同时也有助于组织对员工绩效进行考评和管理。

年度述职的价值体现在两个方面。一方面，实现考评。在一年的工作中，一些员工表现出色，而另一些员工表现不佳。这些业绩的成因既有客观原因，也与个人努力密切相关。因此，在评价表现时，应该避免片面性评价，而应在平等沟通的基础上进行综合评估。有些组织可能存在偏见，认为业绩出色的员工在其他方面也表现优秀，实际上，员工业绩的好坏可能是多年来积累的结果。组织需要客观评价其表现，同时给予他们机会反思自身错误并总结经验教训，而不仅仅通过业绩来评判一个人。

另一方面，盘点现状。人是组织最宝贵的资源，他们的能力和心智会随着时间而变化。经过一年的工作，员工的能力和团队的作战力量都会发生变化，因此需要对他们进行盘点，以确定未来业绩的边界。规划明年的工作也涉及对团队能力的评估，需要全面了解干部和团队的情况。"盘点"这个概念源自互联网企业家马云，他意识到资产和客户需要定期盘点，人才更需要如此。因此，在人力资源管理中引入了"盘点"的概念，以确保对员工能力状况的清晰了解，进而匹配业务需求和未来计划。年度述职和盘点都是管理活动，旨在全面了解员工的能力，为未来工作做出相应的调整，并对干部能力进行公正的评估和盘点。

8.4.2 年度述职的内容

年度述职的内容通常包括员工的工作成绩、目标完成情况、个人发展和学习情况、存在的问题和困难、对未来的规划等方面，如图8-3所示。

图 8-3 年度述职流程

首先，阐述个人贡献。汇报人需要总结过去一年的主要职责和责任领域的绩效表现。部门绩效与个人绩效有所区别，作为部门管理者要阐述清楚这个部门有你和没有你在绩效上有什么差异。例如，有可能出现这个部门之前的上任管理者很出色，后继管理者"摘桃子"的现象。

其次，阐述关键举措。汇报人需要重点说明在完成业绩的过程中，所做的关键动作与举措有哪些，无论这些举措是成功还是不成功的。

再次，阐述业务理解。汇报人需要说明业务的变化及业务变化的影响因素，以及这一变化对自己来年职责与任务的变化。随着公司战略的变化，即使职务没有改变，任务内容也可能发生调整。因此，汇报人需要明确未来职责的新要求，以适应公司的发展方向。

最后，阐述行动计划。汇报人在谈到职务与任务变化对个人的要求时，需要对来年的职责和任务变化有清晰的认识。汇报人要思考这些变化给个人带来的挑战是什么，自身存在哪些差距，以及未来的努力方向，这样才能更好地规划个人的发展路径。

8.4.3 年度述职的适用人群

年度述职通常适用于各类组织或企业中的员工，特别是那些担任管理职务、需要向直接主管或上级领导汇报工作的员工。这些员工包括但不限于以下4种。

（1）管理者：包括部门经理、项目经理、团队领导等担任管理职务的人员，他们需要向上级领导或企业董事会汇报工作进展和业绩成果。

（2）销售人员：销售人员通常需要根据销售目标和业绩来评定其工作表现，年度述职可以帮助他们总结过去一年的销售情况并制定未来的销售策略。

（3）专业人才：如财务人员、市场营销人员、技术人员等，他们需要根据自己的专业能力和职责领域来进行述职评估，以确保工作符合企业的预期。

（4）关键岗位员工：对于那些担任公司核心职能岗位、对企业发展至关重要的员工，年度述职评估可以帮助企业了解他们在关键岗位上的表现，并提供必要的反馈和支持。

通过年度述职评价，可以促使员工对自身工作进行反思和总结，帮助他们更好地了解自己的优势和劣势，清晰未来发展的方向和目标。同时，年度述职也是管理者评估员工表现、制定奖惩政策以及调整人才配置的重要依据，有助于提高组织整体绩效和员工的工作积极性。

8.4.4 年度述职的流程

年度述职流程的底层逻辑可以追溯至1954年由美国学者弗拉纳根和伯恩斯共同创立的关键事件法。该方法通过分析人员与工作者的深入交流，了解其在解决关键事件时所展现的能力和素质，并对这些要素进行重要性评价，从而收集宝贵的职务信息。关键事件法的主要原则在于识别与员工职务紧密相关的行为，并评估那些最为重要、最为关键的部分。在实施过程中，该方法强调三个关键点：首先，需要进行细致入微的观察；其次，需要对影响工作成败的关键性事实进行明确界定；最后，必须确保评价过程的公平、公正，如图 8-4 所示。关键事件法的优势在于，它使研究的焦点集中在可观察、可测量的职务行为上。通过这种方法，管理者可以深入了解员工在工作中的实际表现，以及这些行为可能带来的利益和作用。

图 8-4　年度述职流程

根据关键事件法，年度述职的流程通常包括述职前、述职中和述职后三个阶段。在述职前，HR 部门需要做一些准备工作，其中必须明确考核口径。这包括指标的选择、统计数据的收集以及参考系的确定，可以选择兄弟单位进行对照，也可以选取本单位过去年度的述职进行对照。另外，绩效统计也是重要的一环，需要对考核目标和实际完成情况进行统计，并与相关标杆进行对比。

在述职过程中，述职人陈述时应当聚焦于责任与贡献，避免产生过多的公关心态，并诚实面对问题，实事求是。同时，在讲述贡献时，需要注重讲述实际的贡献事实，而不是简单地罗列工作内容。

述职后的流程包括评委合议及评价结果的反馈，评委评议需要持平等的心态，理解述职人的意图、认识水平和行动能力，避免被表面现象所迷惑。对偏差较大的进行同步和调整之后，HR 汇总评委结果，并根据公司文化和制度进行相应的权重设定。最后，向述职人提供评委结果的反馈沟通。

8.4.5　年度述职的注意事项

1. 年度述职不是走过场

参与者应该用心对待，审慎准备提问和回答，避免重复往年的述职内容，也避免重复讲车轱辘话。同时，主管的总结应当有责任心，不能害怕得罪人而走过场。

2. 各方角色定位要清晰

年度述职的主角是汇报人，评价者应当避免过度点评，切忌把述职当作推行政策方针的平台。具体体现在述职中不要让领导点评时间比述职的人还长。

3. 述职的内容要有干货

汇报人讲述要有重点，点评者点评应该有导向。管理者与被管理者通过述职应该对公司发展方向形成共识，汇报人能够为组织发展贡献智慧、总结方法与经验，点评者应该能够传递组织期望，并给予建设性意见，让被评价者受到启迪。

4. 述职的节奏要有控制

为了保证述职内容不走偏，应该确定熟悉述职规则的人担任主持，主要是来控制时间、把握节奏、带好方向。通常而言，这一角色应该由具有一定的职位的人来担任。近年来，越来越多的公司会请外部单位的人来担任催化师或者引导师，保障年度述职的高质量进行。

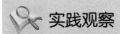 实践观察

华为的述职环节

华为的绩效反馈机制独具特色，其中述职环节尤为独特。不同于大多数企业只进行高级干部述职，华为实行逐级向上的中期述职制度。从二级部门负责人到公司总裁，每一层级都需向上级进行述职，形成一个层层负责的述职机制。在述职日程上，华为选择每季度的第一个月中旬作为述职的固定时间，这样的安排有利于公司定期对绩效进行审核评估，以及时发现问题，积极做出改善。在具体执行层面，华为中高层干部的述职依据是综合平衡计分卡，从财务、客户、内部流程、学习和成长四个方面进行述职。具体内容一般包括八个方面：总结上一期不足和成绩并分析原因；进行竞争对手比较/业务环境及最佳基准比较；报告 KPI 实现程度并分析往期与本期的差距；提出核心竞争力提升的具体措施和计划；分析客户/内部客户满意度，寻求改进方法；汇报组织学习与成长的完成情况，规划下一步举措；形成预算和 KPI 承诺；提出意见反馈。

资料来源：孙科柳，蒋业财，解文涛. 华为绩效管理方法论[M]. 北京：中国人民大学出版社，2016.

8.5 绩效评价偏差的类型及防范策略

由于绩效考评对企业发展具有极其重要的促进作用，很多企业将这一机制引入自己企业的管理实践中，以实现对人力资源的充分开发和利用。但是在具体的实施过程中，相当一部分企业绩效考评导入的效果却不是很理想，达不到预期的考评目的。导致绩效考评失败的原因包括评估人的偏见、评估人不认真对待等。总结起来，在绩效评价过程中，评价者总是会存在一些心理困扰，影响评价的质量，产生评价偏差，本节列出了常见的绩效评价偏差及防范策略。

8.5.1 评价偏差的类型

一些部门主管绩效评价草率，夹带了个人感情色彩，在一定程度上影响了评价的质量，年末归级后也容易引起干群矛盾。部门主管绩效评价容易失之于宽，给本部门员工打分太高，考核成了"隔靴搔痒"，成了广结善缘的工具。评价者的心理困扰会产生评价偏差，常见的评价偏差包括以下 7 种类型。

1. 晕轮效应

晕轮效应，又名晕圈效应或光环效应，它是指评价者对被评价者某一方面绩效的评价影响了其他方面绩效的评价。尤其是当评价者特别欣赏或厌恶被评价者时，往往会不自觉

地对被评价者其他的绩效方面做出过高或过低的评价。在考核中，这种晕轮效应很容易产生，尤其是对那些没有标准化的因素（如主动性、工作态度、人际关系、工作质量）实行考核时，晕轮效应会表现得更加明显。

2. 趋中效应

趋中效应，又名趋中倾向或趋中性错误，它是指评价者可能对全部被评价者作出既不太好又不太坏的评价，倾向于给予中等评价，避免给出极端的高或低评分，导致评价结果不够准确或具有区分度。这种偏向可能源自评价者给出极端评价的压力或不愿承担因此带来的责任。评价者需要意识到这种倾向，并尽可能根据员工的实际表现给出恰当的高低分评价，避免趋中倾向带来的评价失真。

3. 近期效应

近期效应，又叫作近因性错误，它是指评价者对被评价者的近期行为表现，尤其当被评价者在近期内取得了令人瞩目的成绩或犯下的过错往往会产生比较深刻的印象，从而无法全面考察被评价者在较长时期内的行为表现和工作业绩。因为评价者更容易记得最近发生的事件，而对被评价者过去的表现或成绩记忆模糊，导致评价结果偏向于最近的表现。这种偏误可能会导致员工长期表现的稳定性被忽视。

4. 过宽或过严倾向

过宽或过严倾向，又名宽厚性和严厉性错误。如果组织对绩效考核结果设定分配比例，出于管理水平与其他因素考虑，有些评价者会为了避免冲突或者对员工不太了解，对大部分员工给予高于实际的评价，从而出现了绩效考核中的过宽倾向。与此相反，有些评价者本身是一个完美主义者，给予大部分员工低于实际表现的评价，导致出现考核过严的倾向。这可能是因为评价者不了解外在环境对员工绩效表现的制约作用，也有可能是因为评价者自己的绩效评价偏低而产生的自卑感所致。

5. 定式反应

定式反应，评价者倾向于偏袒与自己相似的员工，往往用自己的思维方式衡量员工的言行，对与自己理想标准及个人特点相似者给予高分，否则给予低分。该思维方式极易忽视那些与自己不同的员工的表现，导致评价不公平。这种偏见可能源自评价者对与自己相似的员工更容易产生共鸣和理解，而对与自己不同的员工存在认知差距。

6. 自我比较错误

每个人在评价事物时难免会有一种个人倾向，那就是习惯以自己的个性偏好和工作方式来衡量他人。有的评价者会不自觉地把自己作为衡量的标准而将客观的绩效标准置之不顾，对那些和自己相比较差的员工给予较低的评价，而对那些和自己相比优秀的员工则给予较高的评价。

7. 以往评价记录的影响

评价者受之前评价结果的影响，在后续评价中难以对其他员工做出独立的评价，导致评价结果受到先前评价的影响。有些员工一直表现优秀，并且在绩效考评中一直保持较好的成绩，评价者心中已经留下了该员工比较优秀的印象。如此一来，在下次的绩效考核中，评价者会受到这种惯性的影响，就抛开绩效标准和本周期内该员工的绩效表现，而继续给予其较高的评价。

资料来源：付亚和，许玉林，宋洪峰. 绩效管理[M]. 上海：复旦大学出版社，2023.

8.5.2 评价偏差的防范策略

针对上述评价偏差常见的防范策略如下。

1. 保持及时的员工绩效记录

做好工作日志，保持对员工绩效的记录。一项研究考察了 112 名企业一线管理者。其中一些人参加过一次与记录工作日志有关的培训项目。这项研究以及一些类似研究得出的结论都表明，在关键事件发生时就对其加以记录的做法，用事实锚定了最终评价，因而提升了绩效评价的公正性，有效避免了近期效应。

2. 对评价者进行特定的培训

管理者的公正性是影响绩效评价质量的关键因素。无论怎样，管理者与员工之间的人际互动质量会对绩效评价所产生的作用及其价值产生影响。因此，管理者（尤其是新上任的管理者）必须对他们与员工之间的人际关系进行管理，并且应该在对员工进行评价以及向员工提供反馈的技术和人际两个方面都受到相应的培训，尽量避免定式反应和自我比较错误。

3. 达成双方认同的改进计划

绩效评价最主要的目标应该是改进令人不满意的绩效以及强化优秀绩效。因此，绩效评价的最终产品应当是一份员工需要在哪些领域改进绩效的行动计划。将绩效分领域看待，减少晕轮效应和以往评价记录的影响带来的评价偏差。

4. 运用正确的绩效评价方法

前文详细介绍了量表法、排序法、强制分布法以及年度述职法等绩效评价方法，每种评价方法各有优缺点，见表 8-9。管理者可以选择最适合组织情况的绩效评价方法，通过方法的选择减少过宽或过严倾向、晕轮效应等。

表 8-9 各种绩效评价方法的优缺点

常见绩效评价方法	优点	缺点
图示量表法	使用简洁，能为每位员工提供量化评价结果	评价标准比较模糊；趋中效应、定式反应、过宽或过严倾向等都会成为问题
行为锚定法	更加精准	设计难度大
交替排序法	使用简便，可以避免图示量表法容易出现的趋中效应的问题	员工可能会对最终结果表示怀疑
强制分布法	评价标准和比例都是事先确定的	员工最终的结果取决于评价者将临界点选在哪里
年度述职法	可以帮助评价者了解员工视角中重要的绩效	难以量化排序

资料来源：加里·德斯勒. 人力资源管理[M]. 刘昕，译. 北京：中国人民大学出版社，2023.

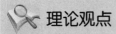 **理论观点**

绩效评价质量提升自检表

根据美国学者加里·德斯勒的经典书籍《人力资源管理》，编者整理出"绩效评价质量提升自检表"（见表8-10），以期帮助绩效评价者自纠自查在绩效评价过程中出现的问题，在未来的绩效考评中有针对性地进行改进。

表8-10 绩效评价质量提升自检表

绩效评价质量描述	是	否
是否根据职位分析得到的职责和标准来进行绩效审查？		
是否尽可能将绩效审查建立在可观察的工作行为或客观的绩效数据基础之上？		
是否提前清楚地阐明你的绩效期望是什么？		
是否对所有的员工都采用一种标准化的绩效审查程序？		
是否确保实施绩效审查的人有大量的机会观察员工工作绩效？		
是否要么由多位评价者对一位员工进行绩效评价，要么让评价者的直接上级对绩效评价结果加以审核？		
是否建立一套绩效评价结果的申诉机制？		
是否将绩效审查的程序及其结果记录下来？		
是否与员工共同讨论绩效审查的结果？		
是否让员工提前知道你将如何进行绩效审查？		
是否在对员工进行绩效审查时，允许员工发表自身意见和看法？		
是否指出员工在哪些地方需要改进？		
是否对将要开展绩效评价的管理者进行培训，确保他们了解绩效评价的程序、绩效评价中的各种问题（例如，宽大或严格倾向等）是如何产生的以及应当如何应对这些问题？		

资料来源：加里·德斯勒. 人力资源管理[M]. 刘昕，译. 北京：中国人民大学出版社，2023.

 编者观点

1. 绩效考评包括绩效考核与绩效评价，前者依靠管理者的管理技能，后者更多依靠管理者的领导艺术，在让员工信服评价结果的基础上实现员工激励。
2. 无论绩效评价的方式如何，最重要的是，管理者如何使用这些工具？
3. 基于强制分布的末位淘汰目的是体现组织对员工的评价尊重，要承认个体差异，但无论淘汰谁，都应该对其有承认和尊重的态度。
4. 述职是绩效考评的重要实现方式，但要规范流程，切莫形式化。

本章小结

绩效考核是指对个体、团队或组织在一定时期内工作结果、表现和行为进行主客观的综合评价，即绩效考评＝绩效考核＋绩效评价。与绩效考核相比，绩效评价侧重于人的综合评价，关注员工的工作能力、贡献和潜力，而考核则注重工作结果和指标的达成情况。

评价强调目标、积极作用和价值观，具有主观性质；而考核更注重客观，实事求是，各部门负责相应指标的考核。绩效考评过程中常用的方法包括比较法、量表法、描述法。

实践中常用的方法包括强制分布以及年度述职。强制分布旨在解决员工评价分数过于集中或趋中的问题，以实现合理的绩效评价和奖惩激励，按照正态分布规律将员工分为A、B、C三类，并据此进行奖励与惩罚。

年度述职是员工向直接主管或管理层汇报本年度工作成果、业绩、个人发展情况以及未来规划的常规性工作。

在绩效考评过程中由于评价方式的限制、考评人的特性等，会出现评价偏差，评价偏差主要分为晕轮效应、趋中效应、近期效应、过宽或过严倾向、定式反应、自我比较错误、以往评价记录的影响七种类型。为应对这些偏差，可采取记录工作日志、培训管理者、达成双方认同的改进计划以及运用正确的绩效评价方法等措施。

复习思考题

1. 绩效考核与绩效评价的区别与联系分别是什么？
2. 绩效考评的常见方法有哪几类？它们分别包含哪些具体方法？
3. 强制分布的概念是什么？它在应用中出现的常见问题有哪些？
4. 年度述职的概念是什么？进行年度述职的流程是什么？
5. 绩效评价偏差有哪几种？它对应的防范策略是什么？

拓展阅读

[1] 马君，蔡依凝. 绩效评估中的下行"甩锅"效应[J]. 清华管理评论，2023(5): 42-48.
[2] 马君，蔡依凝. 绩效评估中的自我增强效应[J]. 清华管理评论，2022(10): 36-44.
[3] 环球人力资源智库. 尴尬的绩效自评！员工个个都是100分，暴露自评打分的尴尬真相[EB/OL]. (2024-04-12) [2024-04-15]. https://mp.weixin.qq.com/s/8gLPoZzti0dFv8FzckJwrg.
[4] 荣艺. 部门绩效都挺好,可以不"强制分布"了吗？[EB/OL]. (2024-01-18)[2024-04-15]. https://mp.weixin.qq.com/s/ts6UvzRi_Uh9bJRS2PJJxw.
[5] MBA学员自制视频：国有企业有效实施强制分布时的难点与策略。

应用案例

强制分布法在A电力公司绩效考核中的应用

1. 具体应用过程

以A电力公司的绩效考核为例，结合《国家电网公司绩效管理办法》规定和访谈实际情况，了解到考核结果分级如下：A电力公司在实际考核过程中分阶段进行，时间维度分别是月度、季度和年度，在这三层维度上再划分考核对象，分别是部门负责人、一般管理人员和一线员工。在确定好考核周期和考核对象之后,将考核结果分为四个等级,分别是A级、B级、C级、D级。在此基础上划分比例:A级占比20%、B级占比65%、C级和D级合计占比15%。为了体现团队作战的整体优势,提高团队成员的合作意识,对于同一部门、项目团队、班组等形式的组织在考核中评级为A级的,在不影响本单位整体绩效归级比例的前提下,可适当提高所属员工A级占比,提高比例不超过5%。考核为C级和D级的组织适当降低所属员工A级占比。提高或者降低的调整比例需要由公司绩效办公室向公司绩效委员会提出申请,根据规定确定最终比例,一切流程合规、合理、有依据。同时,在公司内部建立员工绩效等级积分制度,员工在月度、季度和年度考核中的绩效考核结果等级均可纳入积分系统。其中,A级计2分,B级计1.5分,C级计1分,D级计0分。除此之外,员工发表论文、评定职称也可以获得积分。

2. 应用反馈结果

综合对调研情况进行分析,A电力公司关于绩效计划与指标方面的规定和实施情况均存在一些问题。首先,有41.50%的受访者提出职能部门员工临时性工作多,但是不算在绩效中,这是选择人数最多的选项,可以看出在考核前设置考核指标时已经存在指标设置不合理的现象。其次,部门人数过少,难以强制将员工分为A、B、C、D等,员工工作情况差不多,评级困难,分别有36.83%和35.84%的受访者选择这两个选项,反映出绩效评估人员在考核前没有对被考核对象进行充分调研和了解,导致考核过程不够灵活。同样有1/3左右的受访者认为绩效考核过于烦琐,工作量大;以及有8.78%的受访者反映考核的频率过高,工作量大,这是对考核过程中存在的问题做出的反应。最后,绩效考核制度制定过程中也存在一定的问题,有19.83%的受访者认为绩效考核没有实际性的开展,应付式地走流程;18.98%的受访者认为绩效计划直接由领导制定,员工参与度低;17.56%的受访者提出考核评分直接由上级领导给出,缺乏客观性的问题;14.02%的受访者认为绩效考核之后缺乏绩效反馈,常常不清楚个人的绩效评级;12.04%的受访者认为考核结果在绩效工资、评奖评优中没有得到明显体现。

资料来源:张珍珠,宋玉美,梁伟,等. 强制分布法在电力公司绩效考核中的应用研究[J]. 中国市场,2022(14): 159-163.

思考题:强制分布法在A电力公司绩效考评过程中存在的问题有哪些?

即测即练

第9章

周期性绩效反馈

"反馈驱动创新。"

——百度创始人、董事长兼首席执行官 李彦宏

"很多离职员工所需要的东西并非公司给不了,而是公司并不知道他想要什么。"

——顺丰控股股份有限公司董事长兼总经理 王卫

学习目标

学完本章后,你应该能够:
1. 理解周期性绩效反馈的含义。
2. 解释周期性绩效反馈的重要性。
3. 区分不同类型的绩效反馈。
4. 解释周期性绩效反馈的基本原则,了解其开展流程。
5. 掌握绩效面谈的内容,了解绩效面谈的基本原则。
6. 掌握绩效面谈的工具,了解绩效面谈的差异化策略。

引导案例

亨利·法约尔的工厂实验

法国工业学家亨利·法约尔曾进行了一项实验,他选取了20名技术水平相近的工人,并将他们分为两组,让他们在相同的情况下进行生产。每隔一个小时,法约尔都会检查这20名工人的生产情况并记录下来。然而,对这两组工人,他采取了不同的方法。对于第一组工人,他只记录了他们各自的生产产品情况,而没有告诉他们的生产速度。而对于第二组工人,他不仅记录了生产产品的数量,还告诉了每个工人的工作进度。在每次评价后,法约尔根据结果在生产速度最快的两名工人的机器上插上了小红旗,在速度居中的四名工人的机器上插上小绿旗,而在最后的四名工人的机器上则插上小黄旗。这样一来,工人们清楚地了解了自己的生产速度。实验结果显示,第二组工人的生产效率远远高于第一组工人。

在绩效管理领域,定期向被管理者有针对性地反馈其考核结果是至关重要的。绩效考核结果的反馈通过领导与下属之间的有力沟通来实现。这一过程的目的不仅在于指出问题,更在于引导和协助被管理者改善和发展。绩效反馈不仅仅是简单的信息传递,更是双方共同探讨周期性绩效目标的机会。通过积极的对话,员工能够更清晰地了解组织的期望,从而有针对性地调整工作态度和行为。

9.1 周期性绩效反馈

9.1.1 绩效反馈的定义

理论上,绩效反馈的研究可以追溯到20世纪70年代。近年来,学者和管理者对绩效反馈的研究和应用逐渐增多,并在帮助组织改善绩效方面得到了广泛验证。绩效反馈指的是在绩效周期结束时,管理者向下属明确反馈其工作表现,并协助其改进的过程。绩效反馈包括告知信息和指导改正两个核心动作,前者强调直接告知工作现状,后者强调提供客观建议以帮助下属自我复盘和改进。此外,从管理者角色来看,告知信息侧重于教学,而指导改正则为教练;从沟通的特点来看,告知信息是单向沟通,而指导改正是一个双向沟通的过程;从核心功能来看,告知信息主要是在业务上支援员工,而指导改正则更多是对员工内省和精神的支援;从实现的方式来看,告知信息侧重传授专业知识与技能,而指导改正侧重从更高层次或更新颖的视角帮助下属进行复盘,关照、鼓励和表扬下属(如表9-1所示)。

表 9-1 绩效反馈的核心内容

反馈的核心	告知信息	指导改正
管理者角色	教学	教练
沟通的特点	单向沟通	双向沟通
核心的功能	业务支援	内省与精神支援
实现的方式	专业知识与技能传授	基于高层次或新视角帮助下属复盘;关照、鼓励和表扬下属

资料来源:中原淳. 反馈管理[M]. 蓝朔, 译. 北京: 民主与建设出版社, 2020.

绩效反馈可以发生在平时,也可以发生在季度末或者年度末。周期性绩效反馈是指在考核周期结束后,上级对下属提供的反馈,其发生具有时间上的规律性,例如,阿里巴巴会有规律地在每年末和每季度末进行年度和季度的绩效反馈。

9.1.2 绩效反馈的重要性

在绩效反馈中,员工和管理者共同回顾和讨论考核结果。然而,很多组织却未能定期向员工提供绩效反馈,导致员工在职业生涯中大部分时间只能依赖个人或团队的产出信息,而缺乏详尽了解自己的机会。若未将考核结果及时反馈给被考核员工,绩效考核将失去激励、奖惩和培训的功能。因此,有效的绩效反馈在绩效管理中扮演着至关重要的角色。

1. 改善员工表现,提高员工绩效

绩效考核的本质目的在于改进员工的绩效,进而提升组织的绩效,而将绩效考核结果反馈给被管理者本人作为绩效考核的重要环节,在改善员工表现、提高员工绩效方面有着至关重要的作用。如果员工不知道自己工作做得并不好,甚至对有限的业绩沾沾自喜,就不会改变自己的错误做法。在缺少反馈的情况下，员工不能全面、清楚地了解自身工作对组织的贡献以及组织对自己的看法，也就无从将自己的行为朝着有利于组织发展的方向进行修正，进而导致绩效水平不能有效改善。而组织将绩效考核结果具体、及时地反馈给被管理者时，不但能帮助个体调整自我觉知和自我评价，还能提高自我管理水平，带来员工与组织绩效的同步提升。

2. 提供沟通机制，提高关系质量

绩效反馈不仅是信息的单向传递，更是一种双方共同参与的沟通机制。通过开放性的对话，管理者与员工能够建立更为紧密的沟通关系，促进双方对期望、需求和挑战的深入理解。在这个过程中，员工有机会表达对工作、需求以及个人发展的期望，使沟通更为全面和有效。在实践中，成功的企业将绩效反馈视为管理者与员工加强关系的关键手段。通过细致入微的反馈，领导能够更好地指导员工，为其提供明确的方向和支持，同时表达对员工的重视。这种关系强化的沟通机制有助于建立互信，创造积极的工作氛围。在相互理解和尊重的基础上，员工更愿意投入工作、接受挑战，为组织的共同目标而努力奋斗。

3. 对齐组织目标，支持"大"目标实现

绩效反馈有助于确保员工的工作目标与组织的整体目标保持一致。首先，通过及时的反馈，员工能清晰地理解组织对其期望的方向和内容，使个体目标与公司战略目标形成更紧密的链接。这种对齐和链接不仅有助于加强员工对公司愿景和战略目标的认知，还将提高员工对组织"大"目标的认同感。其次，绩效反馈在调整工作重心、支持公司战略目标实现方面发挥了关键作用。通过深入了解员工的绩效表现，管理者可以明确指导员工关注和优先考虑哪些方面，更有效地推动整体战略的实现。这种对齐过程有助于提高员工和组织的后续工作效率，确保个体的努力最大程度地为组织的"大"目标做出贡献。在当前激烈的商业竞争环境中，这种紧密的对齐机制对组织的长期成功至关重要。

4. 促进组织学习与改善，实现员工—组织双赢

绩效反馈在促进组织学习与改进方面发挥着至关重要的作用。绩效反馈是一个双向沟通的过程，不仅为个体提供改善机会，更是组织学习的重要机会。在绩效反馈过程中，管理者可以了解员工对组织，尤其是对绩效考核过程的看法和观点。一方面，绩效反馈通过员工观点和看法为组织提供丰富的信息资源。在与员工进行开放性沟通时，管理者能够汇聚不同层面和角度的反馈，形成更为全面的组织学习视角。另一方面，绩效反馈为组织改进提供实质性支持。深入分析员工反馈，组织能够准确辨别存在的瓶颈、挑战和机会，并采取相应的改进措施。这种持续的学习和改进过程不仅关系到个体绩效的提升，更关系着整个组织的健康发展。

5. 充当组织公正的基石

只知道结果而不知道结果是怎么来的会使员工把组织的绩效考核理解为暗箱操作的过程，降低了被管理者对绩效考核的公平感知。而绩效反馈赋予员工主动参与的权利，使员工不仅能够获知考核结果，还能够表达自己的看法，并有权利了解绩效考核的每一个环节。

同时，通过绩效申诉机制，能够有效地减少考核过程中可能存在的不公正因素所带来的负面影响，对完善绩效管理体系具有积极的促进作用。

9.1.3 绩效反馈的内容

绩效反馈是一个全面的过程，涵盖了多个关键方面，确保员工在绩效考核中得到充分的信息和指导。以下是绩效反馈的主要内容。

1. 工作业绩

主管在面谈中应着重谈论员工在绩效周期内的工作业绩。这包括对完成情况的综合评估，应及时将评估结果反馈给员工。如有异议，主管应与员工一同回顾绩效计划和标准，详细介绍评估的理由。这为员工提供了认知自身表现的机会，同时通过对经验的总结，找出未能有效达成绩效目标的原因，为未来工作的改进奠定基础。

2. 行为表现

除了绩效结果，还需要关注员工的行为表现，包括工作态度和工作能力等方面。这有助于员工更好地发展自己、提高技能，并为职业生涯规划提供支持。

3. 改进措施

绩效考核的目的是改善绩效，因此在面谈中，主管应与员工一同分析未能有效完成绩效计划的原因，并制定具体的改进措施。这有助于在制订下一个绩效计划时避免相同的问题。

4. 新的工作目标

绩效面谈的最后一个环节涉及制定新的工作目标。主管结合上一绩效周期的计划完成情况和员工新的工作任务，与员工共同提出下一绩效周期中的新目标和工作标准。这是协助员工制订新的绩效计划，推动个体和组织共同前进的关键步骤。

5. 员工回顾和反馈

在绩效反馈中，管理者要与员工探讨他们在考核周期内的工作绩效状况，并听取他们对考核结果的看法。管理者通过与员工共同分析问题和原因，制订改进和培训计划，有助于更好地理解员工的视角，提供更精准的支持。

6. 奖惩和期望明确

根据员工的绩效考核结果，告知他们将获得的奖励或惩罚。同时，明确组织对员工的要求和期望，为下一个绩效周期提供建议和支持。

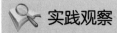
实践观察

惠普的绩效反馈实践

作为一个管理者，应该每年给下属提供一份非常详细完整的绩效考评报告，主要包括：上年度工作任务完成情况；对员工能力的定性分析；下一年度的个人发展计划；员工个人意见。在惠普，公司允许管理者在家里给每一位下属写详细的报告，目的是让管理者集中精力认真完成，同时也能让员工感受到组织对员工的重视。如果公司有 10 名员工，管理者每年就有 10 天时间在家给自己的下属写考评报告。考评报告写完后，管理者需要与每名下属面对面沟通，针对报告中的每句话、每个细节进行解释与说明，让员工明白上级为什么这样写。如果员工对部分内容有不同的看法，可以通过沟通进行修正与调整。在这种评价体系下，管理者对下属有百分之百的话语权。为了防止管理者徇私枉法，组织有一个公开的越级申诉程序，制约管理者滥用职权，这种方式不仅可以约束管理者的权力，也能够为员工提供一个表达自己观点的通道。

资料来源：高建华. 赢在顶层设计：纪念版[M]. 北京：北京联合出版公司，2018.

9.1.4 绩效反馈的类型

积极反馈与消极反馈是最典型的两类绩效反馈类型。无论是积极还是消极反馈都是为了促进下属进步，并最终为组织目标的实现而服务。

1. 积极绩效反馈

当员工顺利完成上一绩效周期的计划，达到组织对其的预期表现时，领导需要给予员工积极反馈。通过积极反馈，员工能够感受到领导对自己工作的认可，以及对自己态度、行为、品质的赏识，进而更加积极地投入到工作中。因此，积极反馈与员工的良好表现往往是一个正循环过程。领导因员工的良好表现给予其积极反馈，而积极反馈又将提高员工的工作积极性，使其更好地工作。这也要求领导不要吝啬对员工的表扬和赞赏，而要对员工的良好表现给予积极评价。领导在进行积极反馈时可以参考百胜集团前 CEO 大卫·诺瓦克和克丽斯塔·布尔格（2017）所提出的"赏识的十大原则"。

原则 1：如果你不在乎他人，他人不会在乎你。在期待得到任何人的关心之前，首先需要表达你对他们的关心。

原则 2：表示你在乎他人的最好方式就是聆听。如果你不愿意花时间聆听或承认他人说的话，那么他们不会相信你真的在关心。此外，你要相信任何人都有自己缺乏的某种东西，所以任何人都值得你去聆听。

原则 3：伟大的想法可以来自任何地方。伟大的想法并不总是来自高层领导或者经验丰富的人。实际上，情况大多恰恰与此相反。但伟大的想法对任何组织的成功而言都至关重要，因此，组织需要寻找并支持伟大的想法。伟大的想法不会因为它的出处而失去其伟大，因此，所有人都值得被视为伟大想法的潜在来源。

原则 4：不管何时何地，赞赏杰出的工作。伟大的领导祝贺他人的想法甚至要比祝贺自己的想法更为频繁，并且他们对他人想法的赞赏和祝贺是即兴、真实、发自内心的。事实上，赞赏越即兴，赞赏的效果就越好。领导不要等到每月一度的会议或者年度的绩效回顾才对员工的工作表示感谢，或者才相信他们的想法。每时每刻都存在认可出色行为的机会,所以,寻找并珍惜这样的机会。

  原则 5:让赏识成为转化成果的催化剂。奖励员工不仅仅是因为他们长时间为公司做贡献,认可某人的原因必须与现实世界中你或者你的组织试图完成的目标和任务有直接联系。对正确的事情加以褒奖,那么更多正确的事情将会发生。如果奖励的目标错误,那么就是在传递错误的关键信息。此外,相信赏识并不意味着你可以对薄弱的表现漠不关心。

  原则 6:让赏识成为一件有趣的事情。如果你创造了所有人都为之一乐的共同体验,而不只是一个人的体验,那么所有人都会想加入到赏识的活动中。

  原则 7:要有针对性。意味着赏识对于你和被赏识的人而言,需要个性化。当你认可某人的贡献时,不能只是颁发典型的证书或者牌匾。在奖品上增添你的个人烙印,使其更有意义、更值得回忆,能为你和身边的人带来乐趣。明确了他人需要做什么来赢取奖励后,确保将你的奖项个性化。

  原则 8:赏识无处不在。人们喜欢因自己出色的工作和身份得到赏识,无关乎年龄、地位和国籍。

  原则 9:给予赏识是一种荣幸。不要认为赏识只是你作为领导或者经理的又一个待办事项。如果方式正确,给予赏识是一种荣幸,它满足人们的灵魂需求,使人感受到其自身的伟大。通过滋润他人的灵魂,你的灵魂也会因此得到满足。赠予者和接受者都能从中受益。

  原则 10:把握好每一次机会说"谢谢你"。英语中最有魔力的两个单词就是"谢谢"和"你",说这两个词不仅简单,而且不花费你一分一文,尽可能多地说出来吧!

2. 消极绩效反馈

  当员工未能达到预期表现时,往往需要领导进行消极的绩效反馈。尽管消极反馈的初衷是帮助员工认识不足,激励员工更加努力地工作,但它更可能带来诸如增强羞愧感、降低自我效能感、导致负面社交情绪、减少知识分享、产生情绪耗竭等不良后果。总体而言,消极的绩效反馈往往具有双刃剑的效果。因此,不同于氛围轻松、不需太多顾忌的积极绩效反馈,消极的绩效反馈有更多的注意事项。

  (1)"用功在平时"。领导要在日常的工作和相处过程中多表现出相对友好、易接近的态度和行为,与员工建立起相互信任的关系。这有助于降低消极绩效反馈的负面效应。

  (2)确保反馈内容的质量。这要求管理者向员工提供负面绩效反馈时,要格外注意反馈内容的质量,是否能真正帮助员工认识不足、改正缺点,重点考虑反馈意见的价值和实用性。只有这样才能让员工有"忠言逆耳利于行"的感受。

  (3)保持平静情绪,避免敌对。一般情况下,员工未达成预期表现,甚至做得不好拖了组织的后腿会让领导感到不快、愤怒。但在绩效反馈互动中,当员工对领导感到敌意时,他们更有可能抵触领导的反馈,即使意识到自己的不对也不愿意配合或是表面言听计从,实质上不愿改正。为了应对这种可能性,组织可以在对领导的培训和开发项目中引入情绪管理培训,帮助他们更好地处理工作中的情绪,也可以致力于创造一个友好和开放的工作氛围,以缓解员工的情绪压力。

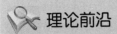
理论前沿

消极反馈一定抑制员工的创造力吗

董念念等（2023）发表在国内顶级心理学期刊《心理学报》上的研究探讨了领导消极反馈对员工创造力的影响。研究发现，高证明目标导向员工面对领导消极反馈时，更有可能反思工作中出现的问题并创造性地改进工作；而高回避目标导向员工面对领导消极反馈时，更有可能在非工作时间持续产生消极情绪体验，进而对创造力产生不利影响。这说明不同员工对领导消极反馈有着差异化反应，领导应辩证地看待消极反馈这一管理工具，有针对性地向员工提供或减少消极反馈。

资料来源：董念念，尹奎，邢璐，等. 领导每日消极反馈对员工创造力的影响机制[J]. 心理学报，2023, 55(5): 831-843.

9.2 周期性绩效反馈的原则

在进行绩效反馈时，遵循一定的原则至关重要，这有助于确保反馈的有效性和积极性，如图9-1所示。

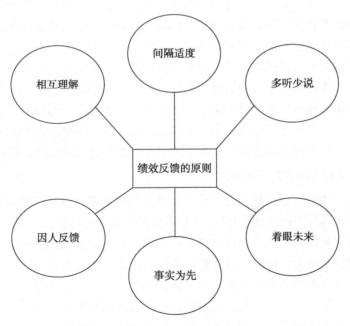

图9-1 绩效反馈的原则

1. 把握绩效反馈节奏，间隔适度

一方面，绩效反馈不宜过于频繁，小事情、小任务的反馈通过正常沟通完成即可。频

繁的绩效反馈不仅会占用领导和员工过多的时间和精力，同时反馈的频率过高可能导致反馈内容变得重复和缺乏新意，从而降低了反馈的价值。员工可能觉得反馈枯燥乏味，失去对其真正价值的认识。另一方面，绩效反馈的周期也不能太长。绩效反馈的有效性在很大程度上取决于员工对评价结果的认同。如果员工对自己的表现和评价结果有较长时间的不确定感，可能会影响到绩效反馈的实际价值。同时，如果绩效反馈周期过长，员工可能错失改进自身表现的机会。他们可能在很长一段时间内无法意识到自己的不足之处，导致问题逐渐累积，最终影响到组织的整体绩效。

2. 把握绩效反馈策略，多听少说

按照二八法则，领导用20%的时间表达自己的看法，而将80%的时间留给员工。在这20%的时间内，提问的技巧至关重要，应强调引导性问题而非过多的主观表达。这种方法的核心理念在于将领导角色从发号施令的管理者转变为更像帮助者的角色。在这一转变中，管理者强调员工的主动参与和自我发现。通过巧妙的提问，管理者能够引导员工深入思考、解决问题，并自主评价工作进展。这种方式建立在员工更清晰地了解本职工作中存在问题的前提之上，从而将管理者角色定位为引导者和促使者，而非单纯的发号施令者。因此，绩效反馈的过程不仅是一种单向传递期望的行为，更是一个共同参与的对话。通过多听少说，领导激发员工的思考和参与度，使其更深度地理解自身的绩效表现。

3. 把握绩效反馈方向，着眼未来

尽管绩效反馈面谈中有很大一部分内容涉及对过去工作绩效的回顾和评估，然而，这并非意味着绩效反馈将焦点完全放在过去。相反，谈论过去的目的在于从过去的事实中提炼对未来发展具有指导意义的经验和教训。在绩效反馈过程中，对过去的回顾是为了更好地塑造未来。仔细分析过去的绩效可以识别出成功的实践和需要改进的领域。这样的深度剖析不仅有助于个体在职业生涯中更好地成长，也为组织提供了指导未来发展的重要信息。此外，强调着眼未来还可以在绩效反馈中注入长期导向的理念。管理者不仅关注当前的工作表现，更关心员工的长远职业规划和发展目标。通过深入了解员工的职业愿景，管理者可以提供更有针对性的建议和支持，使员工的职业生涯与组织的长远目标相契合。

4. 把握绩效反馈内容，事实为先

在进行绩效反馈时，避免使用过于模糊和普适性的表述，而是要强调具体行为。与其简单地说"小王，你的工作态度不好"，不如明确指出员工的具体态度和行为表现。例如，可以详细描述员工在特定项目中展现出的工作态度，具体阐述他们在某个任务上表现出的细节。通过强调具体行为，可以为员工提供清晰的反馈，使其更容易理解在哪些方面取得了成功，以及在哪些方面还有改进的空间。这种具体的反馈不仅有助于建立更有意义的对话，还为员工提供了实际行动方案，以便更好地应对挑战和提升工作表现。总体而言，在绩效反馈中，关注员工的具体行为表现，少说假大空的普适性内容，有助于提高反馈的实用性和针对性。

5. 把握绩效考核对象，因人反馈

在进行绩效反馈时，特别是在给予负面反馈时，需要考虑被管理者的性格特点和所面

临的具体情境。负面反馈应该指向被管理者可控制的行为，而不是那些他们无法左右的因素。在处理负面事件时，要注意选择那些被管理者可以改进的行为进行反馈。如责备员工因为忘记预约客户而导致失去订单是有建设性的，因为这是员工可以控制和改进的行为。然而，责备员工因为每天上班必乘的地铁出了电力故障，这是员工无法左右的情况，不仅毫无意义，还可能导致员工的反感。此外，在提供负面反馈时，尤其要考虑被管理者的性格和情感状态。过于苛刻或毫不留情的反馈可能会让员工感到沮丧和挫败，反而影响绩效的改善。因此，管理者提供的负面反馈不仅要聚焦于可控制的行为，还应该以合适的方式传达，提供建设性的指导，帮助被管理者更好地应对挑战和改进表现。

6. 把握绩效反馈难度，相互理解

在进行绩效反馈时，确保被管理者能够清楚、完整地理解反馈的内容至关重要。有效的沟通不仅仅是信息的传递，还包括接受者对信息的准确理解。领导应采用简单易懂的语言，确保反馈的信息能够被接受者全面、准确地理解。为了提高绩效反馈的有效性，领导需要注意说话的对象和时机。过分的修饰和复杂的措辞可能导致信息传递的混淆，降低反馈的实际效果。因此，言辞要简练，重点突出，以确保被管理者能够迅速理解反馈的要点。一种验证理解的方法是要求被管理者复述反馈的内容。通过这种方式，领导可以了解被管理者是否全面领会了反馈的本意。这不仅有助于消除可能的误解，还为被管理者提供了更深入地思考和讨论反馈的内容的机会。通过精心的沟通，员工能够更好地实现绩效反馈的目标，并促使员工在理解的基础上做出积极的改变。

了解以上原则后，绩效反馈一般还需遵循以下流程。

（1）收集有关员工态度、行为、业绩的资料和数据。绩效计划实施后，组织要深入观察和调查员工的工作情况，尽可能多地收集相关的一手资料和数据，以此作为分析和评估工作情况的依据。

（2）讨论、分析数据和资料，做出客观、公正的评价。在充分掌握资料和数据的基础上，从客观资料和数据中推导出能反映员工工作情况的结论，并进一步将员工的绩效考核结论公正、公平地与相应的奖惩措施进行关联。

（3）将考核结果和奖惩结果反馈给员工。人力资源管理部门或是被管理者的直线管理者就绩效考核结果与员工进行交流，并将评价的结果以正式的书面报告形式提交给员工，作为员工总结反思、继续开展工作的参考。

9.3 发展性绩效面谈

绩效面谈与绩效反馈有所不同，它更加注重促进员工认知和能力的发展，强调员工职业发展的方向。在绩效面谈中，管理者倾向于更深入地探讨员工职业发展的需求和目标，并提供支持和指导，以帮助他们实现个人职业目标。这种面谈通常包括讨论员工的长期职业规划、技能培训需求以及职业发展机会。通过这种面谈，员工不仅能够了解自己的绩效表现，还能够更清晰地看到自己的职业发展方向，从而更有针对性地制订个人发展计划。

9.3.1 绩效面谈的内容

绩效面谈的内容应主要围绕员工上一个绩效周期的工作开展,面谈的内容一般包括工作业绩、行为表现、改进措施和新的目标四个主要方面。

1. 工作业绩

在绩效面谈的过程中,焦点主要聚焦于对员工在上一绩效周期内工作表现的全面评估。绩效面谈的有效性在于能够及时而翔实地向被管理者提供工作绩效的全面反馈。当被管理者对绩效评估结果提出异议时,管理者应耐心解释,确保被管理者对绩效评估形成清晰的共识。此外,通过深入剖析未能有效达成绩效的原因,可以为未来工作提供有针对性的改进方向,为工作奠定坚实基础。

2. 行为表现

在绩效面谈中,行为表现同样至关重要。除了关注绩效结果,管理者必须关注被管理者的行为表现,包括工作态度和工作能力等方面。对工作态度和能力的关注不仅有助于被管理者自我完善,提高个人技能水平,同时也能推动员工更为有效地规划职业生涯发展方向。

3. 改进措施

绩效面谈的另一关键方面是提出绩效不佳的改进措施。若在面谈中被管理者未能有效完成绩效计划,管理者应积极与被管理者合作,共同分析绩效不佳的原因,并制定切实可行的绩效改进方案。通过这一合作过程,不仅能够更好地引导员工改进工作表现,还能够在绩效管理中取得更为积极的效果。

4. 新的目标

最后,在绩效面谈的尾声,管理者应结合上一个绩效周期的绩效计划完成情况以及被管理者新的工作任务,共同制定新的绩效目标和工作标准。这一步骤实际上是协助被管理者制订新的绩效计划,确保员工在下一个绩效周期中有明确的工作方向和目标,为整个绩效管理流程画上圆满的句号。这种系统性的绩效管理流程有助于提高组织整体绩效水平。

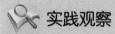 实践观察

阿里巴巴的发展性绩效反馈

在阿里巴巴,每年都会做绩效面谈。这个面谈不是一对一的形式,而是团队一起面谈。阿里巴巴绩效面谈的方式是:团队中每一个人依次单独阐述自己这一年有哪些方面做得好,取得了哪些业绩;哪些方面做得不足,犯过什么错误。一个人讲完后,团队中的其他成员再逐个给他反馈,依次从自己的角度去说这个员工哪里做得不错,哪里做得不对,并给出一个年度总体评价,给打 4 分还是 3.5 分等(满分 5 分)。

这无疑是一个残酷的过程,每个人的不足都要在团队所有人的面前暴露出来。但是

团队每年坚持去做，而且团队的负责人会当着所有人的面告诉员工："小王，你是3.5分，小李，你是3.25分，小张你没有达到我的期望。"这个过程对管理者而言也很有挑战性，但也不能逃避。在阿里巴巴，自省不是方法论，而是行动和机制，用阿里巴巴的"土话"说就是"使我痛苦的必定使我成长"。

资料来源：王建和. 阿里巴巴管理三板斧[M]. 北京：机械工业出版社，2020.

9.3.2 绩效面谈的原则

为了使绩效面谈能够顺利开展，下属能听得进去、愿意做出回应，同时认为面谈涉及的内容是有价值的，管理者可以参考以下绩效面谈原则。

1. 信任是前提

绩效面谈作为一项涉及上下级双方的复杂沟通过程，其成功与否直接关系到达成理解和共识的效果。为确保这一过程的有效性，双方首先需要调整心态，这不仅涉及意愿的表达，更需要在对话中展示出对对方观点的敬重和理解。这可以通过营造一种安全的谈话氛围，鼓励开放性的反馈和建议来实现。

2. 坦诚是保障

在绩效面谈中，鼓励下属充分表达自己的观点和想法至关重要。这不仅有助于建立开放式的沟通氛围，也能激发员工的自信心和参与度。通过鼓励下属说话，领导可以获取更全面的信息，了解员工对工作的认知、挑战和期望。同时，这种积极参与也有助于员工的职业发展，使其更清晰地认识到自己的优势和成长点。

3. 事实是依据

在绩效面谈中，双方可能因存在不同观点而引发争议，因此，管理者应当基于客观的工作数据进行面谈，如使用缺勤、迟到以及生产率等不存在抽象性观点分歧的例子进行面谈，尽量避免因分歧而产生的对立和冲突。作为上级，即使在不得已面对分歧时，也应该站在员工的角度思考，设身处地为其着想，展现出对员工的关切。若领导的观点确有错误，应当坦诚承认，因为在错误面前的坦率认错不仅不失领导威严，反而能够赢得员工的信任。

4. 客观是原则

不要一味夸奖或责怪员工。绩效面谈应当全面审视员工的优点和缺点，避免片面关注其中一方。不能因为员工表现出色或有众多优点而掩盖其存在的缺点，同样也不能因为某员工具有较为明显的缺点而忽视其优势。这一原则体现了管理者在评价员工表现时应持全面、公正的态度，以真实且全面的信息为基础做出决策。

5. 共识是目的

以积极的方式结束面谈不仅是结束谈话的一种礼貌方式，更是激发员工在未来工作中持续改进的动力源。在结束时，领导应总结本次面谈的关键，强调员工取得的成就和展现的优点，提供具体可行的建议。领导以积极的心态引导谈话，能够建立起一种正面的工作氛围，增强员工对绩效评价的接受度。

表 9-2 提供了一份行动清单，每次在进行发展性绩效面谈时，管理者可以提前查阅来指导自己的管理实践。组织也可以借助这一清单来诊断绩效面谈现状。

表 9-2 绩效面谈自查清单

你是否做到了以下方面	是	否
1. 在进行实际面谈之前审阅了员工的职位描述、过去的绩效评价结果、需要达成的目标以及当前的工作标准要求		
2. 为面谈提供充足的时间以及一个私密、亲切、无威胁的环境		
3. 将你的讨论和评论集中于客观的工作信息		
4. 有意识地避免攻击被评价者所做的自我辩护		
5. 以一种不伤及被评价者尊严的方式对其提出批评		
6. 给被评价者充分表达自己想法和感受的机会		
7. 讨论你对被评价者的每一项工作职责履行或目标达成情况给出的评价结果		
8. 鼓励被评价者讲话（比如，用提问的方式重新陈述上一条评论），并且表明你在认真倾听他的讲话（比如，点头等）		
9. 就改进被评价者的绩效所需的培训和开发达成一致		
10. 根据情况讨论在未达到改进目标的情况下，员工可以采取哪些措施		

资料来源：加里·德斯勒. 人力资源管理[M]. 刘昕，译. 北京：中国人民大学出版社，2023.

9.4 绩效面谈的工具与步骤

9.4.1 绩效面谈的工具

管理者在绩效面谈中可以选用相应的工具，通过注意并运用好绩效面谈的技巧，能够使面谈效果更上一层楼。现阶段，常用的绩效面谈技巧是 BEST 法和汉堡法。

1. 汉堡法

管理者在不得不对下属进行较为严厉的批评时，可以考虑采用汉堡法，也称三明治法则。简单地说，就是最上面一层面包如同表扬，中间夹着的馅料如同批评，最下面的一块面包最重要，即要用肯定和支持的话语结束（如图 9-2 所示）。

汉堡法的优势在于通过巧妙的结构，平衡了正面和负面的反馈，使绩效面谈更具建设性和鼓舞力。在绩效面谈实践中，管理者可以按照以下步骤应用汉堡法。

（1）面谈开始时，首先对被管理者的特定成就给予真诚的认可和鼓励。即便员工表现不佳，也要挖掘其值得表扬的优点，避免过于负面的言辞，以营造融洽的气氛。

（2）在表扬后，诚恳地指出被管理者需要改进的具体行为表现。通过结合员工表现和个人特点，提出让员工能够接受的改善要求，注意降低员工的抵触情绪，表达对员工的支持和信心。

（3）面谈结束时，给予肯定和支持。与员工一同制订绩效改进计划，表达对其未来发展的期望，以鼓励员工积极进取。

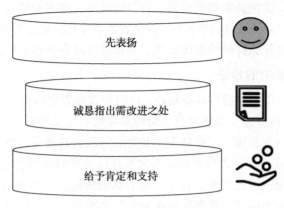

图 9-2　汉堡法示意图

2. BEST 法

BEST 法，即行为描述（Behavior Description）、表达后果（Express Consequence）、征求意见（Solicit Input）、以肯定和支持结束（Talk about Positive Outcomes），又称"刹车"原理，是一种实用性强的绩效面谈技巧。BEST 法通过系统的步骤，将绩效面谈转化为建设性的对话，促进员工自主思考和改进。具体步骤如下。

（1）行为描述：首先，对员工的具体行为进行客观描述，确保双方对问题的认识一致，为后续讨论奠定明确基础。

（2）表达后果：指出问题所在，并清晰描述问题可能带来的后果。这有助于员工理解其行为的影响，为改进提供明确动机。

（3）征求意见：在阐述问题和后果后，"刹车"原理得以应用。管理者适时"刹车"，以聆听者的姿态，征求员工的意见。这种方式有助于激发员工参与讨论，增加其积极性。

（4）以肯定和支持结束：面谈的最后阶段，强调积极的结果。管理者与员工一同制订改进计划，以正面的语境结束面谈，鼓励员工积极努力。

在实际绩效面谈中，汉堡法和 BEST 法可以灵活使用，以更全面、系统地管理员工的表现。首先，可以使用汉堡法的表扬阶段，为员工树立积极的心态。然后，过渡到 BEST 法的行为描述，明确问题并表达后果。在征求意见阶段，可以再次运用汉堡法的支持和信任，以促进员工更积极地参与改进计划的制订。通过这种结合运用，管理者能够更灵活地应对不同情境，使绩效面谈更富有建设性，最终实现员工的综合发展。

9.4.2　绩效面谈的步骤

一场有效的绩效面谈一般包括绩效面谈前的准备工作、绩效面谈中的具体操作、绩效面谈后的处理工作三个大的步骤，每个步骤中又包含具体的操作方式，具体如下。

1. 绩效面谈前的准备工作

（1）管理者应提前确定绩效面谈的时间，同时通知员工本人和第三参与方，并在面谈开始前思考想要通过此次面谈取得的成果、获取的信息、取得的绩效改善等。

（2）员工收到绩效面谈准备的提醒后，应做好准备工作，也要思考通过此次绩效面谈获取什么样的信息、取得什么样的绩效改善等，并携带好准备材料准时到达绩效面谈现场。

2. 绩效面谈过程中的步骤

（1）倾听。首先，员工要进行自我阐述，这时候管理者要以听为主，做到"三分提问、七分倾听"，要抱着支持对方、鼓励对方、协助对方的心态来倾听，不要一上来就挑毛病；其次，管理者要引导对方多说，说得越多，暴露的问题也就越多，改进的空间也越多。

（2）"排毒"。在这一步，管理者要瞄准大家共同发现的问题进行深入剖析，找出背后的真实原因。在"排毒"的过程中，员工一定会感到很痛苦，但是只要他能够克服，就一定会有收获。管理者在为员工"排毒"时也要充分地准备，务必让对方有所收获。

（3）反馈。给员工一个真实的反馈，管理者既要敢于棒喝，又要乐于赞美，还要做到立场坚定，给员工的信息要明确，要让对方知道自己哪里需要改进，应该怎样做。给员工反馈的过程也是"给药"的过程，"药"分为"猛药"和"慢药"，有的员工必须"下猛药"才能帮助他成长，而有的员工则需要"下慢药"，多鼓励、多赞美才能激发他的动力。另外，不同的时机也要下不同的"药"，管理者在"给药"时必须做到心中有数，分清"给药"的对象，把握"给药"的时机，这是绩效面谈实施过程中最重要的一个环节。

3. 绩效面谈后的处理工作

（1）根据访谈情况，领导向员工提出可供选择的改进措施并帮助其做出恰当选择，或引导其对改进措施进行优化完善。

（2）领导结合员工上阶段的表现以及下阶段的工作任务，帮助员工一起制订下一个阶段新的绩效计划，如与员工一同提出下一个绩效周期的工作标准和目标。

（3）明确并列出员工在能力发展和任务目标完成方面需要的支持，面谈结束后开始推进。

9.4.3　绩效面谈的不同策略

在绩效面谈中，管理者应针对不同类型的员工选择不同的面谈策略，才能做到有的放矢，取得良好的反馈效果。一般来讲，可以依据工作业绩和工作态度将员工分为以下四种类型。

1. 贡献型（工作业绩好 + 工作态度好）

贡献型员工有较高的工作积极性和突出的业绩，与其进行绩效面谈一般是比较顺利和愉快的。他们是直线经理创造良好团队业绩的主力军，是最需要维护和保留的。面谈策略应是管理者在充分了解组织激励政策的前提下予以奖励，并对他们提出更具挑战性的目标和更高的要求，促进他们以更积极的态度创造出更高的绩效。

2. 冲锋型（工作业绩好 + 工作态度差）

冲锋型员工的主要不足就是缺乏持之以恒的工作态度和努力的劲头。之所以如此，一方面是员工性格使然，这类员工往往是组织中有脾气、有个性的怪才，人虽然有能力，但常常带着情绪工作，热衷于用批判的眼光看待周围的人和事；另一方面是管理者与员工沟通不畅所致。因此，管理者在与冲锋型员工进行绩效面谈时，要注意从两方面入手，才能管好、用好怪才，激发其最大潜力。首先，不能只看到他的好绩效而忽略他的差态度，否则会放纵他，不利于组织氛围建设及和谐发展；其次，不能只看到他的坏态度而无视他的高能力和好成绩，否则会打压他的工作积极性，使组织损失一员大将。对于冲锋型的下属，一是通过良好的沟通建立信任，了解原因，转变工作态度；二是通过日常工作中的辅导，使其转变工作态度，不要将问题都留到下一次绩效面谈。

3. 安分型（工作业绩差＋工作态度好）

安分型员工往往能够安安稳稳、认认真真地工作，对领导、公司有很高的认同度，但工作业绩不太乐观。对安分型员工，一是以制订具体的、严格的绩效改进计划作为绩效面谈的重点；严格按照绩效考核办法予以考核，不能用态度好代替工作业绩不好，更不能用工作态度掩盖工作业绩。二是在建立绩效改进计划的基础上，引导其学习好方法，向贡献型员工看齐，将好态度转化为好绩效，为组织做更多贡献。

4. 堕落型（工作业绩差＋工作态度差）

堕落型员工往往最令组织和管理者头疼，他们既没有好的态度，也没有好的业绩。对待这一部分令人棘手的员工，首先，应该具体分析，找出真正的"病因"并采取相应措施，切忌不问青红皂白，就认准是员工的过错。这会导致领导意识不到内部问题的存在，并丧失激发、促进员工发展的良机。其次，如果找到原因并给予他们支持后，这部分员工仍不做出改变，甚至想尽一切办法来替自己辩解，应向他们发出警告，重申工作目标，澄清员工对工作成果的看法。

◇ **跨课程知识点链接**

自我防御：人们在面对挫折和焦虑时启动的自我保护机制，它主要通过对现实的歪曲来维持心理平衡。

参考书目：潘清泉. 管理心理学[M]. 武汉：华中科技大学出版社，2020.

除以上策略外，管理者在与员工进行绩效面谈的过程中可能会遇到员工采取防御行为的情况，特别是谈到员工的错误和不足时。当管理者告诉员工他的工作绩效不佳时，员工的第一反应经常是矢口否认。否认就是防御行为最直接的体现，通过否认自己的过错，员工就不需要去质疑自己的素质和能力了。

因此，理解和化解防御心理是一种非常重要的绩效面谈策略。关于这方面的问题，心理学家摩蒂默·弗恩伯格（Mortimer Feinberg）在其《有效管理者心理学》一书中提出了以下建议。

第一，认识到防御行为是相当正常的。

第二，不要攻击一个人的自我防御。不要试图"告诉别人他们是什么样的人"。比如，不应该说这种话："你自己很清楚，你找这种借口的真正原因是你无法忍受别人对你的指责"；相反，应当尽量将面谈内容集中在事实上（比如，"你的销售额有些下降"）。

第三，推迟行动。有时，最好的做法其实就是什么也不做。人们在面对突然出现的威胁时，一种本能的反应往往是将它们隐藏到自己的防御工事后面去。然而，只要有充足的时间去思考，他们还是会采取理智的行动。

第四，认识到自己的局限性。管理者千万不要以为自己没有不懂的事情，所有内容都了如指掌。让下属意识到自身存在问题是一回事，但解决深层次的心理问题却是另外一回事。

编者观点

1. 年底绩效评价完成后，管理者应该就绩效评价表中的每个维度与员工进行逐一的一对一沟通。
2. 绩效反馈中的告知信息与职业发展性建议最好分开，以免混淆不同类型反馈的预期效果。
3. 积极的绩效反馈应该具有多样性，无论哪一种，最重要的是体现管理者的用心。
4. 消极的绩效反馈与员工激励之间没有必然联系，关键看员工对领导的消极反馈是如何归因的。

本章小结

绩效反馈是一个双向的动态过程，是一种特殊形式的沟通，由反馈源、传送的反馈信息、反馈接受者三部分构成。但相较于常规和更具日常性的绩效沟通而言，绩效反馈的周期性和总结性更强，往往在上一个绩效周期结束时进行，涵盖了有关反馈接受者的具体信息。

绩效反馈在改善员工表现，对齐员工与组织目标，促进组织学习与改善，增强管理者—员工关系质量，保障考核公平公正方面具有重要作用。

绩效反馈的内容包括工作业绩、行为表现、改进措施分析、新工作目标、员工回顾和反馈、奖惩和期望明确。

绩效反馈可分为积极和消极反馈两类。管理者要善用赏识，发挥赏识的力量，提高员工工作积极性和绩效。同时，也要掌握消极反馈的原则，如确保反馈内容的质量、保持情绪平静等。

绩效反馈要遵循以下原则：把握绩效反馈节奏，间隔适度；把握绩效反馈策略，多听少说；把握绩效反馈方向，着眼未来；把握绩效反馈内容，事实为先；把握绩效考核对象，因人反馈；把握绩效反馈难度，相互理解。一般遵循以下三项流程：收集有关员工态度、行为、业绩的资料和数据；讨论、分析数据和资料，做出客观、公正的评价；将考核结果和奖惩结果反馈给员工。

绩效面谈是指管理者要遵循信任是前提、坦诚是保障、事实是对象、客观是原则、共识是目的等原则。

管理者要根据不同类型的员工采取差异化的绩效面谈策略，同时灵活地选用 BEST 法或者汉堡法等绩效面谈技巧。

复习思考题

1. 绩效反馈的含义是什么？有何重要作用？
2. 绩效反馈的内容包括哪些？类型有哪些？
3. 绩效反馈要遵循哪些原则？
4. 绩效面谈的原则和技巧有哪些？

拓展阅读

[1] 梁肖梅, 汪秀琼, 叶广宇, 等. 绩效反馈理论述评：知识框架与研究展望[J]. 南开管理评论, 2023, 26(3): 197-212.
[2] 约翰·惠特默. 像教练一样做绩效面谈，拥有高绩效下属[EB/OL]. (2021-08-31)[2024-04-15]. https://mp.weixin.qq.com/s/0fYyuVK0m9nIlQiddZhSEQ.
[3] 黛博拉·格雷森·里格尔. 三个故事告诉管理者，为什么要多给员工反馈？[EB/OL]. (2019-09-02)[2024-04-15]. https://mp.weixin.qq.com/s/f0ACoG41SK2CVejQobfKWA.

应用案例

绩效面谈中小王的困惑

（下班前五分钟，客服经理王明准备离开。这时，总经理吴总走了进来。）

吴总：小王，你现在有空吗？到我办公室来，谈谈你的考核结果。尽量快点过来吧，我今晚有个应酬，我们抓紧时间谈一谈。

王明（紧张地）：好的，吴总，我这就来。

（总经理办公室，办公桌上堆积着大量文件。王明心神不宁地在吴总对面坐下。）

吴总：小王，绩效考核结果你已经看到了……

（电话铃响起，吴总拿起电话："喂，哪位？啊，李总啊，几点开始？好，一定！……"）

吴总（通话用了五分钟。放下电话，笑容满面的脸重新变得严肃起来）：刚才我们谈到哪里了？

王明：谈到绩效考核结果，吴总。

吴总：哦，对对。总体来说，你的工作做得还行，有些成绩值得肯定。但是，成绩只能说还算过得去，我就不多说了。今天我们主要说不足，看看以后怎么做得更好。小王，虽然你完成了指标，但在与同事相处、沟通和保持客户关系方面还存在一些欠缺，需要加以改进。

王明：嗯……您说的"与同事相处、沟通和保持客户关系方面还存在一些欠缺"具体指的是什么？

（电话再次响起，吴总接起电话："啊，李总啊，改成六点啦？哈哈哈，好，没问题。"吴总放下电话。）

吴总：小王，员工应该为领导分忧，但你似乎并未做到这一点，反而给我添了不少麻烦！

王明：我今年的工作指标都已经完成了，但考核结果……

吴总：考核结果怎么了？王明，别看我们公司人多，但每个人的工作表现、为人处世我都心里有数。

王明（委屈地）：我觉得您可能对我有些误会，是不是因为在上次销售报告会议上我的提议与李部长发生冲突，弄得很不愉快……

吴总：你不要胡思乱想。你看看丽丽，她是怎么处理同事关系的？

王明（心想：怨不得她的各项考核结果都比我好）：吴总，丽丽是个老好人，自然人缘好；但我是个业务型的人，比较踏实肯干，不想在人际关系上花太多时间，难免有时候得罪一些人……

吴总：好啦好啦小王，李总又该催我了，今天就到这里吧。年轻人，要多学习，多思考！

王明（依然一头雾水）：好，吴总，您先忙……

吴总陪客人吃饭去了，留下王明一个人愣在那里。

资料来源：程延园. 绩效管理经典案例解析与操作实务全书（上）[M]. 北京：中国经济出版社，2016.

思考题： 阅读上述案例，结合所学知识，思考吴总与王明的面谈是否有效？如果你是王明/吴总，你会怎么做？

即测即练

自学自测　扫描此码

第10章 绩效考核结果的应用

"我们强调要创造高绩效的企业文化,要把绩效管理上升到战略高度去。绩效考核的目的不是裁员,而是为了通过考核把大家放到合适的岗位上,保证每个人的能力能够实现绩效目标,通过个人绩效目标实现完成公司总体目标。"

——华为技术有限公司创始人 任正非

学完本章后,你应该能够:
1. 阐释人才管理九宫格的定义、作用以及主要的内容。
2. 了解进行绩效考核结果应用时需要遵循哪些原则。
3. 描述绩效考核结果在组织中有哪些具体的应用。
4. 解释绩效考核结果如何应用于薪资调整、招聘及员工的培训、职业发展和关系管理。
5. 说明在绩效考核结果应用中可能出现的问题有哪些。

C汽车零配件公司新产品导入团队绩效管理的困惑

2018年随着C汽车零配件公司(以下简称C公司)新产品导入团队在公司的重要性日益提升,团队工作量大幅上升。为了提升团队的效率,C公司在团队中开始尝试绩效管理。当前团队绩效管理流程分4个阶段:绩效计划、绩效跟踪、绩效评价、绩效反馈。其中,在绩效计划阶段完成了绩效指标和绩效计划活动;在绩效反馈阶段完成了绩效反馈与绩效结果的运用。

关于绩效结果的运用,C公司基于员工的绩效结果,制定了相关的激励措施,主要有以下几个方面。①绩效奖金:奖金核算按照员工实际绩效指标完成比率来计算年终奖金;②薪资调整:基于员工的绩效完成水平和企业年度调薪预算,人力资源部门推荐不同绩效水平的年度薪水调整区间(一般在3%~8%),用于团队管理人员完成员工的薪资调整规划;③晋升计划:公司有两个职业发展通道——管理通道和专家通道,每个通道都有不同级别界定和晋升标准,根据员工绩效水平和发展潜力评价结果,对员工进行晋升;④培养计划:由主管根据员工的绩效考核结果和平时的工作表现,将培训建议提交人力资源部,由人力资源部和上级主管确认哪些员工参加哪些培训项目。对于组织中绩效考核结果不同的员工,以上措施具体该如何操作才能发挥应有的效用,团队中产生了困惑。

10.1 绩效考核结果应用的工具

京东、阿里、美团等各个大厂，在疫情期间相继开启了裁员行动。然而，裁员情况五花八门，几乎涉及所有岗位，不管员工绩效是否合格、是否为核心员工、所处的业务线是否盈利，都有可能被裁。在这一过程中，也出现过很多匪夷所思的裁人选择，把绩效为 A 的员工裁掉，反而把绩效为 C 的员工留下，把晋升、获奖的裁掉，反而把绩效差的留下。面对这些"诡异"现状，需要从公司体系、团队管理等层面探索大厂裁员到底是如何操作的，以及如何确定谁要被裁掉的真相。这就用到了绩效考核结果应用的工具——人才管理九宫格。

10.1.1 人才管理九宫格的定义及作用

人才管理九宫格是一种用于评估和管理员工绩效和潜力的工具。通常情况下，这个九宫格通过潜力和绩效两个维度将员工划分为九个类别，例如，高潜力高绩效（即有潜力且表现优秀）、高绩效低潜力（表现优秀但未来潜力有限）和低绩效低潜力（表现平平且未来潜力有限）的员工。绩效维度主要考察员工在目前岗位上的表现和工作成果。这包括员工的工作业绩、完成任务的质量和数量、达成的目标，以及对工作职责的履行情况等。绩效评估可以帮助管理者了解员工在目前岗位上的实际表现，评价其工作能力和工作态度。潜力维度主要考察员工未来发展的潜力和可能性。这包括员工的学习能力、发展潜力、适应能力、领导能力、创新能力等方面。潜力评估可以帮助管理者预测员工未来在组织中的发展空间和可能的成长方向，为员工的晋升（Promotion）和职业发展（Career Development）提供指导和支持。

在绩效考核阶段，员工会首先完成自评和 360 度环评，然后初步填写九宫格，并在盘点会上进行阐述。盘点会的内容主要由被盘点人的直接上级陈述评价，然后由参与人进行校准，列席人和观摩人听取会议结果。这些结果将被输出为正式的人才九宫格。常听到的"绩优""高"等结果就是由此产生的，大多数公司都使用类似的工具。

这种分类有助于企业更好地了解员工的表现和潜力，并有针对性地制订培训、晋升或其他发展计划。通过使用人才管理九宫格，企业可以更有效地管理员工，帮助其实现个人和组织的目标。接下来我们具体了解人才管理九宫格如何划分员工的类型以及针对不同类型员工制定的策略。

10.1.2 人才管理九宫格的具体内容

人才管理九宫格应用范围广泛，企业通常在分析人才评估和发展规划、绩效管理、人才选拔和晋升、员工培训和发展等相关政策的制定中使用。关于本节开篇提到的京东、阿里、美团等各个大厂在疫情期间的裁员行动，人才管理九宫格也可以为其提供裁员的逻辑框架。例如，图 10-1 所示的腾讯的人才盘点九宫格（简化后），该九宫格以绩效、潜力为两个坐标轴,把员工分成了九类,被盘点员工会属于其中某一类。从员工角度来看,不同类别会获得不同的对待。

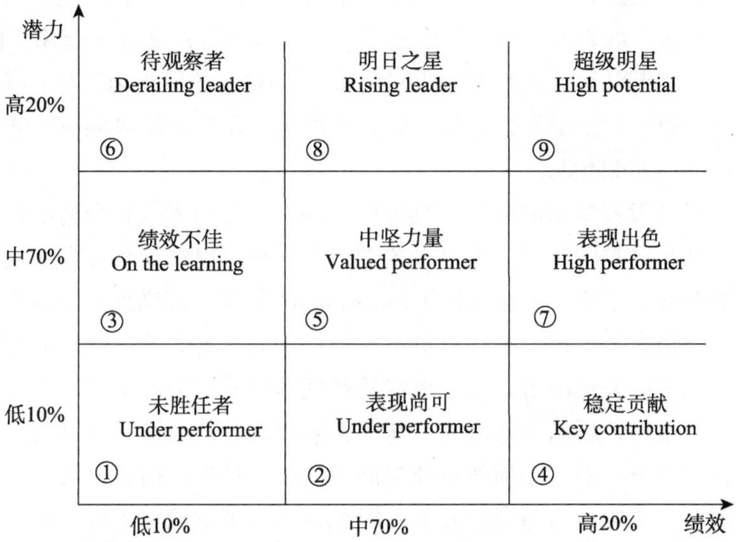

	低10%	中70%	高20%
高20%(潜力)	待观察者 Derailing leader ⑥	明日之星 Rising leader ⑧	超级明星 High potential ⑨
中70%	绩效不佳 On the learning ③	中坚力量 Valued performer ⑤	表现出色 High performer ⑦
低10%	未胜任者 Under performer ①	表现尚可 Under performer ②	稳定贡献 Key contribution ④

图 10-1 腾讯人才盘点九宫格

①号员工是绩效、潜力都不满足要求的员工,将会被淘汰,需尽快剥离出组织。⑤号员工是两项都满足工作要求的正常表现员工,应重点开发、培训,转化为明日之星;⑨号员工是两项都表现突出的超级优秀员工,应设计多种快速提升、轮换方式,确保薪资足够丰厚,比如,有一些优秀的管培生会分布在此,他们将被大胆提拔,激励无上限。

②③号员工是"差距员工",是指只有其中一项基本满足要求,另一项不满足要求的员工,其后续管理动作是观察一段时间后再进行调整,包括调离重要岗位、降职或者淘汰。对于③号员工,应警告,明确改进要求,无迅速改进者应剥离出组织或降级;对于②号员工应保持原地原级,减少管理职责,也可考虑将其剥离出组织。

④⑥号员工是"考察员工",是指一项突出另一项不满足工作要求的员工。④号员工被认为有潜力但是没有机会发挥出来,所以建议保持原地原级,给予认可,可用平移等方法来保持工作的积极性,给出机会观察;⑥号员工,短期对公司有贡献,但是长远来看有隐患,应警告,明确改进要求,评估是否其他工作或环境更加适合,可考虑调离重要岗位。

⑦⑧号员工即统称的"高潜人才""有突出优势",是指一项突出,另一项满足要求的员工。他们是重点培养对象,可进行晋升、奖金、股权方面的激励倾斜。⑦号可以给予能促进其发展的岗位或职责,确保薪酬竞争力;⑧号可谨慎规划下个岗位,多给予指导,确保薪酬竞争力。

需要注意的一点是,虽然根据绩效和能力对员工进行了类型划分,但并不意味着对所有员工都采取同样的对待策略,有一类员工需要额外关注,那就是组织中的干部员工。干部员工在组织中占有重要的位置。因此,其退出需要采取不同机制,对待这些为组织做出更大贡献和付出的员工,退出机制应更加富有人情味。

干部退出机制是指在组织中对干部进行管理和调整的一种制度。它旨在保证组织中的干部队伍的优化和有效运作,确保干部队伍的活力和发展。干部退出机制通常包括以下几个方面。①辅业分流:如果没有辅业可以创造,不赔钱就行;②提前退休:例如,2004年开始,凡华为工龄8年以上,年龄45岁以上,达到一定职位可提前退休;③角色转换:权力从实向虚——例如,设立董事会成员、顾问委员会、业务专家等职位;④内部创业:例如,OPPO强大的经销商团队。

总而言之,绩效考核结果的应用工具需要达到将合适的人放在合适的位置上,实现对员工进行科学评估与分类的目的。通过人才管理九宫格可以帮助管理者做出更明智的人员调配决策,包括晋升、降职、工作轮换(Job Rotation)等,以确保每个员工都能在最适合自己的岗位上发挥最大的价值。在进行员工绩效评价时,人力资源部门应同时考虑员工当前的工作表现和未来的发展潜力。对于那些绩效优秀且有潜力的员工,可以通过晋升为其提供更广阔的发展空间,以激发其潜能,从而获得更出色的业绩,并且通过有吸引力的薪酬将这类员工留在组织。而对于绩效不佳但能力尚可的员工,需要仔细分析其表现不佳的原因。如果是因为员工的能力与岗位要求不匹配,可以考虑调整工作安排,给予员工发挥优势的空间,从而提高绩效;如果是员工个人原因导致工作不积极,可以考虑采取解雇(Dismissal)措施。如果是工作表现与未来潜力评估都不佳的员工,可考虑将其移出组织。然而,在解雇员工时,人力资源部门必须慎重考虑,深入分析绩效不佳的具体原因,以避免不必要的损失。对于干部员工,应采取更有人情味的退出机制。此外,企业淘汰员工的比例也不应过大。

理论前沿

新世纪企业管理者的潜力有哪些

组织在决定晋升或者辞退员工时,除绩效好坏外,另一个重要的参考维度就是潜力。在风云变幻的今天,潜力已然成为培养和发展复合型人才和适应复杂多变环境的重要能力,比智力、经验和能力都重要。不同组织对潜力的理解不同,有的组织将潜力理解为价值观匹配,有的组织理解为能力。根据亿康先达国际咨询公司高级咨询师克劳迪奥·费尔南德斯-阿劳斯的调查,具有高潜力的管理者体现为正确的动机、好奇心、洞见、参与和决心。其中正确的动机是指以强烈责任感和高投入去追求一个大公无私的目标;好奇心是指渴望获得新体验、新知识以及别人的反馈,以开放心态学习和改进;洞见是指收集并准确理解新信息的能力;参与是指善于运用感情和逻辑进行沟通,并说服他人与之建立联系;决心是指面对挫折与逆境时依旧为实现目标而不懈努力。

资料来源:克劳迪奥·费尔南德斯-阿劳斯. 潜力:21世纪英才新标准[J]. 哈佛商业评论,2022(12).

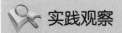 **实践观察**

阿里巴巴原文化布道官王建和：赏明星，杀白兔，野狗要示众

阿里巴巴有一套"双轨制绩效考核"，就是从业绩和价值观两个维度进行考核，两个维度的考核指标各占50%，根据这一标准来开除人和用人。这一考核制度将员工分为四类：小白兔、野狗、明星、狗和牛。"小白兔"式员工是指与企业价值观匹配，但业绩不好的员工。其危害在于占用资源，没有成果；影响团队士气；不利于引进优秀人才，阻碍团队建设。管理者可以采取直接开除或者"激励+开除"的方式进行处理。最好的处理方式是通过"制度+文化"，从内部激活"小白兔"式员工，让员工自发产生实现公司目标的驱动力。比如，调岗。但如果调岗后，"小白兔"式员工还是没有任何突破，那么管理者就要果断开除他了。"野狗"式员工与"小白兔"式员工相反，属于价值观不好但业绩好的员工。这类员工很可能在利用公司的资源得到成长后反咬一口，这类员工的能力往往比较强，或者有很大的潜力，但是他没有契约精神与团队精神，总是将自己的利益放在第一位。这类员工只能短期任用，时间一长就会削弱制度的约束作用，降低管理者的威信力，让团队变成一盘散沙。阿里巴巴的做法是直接开除。马云也明确表示对于"野狗"式员工，无论其业绩多么优秀、多么舍不得，都要坚决清除。

处于中间地带的就是"牛"式员工。对于这一类员工，管理者要加强培训和激励，在稳定公司人心作用的同时，发挥他们的最大效能。管理者在管理这些员工时，要花一些时间去了解他们的想法和建议，让他们感受到管理者的关心与重视，从而帮助其找到存在感，并认可自身的价值。"牛"式员工非常容易得到满足，给他们的发展提供一个可持续的、清晰的、长远的规划，甚至不用发挥奖励机制的作用，就可以让他们任劳任怨地工作，无怨无悔地付出。

管理者除了要正确划分"牛"式员工的类型外，还要关注他们的心理诉求，这样才能用感情拴住他们的心，从而更好地管理他们，让他们在岗位上充分地发光发热。

"明星"式员工，顾名思义，就是业绩好、价值观也好的员工。"明星"式员工其实相当于员工模范，他们可以引导团队成员分享有价值的知识与信息，为其他团队成员提高工作效率、提升工作能力提供巨大帮助。除此之外，"明星"式员工在工作时还会不经意地传播正能量，这有利于传递企业的价值观，推动企业文化的建设与发展。对于"明星"式员工，管理者当然是要想办法留住。阿里巴巴的做法是在物质上慷慨奖励，在精神上给予荣誉。物质奖励留得住人，精神荣誉留得住心。

除了上述四种员工，还有一种"狗"式员工，也就是业绩和价值观都不达标的员工，对于这样的员工，没有什么可说的，毫不犹豫地开除。以上就是阿里巴巴"双轨制绩效考核"中五种员工的处理方式，一句话来总结就是："赏明星，杀白兔，野狗要示众。"

资料来源：王建和. 阿里巴巴管理三板斧[M]. 北京：机械工业出版社，2020.

10.2 绩效考核结果应用的原则

绩效考核结果的应用需要遵循一定的原则。只有遵循这些原则，绩效考核结果的应用才可以更加科学、合理和有效，从而增强员工的工作动力和归属感，有利于营造积极的工作氛围，更好地促进员工的发展和组织的整体绩效提升。进行绩效考核结果的应用时一般应遵循以下几个原则。

1. 与组织战略和目标保持一致

绩效考核结果的应用应该与组织的长期目标和战略保持一致，以确保员工的表现与组织的目标相符。一方面，评估指标和标准必须直接反映组织的目标，并且员工的工作表现应该通过这些目标来衡量。只有如此，绩效考核结果的应用才能有真正用武之地。如果一个公司的战略是提高客户满意度，那么这个公司的绩效评估指标应该包括客户满意度的数据，以确保员工在这方面的表现得到评估。运用这一绩效考核结果，那些能提高客户满意度的员工得到了更好的薪资和职业发展等，为员工提供了提升能力的方向。另一方面，在应用时也要考虑公司的业务转型与发展需要，但这也会成为部分员工即便绩效评价是 A 也会被公司优化的重要原因。

2. 确保结果的公平性和可靠性

绩效考核的结果必须是公平和可靠的，这是应用结果的前提。公正性意味着员工的绩效评估应该基于客观标准而不是主观偏见。可靠性意味着测量工具和考核过程必须是可重复的，以便获得一致和准确的绩效评估结果。因此，考核过程必须透明，考核标准必须清晰和公正，且测量工具必须可靠，以使员工满意绩效考核结果。企业在根据这一绩效考核结果进行相关应用时，员工能接受和服从，从而更好地发挥出企业决策的效果，营造出公平的工作氛围。

3. 促进员工与企业共同成长和发展

这一原则强调了员工在绩效考核中的参与度和考核结果反馈的重要性。员工应该理解评估标准和指标，并有机会提供反馈和讨论他们的绩效结果，才能更好地了解应用绩效考核结果所要达到的目的，清楚自己的努力方向和改进工作的具体做法，从而促进自身的发展。此外，管理者在进行绩效结果应用时，要注意考虑员工所在的各级组织的绩效，增强全局和集体观念，增强他们对绩效评估和评估后结果应用过程的认同感，从而提高绩效管理的有效性。为了使员工意识到个体的高绩效与企业的高绩效紧密相关，个人应在企业的发展中成长。

4. 与奖励和激励机制相结合

这一原则强调了绩效考核结果应用与激励机制的联系。员工应该得到与他们的表现相匹配的奖励和认可，以激励他们在未来继续表现出色。这种奖励和认可可以是经济奖励，如加薪或奖金，也可以是非经济奖励，如表彰和晋升。绩效评估结果应该作为奖励和激励决策的基础，调动员工工作的积极性，进而实现企业整体的组织目标。

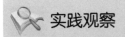 **实践观察**

"挣钱"难，"分钱"也不容易

　　绩效考核结果应用阶段，组织需要通过确定考核结果、开展经营检讨和实施绩效奖惩等方式激励组织成员创造更佳业绩。但实践中，绩效考核结果的应用价值经常得不到充分发挥。

　　很多组织选择强制分布的方式确定绩效考核等级，强制分布的本意是要传递市场压力，激活内部人才，但在应用时经常跑偏。管理者在评定下属考核等级时，即使下属的表现让他恼火，也不愿意将下属评为较差的等次；在确定谁应该被评为优秀等次时，管理者也顾虑重重，担心总给某个人优秀会影响团队士气，或者其他人会排挤总是优秀的同事。最终管理者可能会选择"和稀泥"，强制分布变成"轮流坐庄"，拉开差距变成"大锅饭"。

　　经营检讨是组织发现、分析和解决问题的重要工具，但由于管理者害怕承担失败的责任，很多组织的经营检讨会议根本达不到预期的效果。此外，也存在组织找到了问题根源，但未能提出有效改进措施，或会议决议无人跟进，改进措施无法落实的情况。在绩效奖惩时，组织也倾向于"罚大于奖"，因此组织提出要开展绩效考核时，组织成员都认为是要扣奖金了，因此组织内人人自危，士气低下。

　　此外，绩效管理不是一个独立的系统，它必须与组织的人员调整、薪酬激励、培训开发等政策有效结合，才能充分发挥绩效考核结果的应用价值。但在真正结合时组织又会面临一些难题，如管理职位有限，组织成员的上升通道难以打开，即使组织建立了专业发展通道，薪酬总额的限制也在无形中设置了晋升的天花板。薪酬总额限制还带来了激励的矛盾，因资源有限，普涨很难拉开差距，打击了优秀人员的积极性；向优秀人员倾斜能够拉开差距，但打击了更广大组织成员的积极性。所以，在组织未建立绩效导向文化时，如何应用绩效考核结果激励组织成员持续提升业绩也成为管理者较为头疼的问题。

　　资料来源：潘鹏飞. 为何你的绩效管理总是以失败告终？(4大误区及8个失败成因)[EB/OL]. (2023-03-20) [2024-03-26]. https://mp.weixin.qq.com/s/Fi1Pr6vW8CwMfDd6Fx-RXw.

10.3　绩效考核结果的具体应用

　　绩效管理作为人力资源管理（Human Resources Management）中的一个重要环节，绩效考核的成功与否关键在于其结果能否被有效应用，而这将影响到整个人力资源管理系统。因此，我们必须把它纳入人力资源管理的整个系统中。只有与人力资源管理的其他模块有机对接，绩效管理才能对员工的工作行为产生有效的牵引与激励作用。此外，当员工感受到业绩水平与个人利益密切相关时，他们会更加努力地规范和调整自己的工作行为，以提高工作绩效，从而实现组织的目标。绩效结果的应用范围包括薪资调整、招募与甄选、员工培训、员工职业发展、员工关系管理等方面，如图10-2所示。这一节将具体进行阐述。

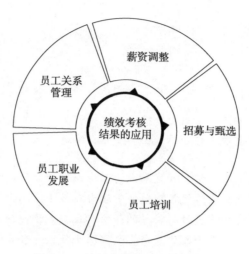

图 10-2　绩效考核结果的具体应用

资料来源：王怀明. 绩效管理：理论、体系与流程[M]. 北京：北京大学出版社，2022.

> ✧ **跨课程知识点链接**
>
> **人力资源管理系统**：一个组织内部的一套完整的管理机制和流程，旨在有效地管理和优化员工的招聘、培训、绩效评估、薪酬福利、员工关系等方面的工作。
>
> **参考书目**：董克用，李超平. 人力资源管理概论[M]. 北京：中国人民大学出版社，2019.

10.3.1　基于绩效考核结果的薪资调整

企业追求员工具有个人薪酬（Employee Compensation）公平感，而实现这一目标的最佳方式是绩效薪酬。绩效考评结果为薪酬管理提供了客观依据，体现了按劳分配、多劳多得的原则，能够使员工感到公平和合理，同时也能有效地激发员工的工作积极性。举例来说，对于工作表现突出的员工，可以通过适当增加其工资和奖金，使他们感受到认可，从而更好地发挥个人价值，为企业创造更大的效益。可以说，员工的绩效直接影响组织的效益，而组织的效益也决定了员工的薪资调整。因此，绩效考评结果应用于薪酬福利管理，二者相互影响，相辅相成。

1. 基于绩效考核结果进行薪资调整的注意事项

如何进行薪资调整，也就是"分好钱"，不是一个简单的问题。很多企业面临这样的困境：不分钱时，大家相安无事；一旦分钱，问题层出不穷。此外，如果企业不愿意分钱，员工可能会离开；但如果企业很愿意分钱，分到大家都满意，这时激励就变成了福利，也就失去了激励效果，千里马也会变肥猪。面对这样的现实，想要分好钱，做好员工的薪资调整不容易，需要注意诸多事项。

现代管理强调薪酬分配必须同时考虑公平和效率的原则，绩效评价的结果可以为薪酬分配提供可靠的依据。这意味着必须对每位员工的工作成果进行评估和测量，然后根据其劳动贡献进行相应的薪酬支付。即在进行薪酬分配和薪资调整时，应根据员工的绩效表现，将考核结果与薪酬奖励挂钩，确保不同绩效对应不同的待遇。合理的薪酬既是对员工努力工作的认可，也可以起到激励作用，形成积极进取的组织氛围。

2. 基于绩效考核结果进行薪资调整的影响因素

绩效考核结果在薪酬管理中的应用主要涉及两个方面：绩效调薪（Merit Pay）与绩效奖金（Lump Sum Merit pay）。不同公司采用的薪酬体系可能存在差异，但基本可分为固定部分和动态部分。固定部分包括岗位工资、级别工资等，决定了员工薪酬中的固定金额。而绩效决定了薪酬中的浮动部分，如绩效工资、奖金等。绩效调薪主要是根据绩效调整员工固定部分的薪酬，调整时主要考虑的因素包括宽带位置、薪资水平和员工能力发展。绩效调薪的宽带薪酬（Broadbanding）指的是在进行绩效评估和调薪时所设定的不同薪资水平范围。通常情况下，公司会根据员工的绩效表现来确定其所在的薪资档位，这些档位可以根据员工表现不同而有所区别。宽带位置的设定可以让公司在调薪时更加灵活，根据员工的表现和市场情况来确定薪资调整的幅度，以更好地激励和奖励高绩效的员工，并确保薪酬公平和富有竞争力。

如表10-1所示的绩效考核和薪酬设定的流程。简单来说，员工的绩效等级是基于连续几年的绩效考核结果进行综合评定，然后将绩效状况分为优秀、中等和合格三个等级。在薪酬带宽的位置内设置了参考值，以25百分位、50百分位和75百分位作为参考。将员工的薪酬水平与市场上同等的员工相比较，从而确定加薪比例。加薪比例是指员工根据其绩效等级以及市场薪酬水平的参考值，确定薪资调整的幅度。通常来说，优秀表现的员工可能会获得更高的加薪比例，而表现一般或者不佳的员工则可能获得较低的加薪比例甚至没有加薪。例如，25百分位是指员工的薪酬水平比市场上同等的其他员工中25%的人高。如果员工绩效等级为"优秀"，且薪酬水平处于50百分位与75百分位之间，那么，他的加薪比例就是11%~12%。上述操作在企业采用宽带薪酬时更适用。

表 10-1　某公司基于绩效的加薪比例

绩效等级	市场薪酬百分位			
	<25%	25%~50%	50%~75%	>75%
优秀	13%~15%	12%~13%	11%~12%	10%~11%
中等	11%~12%	10%~11%	9%~10%	8%~9%
合格	9%~10%	8%~9%	7%~8%	6%~7%

资料来源：刘秀英. 绩效管理[M]. 杭州：浙江大学出版社，2017.

此外，很多企业除了考核员工绩效等级之外，还注重其能力的发展。考核等级存在运气的成分，业绩也有可能是各种原因导致的结果。因此在考虑绩效结果的同时还要关注员工能力的发展。

一个很重要的问题在于能力的评价是抽象的。企业需要对员工的能力进行等级划分，即构建任职资格体系。然而，企业面临的困难就在于无法判断员工的能力是否实现了表10-2所示的从1等到2等的跨越，在实际运营过程中，能力认证体系的制定是存在难度的。

表 10-2　基于能力的工资调整矩阵表

	能力提升2等	能力提升1等	未提升
绩效等级 A（5%）	上调 6%～9%	上调 3%～6%	上调 3%
绩效等级 B（20%）	上调 3%～6%		
绩效等级 C（40%）		上调 0～3%	不变
绩效等级 D（30%）	上调 0～3%		不变
绩效等级 E（5%）	合并岗位或解聘		

绩效考评结果在薪酬管理中应用涉及的第二个方面是绩效奖金。绩效奖金是根据员工在工作中的绩效表现而发放的一种奖金。它是公司用来激励员工、奖励优秀表现并促进员工提高工作绩效的一种管理制度。绩效奖金的计算通常基于员工的奖金总额和一定的奖金系数（奖金比例）来确定。具体的计算公式可能因公司而异，但通常包括以下因素：

员工实际得到的奖金 = 奖金总额 × 奖金系数

奖金系数：员工的奖金系数是决定绩效奖金的重要因素，通常根据绩效评级来确定。评级分为几个等级，例如，"A""B""C"等，不同等级对应不同的奖金比例。

奖金总额：绩效奖金的计算基于奖金总额，奖金总额的确定没有统一的标准，可能基于员工的基本工资，通过将基本工资乘以奖金比例来确定实际奖金数额。例如，一个公司的绩效奖金计算公式可能是：绩效奖金 = 基本工资 × 绩效评级对应的奖金比例。

绩效奖金和绩效加薪的不同之处在于，企业支付给员工的绩效奖金不会自动累计到员工的基本工资之中，员工如果想再次获得同样的奖励，就必须像以前那样努力工作，以获得较高的评价分数。由于绩效奖金制度和企业的绩效考核周期密切相关，所以这种制度在奖励员工方面有一定的局限性，缺乏灵活性，而当企业需要对那些在某方面特别优秀的员工进行奖励时，特殊绩效奖金认可计划就是一种较好的选择。

特殊绩效奖金认可计划是一种有效的激励机制，是一种企业为了激励员工，对其在特定项目或任务中取得的优异绩效给予额外奖金的计划。与绩效加薪和绩效奖金不同，该计划具有较高的灵活性和个性化，既可以是物质激励，也可以是颁发荣誉证书或者口头表扬等精神激励，对在某一重要项目或关键业绩中表现突出的员工给予奖励激励。比如，某集团公司市场营销部职员A根据自己多年营销的经验，在某次市场调研中嗅到了产品销售的时机，为此她自发为新产品设计了一套独特的市场营销方案，通过该方案，新产品创造同类产品最高销售量，为公司带来巨大的效益和良好的社会口碑，得到部长和相关同事的肯定，部门决定拿出30000元作为她设计这套营销方案的奖励。

> **实践观察**
>
> ### 华为"蓝血十杰"之一胡赛雄：把利益分配的根本原因讲清楚
>
> 如果企业只发钱，不给说法，发钱的行为则可能变成无意义的"分赃"，从客观上使企业变成一个唯利是图的小人群体，可能导向错误的认知，把一些与奋斗不相关的行为当成奖励的要素。所以，企业在进行利益分配的时候，一定要把利益所代表的意思清晰地表达出来，使人创造价值的正向行为得到强化。否则，只能使企业失去协同发展的根基。因此，企业一定要把利益分配的根本原因讲清楚，实现对人的价值的肯定和企业所赋予的荣誉感。最终通过物质的激励和心灵的奖赏，强化员工的奋斗行为，而不是纯粹让人掉进钱眼里，陷入"人为财死，鸟为食亡"的庸俗感中。员工能够自动自发地做出让"老板看不见，客户看得见"的行为，不仅仅是因为向"钱"看，更是真正站在一个更大的循环上去看待价值的循环。
>
> 原文链接：胡赛雄. 绩效管理 4 大误区，不小心掉进去能毁掉企业[EB/OL]. (2023-07-20)[2024-03-26]. https://mp.weixin.qq.com/s/u7hMyIDOKQiO64l6UWcanA.

> **实践观察**
>
> ### 使用创造性奖励
>
> 上述分析的基于绩效的薪酬奖励更多的是周期性的，如半年一次或者一年一次。但这种认可是滞后的、单一的。更有激励力度的不是金钱，而是激励本身。比如，给予当月表现好的员工及时奖励，再就是推进多层次弹性福利制度建设，打破传统激励形式，破解休假、培训、员工生日慰问"一刀切"的局面。建立与积分制管理匹配的福利管理制度，进一步丰富福利项目和内容。为年度积分排名前20%的员工提供"自助餐式"福利，如安排外出培训，提供有多样化培训项目等。年度"积分达人"增加休假机会，根据排名情况获得不同时长的带薪外出休假奖励（孟庆胤，2023）。
>
> 资料来源：孟庆胤，安广曾，李莹，等. 多维度积分制绩效管理模式[J]. 企业管理，2023(5): 114-119.

10.3.2 基于绩效考核结果的招募与甄选

招募（Recruiting）与甄选（Selection）是人力资源管理中的关键环节，涉及利用各种渠道和工具吸引和选拔最适合岗位需求的候选人，并对求职者进行鉴别和考察，最终选定适合填补组织职位空缺的人加入组织；其作用在于确保组织能够招聘到具有必要技能、资质和素质的人才，从而提升员工绩效，增强团队的创造力和竞争力，推动组织的持续发展。在研究招募与甄选效果时，绩效考核结果扮演着重要的角色。一是绩效考核结果是对在岗员工实际工作表现的评价；二是绩效考核结果是对前期招聘效果的检验，如果员工的绩效评价结果较好，表明招募与甄选的预测效果良好，反之，则招募与甄选的预测效果有待进一步改进；三是绩效考核结果可用作改善未来员工招聘的有效手段，通过员工绩效考核结果来调整甄选的标准等。

1. 对招聘有效性的检测

企业在进行招聘时需要考虑成本，例如，前期的广告费、宣传费以及招聘工作人员的人工成本等。此外，如果招聘到不合适的人员，还可能带来进一步的损失。因此，需要运用各种方法有效地对求职者进行甄选，这对企业而言至关重要。这些方法是否有效需要通过员工实际进入工作岗位后的绩效考核结果来进行判断。通过对比招聘时员工的各项考核结果以及目前实际工作中的绩效结果，可以对各种招聘方法的有效性进行评估。例如，管理者可能发现，在招聘时测试结果得分相近的求职者在入职一年后的工作绩效上表现出明显差异，这表明甄选时的测验未能准确预测求职者的表现。因此，通过绩效考核结果可以检验并改进招聘筛选的方法和测验手段，提高招聘的有效性。

2. 为制定甄选标准提供参考

通过绩效考核结果和其他反馈，人力资源管理人员可以总结出企业内各岗位优秀人员所具备的优秀品质和行为特征，这些信息为制定招聘标准提供了有益参考。举例来说，通过对企业优秀会计人员的绩效考核结果进行行为特征分析发现，他们通常具备一系列优秀品质和出色能力，包括扎实的专业知识、细致和耐心、诚实正直、熟练的数据分析能力、沟通和保密意识等，以保证其工作的准确性、高效性和可靠性。综合以上品质，优秀的会计人员能够为企业提供准确、可靠的财务信息支持，帮助企业做出明智的财务决策，促进企业的稳健发展。因此，在招聘会计人员时，可以根据这些标准来筛选。

3. 绩效考评结果用于甄选决策

在做员工录用决策时，不仅要考虑应聘者的潜力，还要考虑其显性能力。潜力指的是应聘者具备但尚未充分展现出来的能力和素质，通常需要通过各种人才测评手段进行评估。而显性能力则是应聘者已经展现出来的能力和素质，主要通过绩效考评结果来反映。因此，在招聘有工作经验的人员时，应聘者已有的绩效记录是做录用决策的重要参考依据之一。

4. 绩效考评结果应用于员工试用期管理

在人才招聘中，企业往往通过对比相同岗位不同学历的应届生，综合考虑其人工成本及创造的利润，以求得利润最大化的招聘结果。将绩效纳入竞聘机制，充分体现了企业注重实绩、能力和贡献的绩效评价导向。绩效评价结果是对试用期员工进行有效筛选的必要手段，在试用期转正时，管理者通过试用期员工的绩效考评结果了解员工在磨合过渡期间的表现以及与部门团队的配合情况，从而最终确定员工是否符合转正条件、是否需要延长试用期或直接淘汰等。

10.3.3　基于绩效考核结果的员工培训

企业建立绩效管理体系的一个重要目标是通过分析绩效考核结果来提升员工的技能和

能力。员工的培训与开发（Training and Development）是现代人力资源管理工作的关键内容，也是企业对员工进行的重要人力资本投资。为了提高人力资本投资的回报率并降低投资风险，企业必须确保人力资源培训与开发决策的有效性。通过对绩效考核结果的分析，企业可以了解员工知识经验、工作能力等方面的不足和改进方向，从而为人力资源培训与开发提供决策依据。

1. 绩效考核可以提高人力资源开发与培训的针对性

人力资源开发与培训必须具有针对性才能有效发挥作用，这意味着培训需要面向具有培训需求的员工，且针对这类员工的薄弱环节进行培训，从而更好地帮助员工获取所需的专业知识和工作技能。要做到这一点的前提是要了解员工的优势和不足之处，这就需要对员工的绩效考核结果进行分析，因此绩效考核结果可以为人力资源开发与培训提供依据。举例来说，如果某销售员工的工作需要了解所销售产品的知识和一定的销售技巧，但该员工在这方面的考核结果只是勉强合格，就表明他需要进行相关的培训。因此，绩效考核结果是识别培训需求的有效途径之一。

2. 可以通过绩效考核对培训效果进行评估

绩效考核是评估员工培训效果的重要手段。通过比较参加培训前后员工的绩效考核结果，可以对培训的有效性进行评价。如果员工培训后的绩效考核结果与培训前相比有了明显改善，说明培训是有效的；或者比较两组基本情况和工作绩效相似的员工，一组参加培训而另一组不参加，如果参加培训组的员工绩效考核结果优于未参加培训组的员工，也表明培训确实有效。因此，绩效考核结果有助于企业更好地开展员工培训活动，提高培训开发活动的质量和效果，从而使企业的人力资本投资取得最大收益。

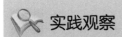
实践观察

如何更好地进行培训需求分析

能力差距、业务痛点、战略诉求是培训需求分析的三大来源。通过绩效考评与管理有利于组织识别员工业绩提升的能力短板，为组织制定培训规划与培训内容提供参考。尽管绩效结果分析是培训需求的重要来源之一，但培训并不是解决绩效问题的唯一方法。在组织层面，如果某条业务线或者某些员工业绩不达标，不应简单归纳为员工能力有待提升。根据著名培训大师鲍勃·派克的观点，当组织绩效出现问题时，应该从组织运作系统、组织政策/流程、招聘有效性、人员配置合理性、教练技术是否更有效、是否有必要进行培训的先后顺序进行分析，如图10-3所示。例如，某工厂采用两班倒，乙班组的平均产量只有甲班组的一半，工厂认为有必要对乙班组进行培训。然而事实是工厂的机械保养通常是在乙班组工作时间进行的，乙班组的实际工作时间只有三小时，其平均生产率反而高于甲班组，这是组织流程的问题而不是员工能力的问题。又如，组织在人员配置时，让性格外向的员工担任不需要与人接触的职位，导致其绩效表现不佳。此外，有时员工绩效不佳需要的不是一整套培训计划，及时的教练可能更合适。只有培训能够解决绩效表现不佳并增加价值时才需要培训（方素惠，赵庭娟，2023）。

图 10-3　培训需求分析流程

然而，绩效管理与培训需求分析的关系不能只关注低绩效员工的培训需求，而忽略了对评价主体——管理者评价质量的分析以及由此延伸的培训需求。组织年度评价结果不仅受员工能力、努力水平等因素的影响，也受管理者评价质量的影响。例如，部分组织会出现年底绩效"平均主义""轮流坐庄"等现象，也会存在组织行为学课中学习的评价误区：晕轮效应、逻辑误差、严格化倾向、中心化倾向、首因效应、评价者个人偏见等。当出现上述问题时，提示组织可以将评价者培训纳入下一培训周期的重要内容。对于评价主体的培训，内容主要涵盖关于避免评价主体误区的培训、关于绩效信息收集方法的培训、关于熟悉评价指标的培训、关于确定绩效标准的培训、关于正确使用评价方法的培训、关于做好绩效反馈的培训，等等。针对评价主体的培训以下几个是培训的黄金期：一是管理者刚到任，新任管理者将面对管理工作带来的新挑战，绩效评价培训有利于避免不必要的摩擦和损失；二是进行绩效评价前，可以采用实际案例作为培训教材或者标杆人物现身说法；三是修改绩效评价办法后，及时的培训有助于管理者理解修订的目的和内容；四是结合日常管理技能培训，许多组织对管理有长期的、系统化的管理技能培训，而反馈技巧、沟通技巧等是必备的管理技能。

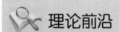 理论前沿

企业应强制实施导师项目

《财富》500强公司，超过70%的公司会为员工提供某种形式的指导，希望来改善员工业绩。哈佛商学院副教授克里斯托弗·斯坦顿的最新研究表明，导师项目确实可以为员工与组织创造价值，但这些项目必须是强制的。研究人员在美国一家呼叫中心聘用的603名销售员工中随机选取了110名员工，强制他们参与到一个为期4周的导师项目中，导师会与他们进行结构化讨论，让员工分享自己对标准问题的回答，并由导师提供及时反馈。完成上述干预后，参与培训的员工比没有参与的171名员工平均每日创收高19%，并且这种培训的收益是持续的，超过90%的收入增长持续了6个多月。此外，研究者还发现，如果将只选择"希望有导师"的人作为实验对象，并随机分为两组，研究发现安排导师指导的组比没有安排导师指导的组第1个月的留职率高了14%，但三个月后这种差异就消失了。最重要的是，两个小组的表现都显著优于"不希望有导师"的销售员工，平均每天多创造了30%收入。研究结论来源似乎支持了"最不需要知道的人，

正是那些寻求指导的人"。

资料来源：杰森·桑德维克，理查德·索玛，内森·西格特，克里斯托弗·T. 斯坦顿：企业应强制实施导师项目[J]. 贾慧娟，译. 哈佛商业评论（中文版），2022(9).

10.3.4 基于绩效考核结果的员工职业发展

职业生涯（Career）的发展是吸引和留住员工的重要因素。将绩效考核结果与员工职业发展结合起来，可以实现员工发展与组织发展的有机结合。人力资源部门应该根据员工的具体情况为其定制个性化的职业生涯发展规划，并定期与员工一起进行修正，确保员工的职业生涯能够在组织中成功发展。例如，可以根据绩效考核结果实施岗位轮换，给予员工足够的发展空间，使其有机会发挥自身优势，从而有效提高工作积极性，激发潜力。相反，如果人力资源部门不注重员工的工作流动，没有提供给员工足够的发展平台，缺乏绩效考核和激励机制来保证员工按业绩、贡献正常晋升和加薪等，就会严重打击员工的积极性，影响其工作业绩和效率。

对于绩效优秀的员工，组织除给予奖励外，还要结合其潜力纳入公司重点培养对象。组织中常用的方式之一是让有丰富经验的管理者来辅导员工，我们称之为导师制。但现实情况是导师制往往发挥不了预期的效果，这种辅导关系往往是肤浅的、流于形式的。随着远程办公、混合办公的流行，情况变得更糟糕。推动高质量的辅导关系，实现高绩效员工的有效成长，导师制的关键是公开支持与真实关系。公开支持是单向的过程，资深人士不仅可以为初级高绩效员工"美言"，还可以运用自己的能力帮他们获得机会，如晋升和承担更重要的任务。真实关系是双向的过程，需要初级员工与资深员工双方分享自己的观点，认真倾听并相互学习。伦敦商学院艾米尼亚·伊巴拉教授总结了培养关系中的帮助类型。具体如图10-4所示。

	情感支持 鼓励和认可 增强信心 树立榜样 培养相互关心、相互满意的关系	真实栽培 提供职业发展帮助 公开支持以增加进步机会 鼓励、支持与认可 培养建立互利的关系
真实关系多		
真实关系少	指导支持 带领入职并介绍公司文化 分享专业知识 为完成当前工作提供帮助	发展支持 向有影响力的人引荐 提供增加知名度的机会 支持晋升
	公开支持少	公开支持多

图10-4 培养关系中的帮助类型

资料来源：艾米尼亚·伊巴拉. 好员工的栽培之道[J]. 夏林，译. 人力资源开发与管理，2023(4)：10-17.

10.3.5 绩效考核结果与员工关系管理

绩效考核一般都有配套的规章制度，而规章制度是企业用工自主权的重要体现。基于绩效考核的结果，组织如何合法、合规地进行员工关系管理（Employee Relations management），实现组织与员工的双赢，减少劳资冲突与风险至关重要。《中华人民共和国劳动合同法》第四十条第二款规定："劳动者不能胜任工作，经过培训或者调整工作岗位，仍不能胜任工作的，用人单位可以解除劳动合同。"由此可见，用人单位在解除低绩效员工劳动合同时，需要满足四个要件：劳动者被认定为不能胜任工作；用人单位对其经过培训或者调岗；劳动者经过培训或者调岗仍不能胜任工作；用人单位解除劳动合同。对过往不胜任工作而解除的劳动仲裁案件梳理发现，用人单位胜少败多，败诉率达92%，败诉原因主要是：不胜任工作认定（55%）、用人单位未培训或者调岗（26%）、劳动者未对不胜任工作认定结果进行签收、不胜任考核制度未履行民主公示程序（4%）。

《最高人民法院关于审理劳动争议案件适用法律若干问题的解释》第三十条规定："因用人单位做出的开除、除名、辞退、解除劳动合同、减少劳动报酬、计算劳动者工作年限等决定而发生的劳动争议，用人单位负举证责任。"为了更好地规范组织的绩效管理制度，减少因解除劳动合同带来的劳资冲突的风险，组织应该在以下几个方面进行规范。

第一，完善不胜任工作的认定。组织要做好"六应该"：①组织应该设置可解释性较强、经过协商的考核指标，并综合考虑行业特征、市场波动、往年情况等；②组织应该采用定性与定量相结合的方式进行考核指标评价，并有明确的计算公式，如果可能应尽量采用定量的评价方式；③绩效指标标准是重中之重，组织应该做到考核指标标准明确、合理且协商一致；④组织应该明确绩效考核结果与不胜任工作认定的关系，绩效考核排在末尾不一定等于不胜任，最好通过考核分数的形式来定义不胜任，例如，考核得分小于60分将被认定为不胜任工作；⑤组织应该明确绩效申诉制度，在考核制度中明确申诉反馈机制，如果员工对考核结果不满意可以在一定期限内通过书面等方式反馈其意见；⑥组织应该将考核制度与流程告知员工，保证其充分知悉。

第二，规范再培训的过程与实施。如组织将员工认定为不胜任工作，而没有采取再培训就直接解除劳动合同关系无一例外将会被认定为违法解除。再培训中要做好"四保证"：①保证被培训人的针对性，培训针对的是不胜任员工，而非全体员工；②保证培训内容的针对性，即针对不胜任的方面设置个性化的培训内容；③保证培训方式的多样性，组织应该事先明确再培训的方式，例如，在线培训、上级指导、录屏学习等；④保证培训记录要留好，做好培训会议链接、培训通知、培训签到、员工培训心得的留存工作。另外，需要注意的是，再培训不一定等于绩效提升计划，如果将绩效提升计划视为再培训，组织应该事先规定绩效提升计划的内容，保证绩效提升计划内容与员工需要改进工作的关联性；在绩效提升计划管理制度中明确绩效改进计划属于不胜任解除的培训，并对培训的形式进行多样化约定，如上级主管的沟通指导、邮件辅导等。

第三，注意调岗的合理性。组织应该做到"四注意"：①注意与员工协商一致，最大限度尊重劳动者意愿；②注意调岗前后岗位的工作内容关联性与工作条件的相似性；③注意调岗前后薪资待遇的一致性；④注意调岗前后岗位性质（如管理VS非管理岗）的一致性，尽量不改变岗位性质。

第四，做好确认与公示工作。组织应该将绩效考核结果告知员工并获得员工的确认。

此外，组织对不胜任、调岗、再培训等认定的制度应进行民主公示，并通过张贴公告、电子邮件、纸质文件学习等方式确保员工知悉。

10.4　绩效考核结果应用的问题

我们已经了解了绩效考核结果应用的工具、原则以及对考核结果的具体应用。然而，在组织中进行具体实践时，根据绩效考核结果采取的措施仍然会偏离预期的目标和效果。这是因为在绩效考核以及对结果的应用过程中，管理者往往会忽视一些问题，使应用效果大打折扣。常见的问题有以下几个方面。

1. 绩效反馈质量低

一是信息不及时。一次性的绩效评估只能提供对过去表现的评估，员工需要及时的反馈来了解自己目前的表现如何。因此，运用一次性的绩效评估所做出的决策，不利于员工未来持续的绩效改进和发展。二是无法准确衡量发展进步。员工在工作中可能出现起伏，有时候表现不佳，有时候表现出色。如果只使用一次性评估来判断员工的表现，可能无法全面准确地评估员工在工作中的实时变化和成长，对这一绩效结果的运用也会有所偏颇。三是遗漏关键领域。员工的工作通常是多样化和复杂化的，仅仅通过一次性评估难以捕捉到所有关键领域的表现。这使得无法全面、准确地运用绩效结果制定关键且高效的员工提升措施，可能导致员工在某些重要领域没有得到充分的反馈和发展机会。

2. 缺乏灵活性和个性化

一是忽视个体差异。有些组织在应用绩效评估结果时，采用了"一刀切"的方法，忽视了员工的个体差异和特殊情况。这可能会让员工感到自己的特殊情况和能力没有得到充分的理解和重视，认为组织没有考虑到自身的不同需求和背景，未提供个性化的发展机会和支持。二是限制员工发展。由于评估标准过于统一，因此绩效考核结果的运用未能与员工培训和发展很好结合，导致其无法得到适合个人发展需求的支持和培训，个人发展受到限制。三是激励机制不足。奖励机制难以满足员工的激励需求，与员工自身利益结合不紧密。有些员工可能因为个人能力和贡献而脱颖而出，但由于绩效考核结果运用有所限制，缺乏灵活性和个性化，他们无法得到应有的奖励和认可，影响了其积极性和工作动力。

 管理困惑

激励的难点在于不懂下属的真实诉求

工作中，总是遇到员工由于不同的资历背景、家庭出身等导致每个人的诉求各不相同。平时通用的考核指标与激励措施难以对每个人有效，比如，有的人喜欢宽松的时间，有的人喜欢金钱，有的人喜欢工作。问题是每个人并不会主动和上级表达自己的真实诉求，这可能受到中国文化的影响——内敛，觉得说出来好像过于直白。这种情况下，管理队伍比较难以采取有针对性的激励方式。对于不愿意交流，也不主动表达的人，确实很难找到最核心的激励点，现在主要通过长期的观察、分析每个人的爱好，包括工作兴奋点，但是需要很长时间，很费脑，希望有机会掌握更好的方法。

资料来源：MBA学员分享。

3. 过度侧重奖惩倾向

某些组织在使用绩效考核结果时可能存在过度侧重奖励或惩罚的倾向。这可能导致员工只关注达到指标或避免处罚，而不是真正追求卓越的工作质量和创造性。例如，有的组织倾向于过分强调员工的正面表现，而忽视其潜在的改进空间或负面行为方面。这可能导致员工对自己的表现过于乐观，而忽视了需要改进的。如果回避对员工负面行为的评估和处理，则可能导致不良行为无法得到及时纠正，影响工作环境和团队的整体效能。这种倾向可能会损害员工的动机和工作表现，也可能导致组织的长期发展受阻。

4. 绩效评估结果的滞后性

绩效评估通常是基于过去一段时间的工作表现，可能无法准确反映员工当前的能力和潜力，这对快速变化的组织环境来说尤为重要。如果绩效评估结果的应用不能及时与员工的实际表现相匹配，可能会导致人才流失和员工不满。

本章小结

绩效考核结束之后，管理者需要将绩效考核结果应用到对员工的管理过程中，从而实现员工发展与组织目标的协调统一。绩效考核结果的应用可以借助一些工具，例如人才管理九宫格。通过使用人才管理九宫格将员工进行分类，有助于企业更好地了解员工的表现和潜力。

绩效考核结果的应用要遵循一些原则，如与组织战略和目标保持一致、确保结果的公平性和可靠性、促进员工与企业共同成长和发展、与奖励和激励机制相结合等，从而更好地发挥绩效考核结果的作用，提高绩效管理效率，为人事决策提供科学依据。

绩效考核结果被广泛应用到人力资源管理的不同方面。具体包括薪酬管理、招募与甄选、员工培训、员工职业生涯和员工关系管理等。

然而，目前绩效考核结果的应用出现了很多问题，这些问题影响了绩效管理整体效果的提升，如缺乏持续的反馈和发展机会、缺乏灵活性和个性化、过度侧重奖惩倾向、绩效评估结果具有滞后性等。组织在对绩效考核结果进行实际应用时应注意避免这些问题。

编者观点

1. 公平、客观的绩效评价未必有激励效果，更重要的是评价结果的广泛应用，应用的持续性、全面性与针对性至关重要。

2. 绩效考核结果应用要考虑能力发展、原工资水平、文化价值观等其他要素,既奖励过去又着眼未来。

复习思考题

1. 人才管理九宫格将企业中的员工分为哪几类?
2. 基于绩效考核结果进行薪资调整的影响因素有哪些?
3. 绩效考核结果在员工招募与甄选阶段具体有哪些应用?
4. 绩效考核结果应用与员工培训能发挥哪些作用?
5. 基于绩效考核结果促进员工职业发展的措施有哪些?

拓展阅读

[1] 肯·迪奇瓦尔德,罗伯特·莫里森,凯蒂·特维尔. 退休员工的多赢方案[EB/OL]. (2024-04-09) [2024-04-15]. https://www.hbr-caijing.com/#/article/detail?id=481047.

[2] 环球人力资源智库. 如何用人才九宫格快速定位团队潜力股? [EB/OL]. (2024-04-04) [2024-04-15]. https://mp.weixin.qq.com/s/Qxge3waZAocJBydPITeakg.

应用案例

组织中绩效管理水平的评价

笔者在讲授绩效管理章节时,常常让管理者自评绩效管理水平。借助 Kinicki 等学者编制的 27 个题目的绩效管理行为问卷,从目标制定、绩效监督、绩效辅导、绩效沟通、绩效反馈、结果应用六个方面来进行评价。采用李克特 5 级评价,从"1—从不"到"5—总是"。在剔除了无效问卷后,具体调研结果如表 10-3 所示。

表 10-3　中高层管理者绩效管理水平调查结果（$N=357$）

绩效管理维度	最小值	最大值	平均数	标准差
目标制定	2.40	5.00	4.11	0.50
绩效监督	2.80	5.00	4.15	0.47
绩效辅导	3.00	5.00	4.24	0.43
绩效沟通	3.00	5.00	4.41	0.43
绩效反馈	1.80	5.00	4.05	0.53
结果应用	2.67	5.00	4.49	0.47

为了进一步分析每个维度得分高低的具体原因与表现,我们进一步统计了 357 名中高层管理者在 27 个具体题目上的自我评价,具体如表 10-4 所示。

表 10-4　管理者绩效管理水平的自我评价

序号	维度	具体表现	均值	标准差
1	目标制定	我与下属协商设定目标	4.05	0.82
2		我鼓励下属设置具有挑战性但可实现的目标	4.31	0.75
3		我确保绩效目标与组织的战略或运营目标相关联	4.37	0.67
4		我协助下属制定具体且可测量的绩效目标	3.90	0.86
5		我协助下属制订行动计划去支持绩效目标的实现	3.92	0.87
6	绩效监督	我检查工作的准确性/工作质量	4.30	0.68
7		我向下属传递与工作质量相关的期望	4.48	0.57
8		我优先处理工作任务和目标	4.32	0.73
9		我监控下属的工作绩效	3.65	0.98
10		我提醒下属完成绩效过程中的问题、变化、截止日期等	4.01	0.89
11	绩效辅导	我在必要时向下属提供指导	4.56	0.57
12		我帮助下属提高技能	4.27	0.70
13		我告诉下属如何完成有困难的任务	4.13	0.73
14		我帮助下属确定克服绩效障碍的解决方案	3.91	0.78
15		我向下属提供完成工作所需的资源	4.33	0.67
16	绩效沟通	我是一位好的倾听者	4.40	0.66
17		我平易近人，能够与下属保持良好的沟通	4.58	0.60
18		我向下属提供的反馈更多是积极的而不是消极的	4.35	0.71
19		我用一种会让下属产生防备心的方式沟通（R）	4.29	0.70
20	绩效反馈	我帮助下属进行职业生涯规划	4.12	0.78
21		我对下属的绩效提供及时的反馈	3.94	0.78
22		我向下属提供绩效好坏的具体反馈	3.86	0.88
23		我给予下属真诚的反馈	4.47	0.66
24		在给予反馈的同时，我向下属解释他/她的行为是如何影响团队其他人的	3.87	0.86
25	结果应用	我将认可/奖励与绩效挂钩	4.37	0.72
26		我对下属良好的绩效给予奖励	4.51	0.69
27		我对下属卓越的绩效给予特别的认可	4.58	0.62

注：R 代表反向测量题目。

为了进一步验证上述数据的可靠性，笔者团队同时在北京科技大学 MBA 课程中发放问卷，让 MBA 学员评价自己直接上级的绩效管理水平，同样采用 27 个题目来评价，采用李克特 7 级评价，评价标准为"从不—1"到"总是—7"。累计发放问卷 286 份，实际有效问卷 224 份，具体分析结果如表 10-5 所示。

表 10-5　绩效管理水平的企业性质差异分析

	目标制定	绩效辅导	绩效监督	绩效沟通	绩效反馈	结果应用	N
国有企业	4.50	4.46	4.81	5.05	4.62	4.65	62
民营企业	4.69	4.67	5.05	5.07	4.67	5.27	107
事业单位	4.14	4.77	4.49	5.29	4.74	4.62	7
外资企业	5.21	5.24	5.21	5.85	5.16	5.54	32
外资 vs 民企	高 11.06%	高 12.19%	高 3.25%	高 15.57%	高 10.43%	高 5.20%	

注：以民营企业为参照点，分析外企管理者的绩效管理水平。

编写组进一步分析,采用不同的绩效管理工具(KPI vs OKR),MBA学员的直接上级在绩效管理水平上存在差异,具体情况如表10-6所示。

表10-6 不同绩效管理工具下管理者绩效管理水平分析

	目标制定	绩效辅导	绩效监督	绩效沟通	绩效反馈	结果应用	N
KPI	4.67	4.64	5.00	4.93	4.71	5.22	100
OKR	5.50	5.39	5.42	5.80	5.40	5.72	56
OKR VS KPI	高17.87%	高16.04%	高8.40%	高17.80%	高14.73%	高9.58%	

为了进一步比较分析绩效管理不同要素的重要性,以员工工作幸福感为效标变量,通过回归分析比较了绩效管理六要素的相对重要性,具体统计分析结果如表10-7所示。

表10-7 绩效管理与员工工作幸福感的回归分析

	回归系数	T值	显著性p
性别	0.05	0.79	0.43
学历	−0.15	−2.72	0.01
上下级相处时间	−0.09	−1.67	0.10
行业	0.12	2.08	0.04
企业性质	0.06	1.10	0.27
岗位性质	0.06	1.02	0.31
岗位层级	0.15	2.62	0.01
目标制定	−0.02	−0.21	0.83
绩效辅导	−0.06	−0.48	0.63
绩效沟通	0.20	2.35	0.02
监督与期望	−0.26	−3.15	0.00
绩效反馈	0.58	5.08	0.00
绩效结果提供	0.06	0.81	0.42

注:性别:1—男,0—女;岗位性质:1—前台,0—后台。

资料来源:编写组问卷调查。
Kinicki A J, Jacobson K J L, Peterson S J, et al. Development and validation of the performance management behavior questionnaire[J]. Personnel Psychology, 2013, 66(1): 1-45.

思考题:根据上述统计分析结果,你对绩效管理过程有哪些理解?

即测即练

自学自测 扫描此码

展望篇

第11章

不确定性时代下绩效管理的走向

现在是时候改变过去的规则、运营结构和管理方式了,优先考虑人员绩效可以帮助组织实现飞跃,迈向无边界的未来。

——2024全球人力资本趋势报告

 学习目标

学完本章后,你应该能够:
1. 了解组织绩效管理发展的内外部影响因素。
2. 阐述未来绩效管理的发展趋势。
3. 列举员工主动性激发的组织绩效管理举措。
4. 介绍敏捷绩效管理的核心思想。

 引导案例

超越传统的组织绩效指标

2015年,日本科技公司日立(Hitachi)为了提升组织效能和工作效率,决定采取一种非传统的方法。这种方法并不是试图在既定的工作时间内塞入更多的工作量,也不仅仅是重新设计流程以减少几分钟或几秒钟的生产时间。它不要求员工用更少的资源生产更多的产品,也不需要管理者过度监督员工的一举一动,以揪出那些不负责任的人。

取而代之的是,日立将重点放在追踪一个出人意料的单一指标上——员工幸福感。通过运用可穿戴设备和相应的移动应用程序,日立为参与该计划的员工提供了基于 AI 的建议。这些建议旨在通过增强心理资本(包括自信心和积极性)、提升心理安全感以及增强与管理目标的一致性,从而在全天的工作中提升员工的幸福感。

这种方法的早期成果令人瞩目。员工的心理资本提升了33%,这一提升对提高员工的参与度和工作满意度、降低离职意向和职业倦怠具有特别重要的意义。与此同时,公司的利润增长了10%。呼叫中心每小时的销售额增加了34%,零售销售额也增长了15%。更为重要的是,大多数参与者表示感到快乐。这些成果恰恰表明,在迅速变化的工作环境中,激发组织效能的关键可能不再仅仅依赖于传统的组织效能指标。

日立专注于衡量和提升员工的幸福感,这标志着日立已经超越了传统的员工绩效评估方法。传统方法通常侧重于以活动为中心的组织效能指标,如工作时间、任务完成速度、生产量以及人均收入等。这些传统的绩效衡量方式主要反映了组织的视角，相比之下，新的方法需要而且应该将员工视为人，从更细微的角度考虑员工如何为组织做出贡献。

过去，将员工的个人活动（如工作时间或完成的电话数量）与有形产出（如客户满意度或研发项目的商业潜力）联系起来的明确界限现在已经变得模糊，取而代之的是复杂的合作网络和对复杂技能的需求，这些技能在传统的组织效能指标中难以体现。即便在前线服务、物流和制造环境中，传统指标如通话分钟数或生产的小部件数量看似最为适用，但技术和AI正在使这些任务自动化。因此，员工被解放出来，去解决更复杂的问题，这些问题需要的是较低的技术技能和更抽象的技能，如创造力、批判性思维和协作能力。例如，在农业领域，可以使用自动无人机播种、施肥和杀虫，并检查害虫或环境破坏程度。这样，员工就可以花时间学习新技能，使他们能够管理技术、优化流程、处理异常情况，或制定可持续战略来维护作物健康和整个流程的可持续运转。

与此同时，一些领先的组织已经不再局限于传统的指标如收入和利润，而是开始探索如何创造共享价值——使员工个人、团队和小组、组织乃至整个社会共同受益。那些能够成功适应这一新环境的组织，很可能就是能够从传统的组织效能发挥方式转变为采纳新的人员绩效模式的组织。

资料来源：德勤. 2024 年全球人力资本趋势报告[EB/OL]. （2024-03-28）[2024-04-09]. https://www.fxbaogao.com/view?id=4206229.

商业环境已逐渐从确定性迈向高度不确定性，乌卡时代（VUCA）概念的提出贴切地反映了上述趋势。组织正面临日益增长的易变性（Volatility）、不确定性（Uncertainty）、复杂性（Complexity）与模糊性（Ambiguity）的外部环境。数智化技术的快速兴起与迭代，进一步加速了上述进程。与此同时，随着 Z 世代成为职场主力，受其自身成长环境与当下外部环境的影响，其职场心理特征也在发生转变。BANI 时代这一概念恰好反映了当下职场员工的部分特征，即脆弱性（Brittleness）、焦虑感（Anxiety）、非线性（Non-Linear）和不可理解性（Incomprehensibility）。组织内外部环境的不确定性给人力资源管理，尤其是绩效管理提出了新的挑战，有必要系统分析在当前环境未来组织绩效管理的走向。

11.1 绩效管理发展趋向的影响因素

绩效管理发展的影响因素可以归纳为"两变化+双融合"，两变化是指组织与个人发展目的的变化、组织发展对员工能力要求的变化；双融合是指数智技术与绩效管理的融合、绩效管理与知识管理的融合。

11.1.1 组织与个人发展目的的变化

组织发展目的正在从股东价值最大化向更广泛利益相关者利益最大化方向转变。1994 年约翰·伊佐在《唤醒企业灵魂：在工作中释放员工能量的四种途径》（*Awakening Corporate Soul: Four Paths to Unleash the Power of People at Work*）一书中提到：那些有着远大目标和社会责任感的公司最终会比仅仅追逐利润的公司更加成功。组织日益开始思考如何让更多的利益相关者受益，特别是使客户、社会和地球变得更加美好。组织发展过去更多强调股东利益最大化，这种思想一直持续到 21 世纪初期。这不难理解，因为股东是公司的所有者，他们应该拥有公司的决策权，公司发展的目的也理所当然地被认为是实现股东利益（尤其是财富）最大化。但越来越多的组织开始思考组织发展对更多利益相关者的影响，如员工、环境、社会等，这符合战略管理领域的利益相关者理论。这种转变得益于：一是，越来越多的国家与地区出台相应的政策与制度，如"碳中和""ESG 报告"等，组织对员工的可持续发展也正日益受到关注；二是，股东也在思考其投资的目的与意义，作为公司的所有者日益注重个人的社会价值；三是，客户也希望他们的消费能够减少对社会和地球的伤害。大约 2/3 的消费者表示，他们更倾向于从承担社会责任的企业购买产品。一些行业领先的组织也一直是这样做的，表 11-1 列出了部分企业的使命，这些使命体现了组织对社会、对世界发展的责任。

表 11-1　中外领先型企业的使命陈述

企业	使命
中国移动	创无限通信世界，做信息社会栋梁
谷歌	整合全球信息，使人人皆可访问并从中受益
华为	将数字世界带入每个人、每个家庭、每个组织，构建万物互联的智能世界
阿里巴巴	让天下没有难做的生意
腾讯	用户为本，科技向善
正威国际集团	振兴民族精神，实现产业报国
万科	为最广大的利益相关方创造更长远的真实价值
比亚迪	用技术创新满足人们对美好生活的向往
沃尔沃汽车	成为世界上最具进取精神和最受青睐的豪华汽车品牌，让人们的生活变得更轻松
新希望集团	是"希望，让生活更美好"

资料来源：根据网络资料整理。

与此同时，人们如何看待自己的工作将变得非常重要。多数人会选择以下三种方式看待自己的工作：职位导向（视工作为获取外部利益的方式）、职业导向（视工作为学习和成长的源泉）与使命导向（工作目标本身就是一种意义）。越来越多的员工开始思考工作的社会意义与价值，而不单纯是从工作中获取经济回报。传统基于经济交换的目的正向着有意义的工作目标转变。以往员工更加强调平等交换，干多少活拿多少薪水，越来越多的员工在思考如何通过工作使个人变得更加有意义且与众不同。例如，越来越多的毕业生也开始思考"我想在一个真正的企业中工作，我想看到这家企业的价值，能够感受到我是实现该价值的一部分"。简单来讲，就是员工如何赋予工作的意义，将工作视作为社会创造积极价值的方式。上述转变正在重构组织与员工的关系，两者正从传统的对立关系向协作关系转变，目的是如何让世界变得更加美好。例如，华特迪士尼公司强调，无论员工是从事收集门票、清洁工作，还是在演出中负责表演，其实每个员工的目标都是传递快乐。

11.1.2 组织发展对员工能力要求的变化

根据人力资源管理规划的思想，技术变化与顾客需求的改变，影响了组织的运营方式，对员工的能力与技能产生新的需求。以2016年谷歌的阿尔法狗战胜韩国围棋大师李世石为标志性事件，正式开启了人工智能时代。华为在全球建立了超过24个研究所，囊括了数学家、材料学家、物理学家、化学家等大量科学家型人才，其2012实验室下设有欧拉实验室、瓦特实验室、诺亚方舟实验室等面向未来的研究组织；阿里自建了达摩院，百度2016年也成立了自己的人工智能实验室。组织外部环境不确定性日益增强，在结果与过程两个方面的不确定性都在与日俱增。在这一时代背景下，机器人逐步具备人的智慧，如自我学习、人工智能替代等。大量重复性工作可以交由机器来完成，员工将更多地进行哲学、逻辑等不确定性方面的思考，员工的工作成果将更难以量化和度量。在数字化背景下，员工的创造性、主动性、好奇心变得更加重要，而这些能力背后是个体的成长性思维。具有创造性思维的员工以发展的视角看待个体的发展，认为个人的能力是可塑的，有利于组织培养应对环境不确定性的确定性能力。表11-2是成长型思维的自我测评。

表11-2 成长型思维自我测评

请选出你在多大程度上同意或不同意这些表述	非常不符合	不符合	不确定	符合	非常符合
你的智力对你来说是非常基本的，你几乎无法改变	1	2	3	4	5
你可以学习新的事物，但是你无法改变你的基本智力	1	2	3	4	5
无论你的智力水平如何，你总能做出些改变	1	2	3	4	5
你总是可以在很大程度上改变你的智力水平	1	2	3	4	5
你是某种特定类型的人，没有什么可以改变	1	2	3	4	5
无论你是什么类型的人，你总能做出大幅度的改变	1	2	3	4	5
你能够用不同的方式来处理事情，但是关于你是谁的重要部分却不能够被真正地改变	1	2	3	4	5
你总可以改变那些决定你是哪一种人的基本事实	1	2	3	4	5

资料来源：彭凯平，孙沛，倪士光．中国积极心理测评手册[M]．北京：清华大学出版社，2022．

11.1.3 数智技术与绩效管理的融合

数智技术正在重构工作的边界，传统的绩效衡量方式已不再适用。技术变革正以超出人类想象的迭代速度发生，包括虚拟世界、生成式AI、虚拟人、能够量化大脑神经活动的数智化技术等都已然成为现实，这些都曾是科幻小说中的情节。数智化有别于传统的数字化技术，体现为实时化、可量化、可视化、智能化等核心特点，具有强大的数据抓取、分析、自学习能力，不仅能够替代简单的重复性工作，也有助于解决相对复杂的业务。随着人力资源管理数字化的不断演进，数智化将是未来的必然趋势。甲骨文公司表示，在面向企业的人力资源管理软件中将添加生成式AI功能，能够帮助组织完成起草岗位说明书和制定员工绩效目标等任务。以往绩效考核中的难点也将因新技术而逐步得到解决。例如,以往对研发人员的过程考核是比较困难的,你无法判断一名研发人员在闭目养神时是在思考工作还是在无限遐想,写代码时是否足够专注,但随着神经科学和人工智能的发展,员工注意力、专注力、疲劳度等都可以通过大脑传感器进行监控。通过大脑传感器与图形实时显示技术,组织可以实时动态观察组织成员的情绪与兴奋度。据报道,随着脑电波数据的图形分类技术日益完善,组织不仅能够分辨员工是聚精会神还是心不在焉,还能分辨员工是在浏览社交媒体还是在写代码。表 11-3 列出了数智化技术在绩效管理各个环节具体应用的示例。

表 11-3 数智化与绩效管理的融合

环节	绩效管理数智化的体现	潜在问题与风险
数智化目标制定	算法任务分配:针对快递员、外卖员等零工经济工作者,基于位置信息、订单信息的智能派单。绩效目标设定:基于过往绩效、业务需求的销售部门业务预算	员工的自主权降低;算法追求"交流",标准越来越高
数智化绩效监控与辅导	数智化监控:50%的大型企业使用非传统技术跟踪员工的活动与生物特质数据。数智化指导:AI 教练跟踪客服人员与客户对话,就如何改进工作提供建议	可能侵犯员工隐私;提供的反馈与指导过于全面化、标准化,员工无法吸收
数智化评估	评价者确定:百度基于内部沟通频次、沟通时段、邮件大小等,基于数据建模、机器学习等自动筛选合适的绩效评估者。绩效校准:字节跳动采用数智评估系统基于数据对每个人的评价风格(过严或者过松)进行评分。绩效评价:外卖平台基于响应速度、完成订单数、总里程、送餐准时性、顾客好评率等对外卖员进行评估	算法不透明、不可解释性影响了员工的接受度
数值化奖惩	薪酬确定:如美团、滴滴平台中的劳动者薪酬。晋升建议:IBM 通过调取员工历史绩效、项目信息联合分析并预测员工的晋升潜力	可能导致奖励物质化、劳资关系短期化

资料来源:董毓格,龙立荣,程芷汀. 数智时代的绩效管理:现实和未来[J]. 清华管理评论,2022(5):93-100.

尽管数智化为绩效管理实施提供了便利,但也面临诸多挑战。2023 年葛兰素史克(中国)人力资源运营总监徐刚接受采访时,认为 AIGC(人工智能生成内容)能成为每个人的助理,使个人生产力得到极大提升。对绩效管理的挑战在于如何让 KPI 设置得更加合理,并随着技术的发展而变化。比如,原来听上去很复杂的工作,如设计师、高级架构师、咨询顾问等,在 AIGC 时代员工的生产力得到极大释放,原来定的 KPI 可能会瞬间完成。

11.1.4 绩效管理与知识管理的融合

脉脉 CEO 林凡在 2023 年提到,未来终身学习将成为一个人的生存底线,人类的优势在于批判与创新。德勤发布的《2024 年全球人力资本趋势报告》也指出,技术的半衰期持续缩短,技术更新迭代的速度正在加快,但目前只有 5%的组织投入了足够的资金来帮助员工发展新技能。新技能本身就是嵌入在员工身上的知识类型之一。2024 年政府工作报告提到"大力推进现代化产业体系建设,加快发展新质生产力"。新质生产力的"新"强调创新,是关键的生产要素,而创新的具体表现之一就是知识的创造。

组织如何将绩效管理与知识管理相融合,有效实现组织的智力资本持续增值,是实现组织可持续发展的重要议题。《华为基本法》第十六条写道:"劳动、知识、企业家和资本创造了公司的全部价值。"根据知识管理理论，知识创造是显性知识与隐性知识不断迭代、螺旋上升的过程。不管是传统行业还是新兴行业的组织都需要利用、共享与创造新知识，实现组织的有效增长。而知识管理诉求与绩效管理的目标具有天然的统一性。绩效管理一直以来都强调改进绩效，而改进绩效的重要途径就是通过知识管理赋能员工。例如，从设定目标来看，管理者在允许员工高度参与的情况下，会无意中分享自己认识问题的角度，提升员工的认知能力；从绩效辅导来看，管理者通过教练角色能够将经验、知识与技能传授给员工，有助于员工绩效的提升；从绩效考评来看，管理者的点评与发问也有助于员工更深刻地思考自己的工作，更好地反思与反省；从绩效结果应用来看，绩效差距分析有助于识别组织、团队与个人的能力短板，为组织知识管理提供切入口。尤其是近年来 OKR 在各类组织日益流行，在 OKR 考核体系下，需要团队定期复盘（每周或每两周），团队成员之间相互启发与共创知识，这本身就是知识管理的重要方式之一。

 实践观察

脉脉 CEO 林凡：AI 崛起，职场变革与人的适配

从 Chat GPT3.5 到 GPT4，再到生成式 AI App 井喷发展，技术更迭速度超乎人们的想象，人类正在经历第四次产业革命。脉脉创始人林凡认为 GPT 对人类的发展产生以下三种递进式的影响：新一代搜索技术、新一代互联网/移动互联网、碳基生命与硅基生命。从人工智能技术对行业的影响来看，客服、程序员、设计师等可能被大批量替代，未来 80% 的基层白领将被替代，95% 的岗位将由通才占据，终身学习很快成为一个人的生存底线。从未来的职场影响来看，管理岗需要具备跨学科、跨领域处理复杂问题的能力；对专家岗而言，产出水平将不断被提升。未来职场人需要更好地适配 AI 的发展，人的优势在于批判和创新，这是人之于机器的最大优势，提出正确的、获取知识的或者引导团队问题的能力将是中高端人才与其他人才的最大区别。从人才类型来看，从 T 型到雪花型人才，未来职场属于 5% 的专才和 95% 的通才。从组织的能力来看，企业小型化趋势不可逆转，百亿估值的企业只有 20 名员工，每个职场人都必须成为一支军队，人人都要成为 CEO。从招聘模式来看，能力高度匹配的 U 盘式，即插即用的项目制用工模式即将兴起。

资料来源：林凡. AI 崛起，职场变革与人的适配[EB/OL]. (2023-07-10)[2024-04-09]. https://www.docin.com/p-4485262692.htmlwMfDd6Fx-RXw.

11.2 绩效管理的发展趋向

顺应上述发展趋势，未来组织的绩效管理应该朝着以下方向发展。

11.2.1 在绩效管理中挖掘意义感

从绩效考核转向绩效管理早已在理论与实践界达成共识，实践中体现为更加关注目标

而非考核指标。新的时代背景下，组织与员工不仅要关注目标，还需要关注目标的意义与价值。如何在绩效管理中为组织与员工寻找或赋予有意义的工作目标变得日益重要。对组织而言，应该澄清两个目标：组织与客户的关系，组织应该像关注利润一样关注客户的福祉；组织与社会的关系，如何帮助社会解决一些关键问题，让这个社会变得更加美好。对员工而言，不见得只有高大上的工作才有意义，任何一份工作都可以赋予意义。例如，大庆铁人王进喜、北京公交售票员李素丽……他们没有光鲜的职位，但他们的事迹说明工作动机、工作意义感的重要性。这就要求在绩效管理中不仅要关注员工的工作角色，更应该让员工理解工作角色背后的意义感。与此同时，以往绩效管理的目的大多强调改进绩效，强调补足短板，而未来的绩效管理将更加强调发挥优势，让员工能够充分发挥其优势将变得更加重要。这有助于员工更加认同自己的工作及其工作意义。表11-4给出了一些具体的事例。

表 11-4　员工对工作意义的感知

岗位	工作角色	工作意义
医院保洁	清洁地面、病房、浴室、办公室	提供干净、安全、整洁的环境，促进患者康复与健康
动物园管理员	清洁围栏；喂养动物	保护动物，让它们生活得更好，帮助人们了解自然
酒店管家	整理和清扫房间	照亮客户的一天，确保可利用的废弃物得以回收
银行客户服务代表	给客户推销银行服务和金融产品	简化客户的生活并提供满足他们需求的最佳产品

资料来源：约翰·伊佐，杰夫·范德瓦伦. 目标变革[M]. 梁磊，译. 北京：中国人民大学出版社，2023：123.

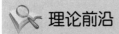
理论前沿

《目标变革》：如何确定有意义的目标

对组织与员工而言，寻找有意义的目标至关重要。

确定组织目标意义5小问：①谁是你的顾客、员工和投资者？②他们对你的期望与需求是什么？他们在乎什么？③你对他们对社会的期待和愿望了解多少？他们想要什么样的世界？④你如何采购、构建和交付产品与服务来符合顾客、员工和投资者的价值观？⑤你服务的社区有哪些需求、问题和挑战？你将扮演什么角色并发挥作用？

意义驱动的目标管理中管理者的责任：

➢ 主动谈论工作目标而非工作职能，这需要勇气，但结果可能令人震惊。

➢ 将员工与工作目标联系起来，直接解释他们提供的更大价值，而不仅仅是他们需要执行的任务。

➢ 制作一张表格，列出工作角色、功能和目的，帮助发现并更好地阐明员工和团队职能背后的目标。

➢ 用您或公司的目标、价值观和使命激励他人，但也要帮助对方发现和定义自己的目标。

> 帮助人们在工作中找到自身的使命。了解他们的价值观和愿望以及为他们带来意义的因素，然后提供与他们的使命相关的工作、角色、任务和志愿服务机会。
> 让员工想象他们工作和任务的最高目标，然后专注于如何为客户、社会和地球带来变化。
> 与您的团队召开研讨会或进行讨论，以他们自己的语言将自己的目标与更高的目标联系起来。

资料来源：约翰·伊佐，杰夫·范德瓦伦. 目标变革[M]. 梁磊，译. 北京：中国人民大学出版社，2023：130-131.

11.2.2 在绩效管理中激发主动性

绩效管理的目的在于激发人的主动性。以往的绩效管理定义尽管在概念上强调改进员工绩效，但在实践中更多的是控制导向，假设人是被动的、缺乏自我管理的，组织所采取的绩效管理措施依然不能适应当代组织的发展需求。首先，组织运行更强调客户导向，更强调小团队作战与团队协同作战，"让听得见炮声的人呼唤炮火"这一典型口号反映了上述趋势；其次，商业模式的发展与人工智能技术的快速发展对员工的学习与成长提出了更高的要求；最后，随着90后和00后进入职场，他们更期待受到尊重，追求自由，敢想敢为，有追求与理想，但又容易迷茫，迫切需要组织为他们提供有意义、有挑战的任务，感受到在组织中的成长与进步。在此背景下，组织应该转变绩效管理思维，让员工有原因、有能力、有热情做出主动性行为。马里兰大学廖卉教授以心理学研究为基础，结合多家全球领先公司的亲身访问与案例分析总结了如何通过绩效管理提升员工主动性，构建了基于员工主动性的绩效管理模型，如图11-1所示。

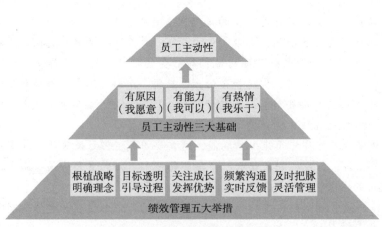

图 11-1 绩效管理五大举措

资料来源：廖卉. 五大绩效举措，撬动员工主动性[J]. 哈佛商业评论（中文版），2019（8）.

第一，植根战略，明确理念。这与以往绩效管理经典逻辑是一致的，遵循"战略—人员要求—绩效管理措施"这一逻辑。例如，微软 2014 年确定了"移动为先，云为先"的发展战略，而"云"战略强调员工要开放、包容与合作，这与公司之前的"强制分布"要求相冲突，为此绩效管理进行了改革：①加大了对团队合作的考量；②沟通反馈中强调帮助员工学习、成长；③奖励真正为业务创造价值的行为，例如，会从员工是否尽力、是否借力、是否助力三个方面考察员工的价值。2018 年 11 月，微软市值达到 8510 亿美元，超过苹果，成为世界最有价值的公司。

第二，目标透明，引导过程。近年来 OKR 绩效管理工具日益流行，不仅互联网公司在使用，例如，三一重工、新希望、北汽集团、阳光保险等多个行业的企业都在逐步应用，体现了 OKR 的强大生命力。OKR 体系下员工很清晰地知悉自身工作与组织、团队任务的关系，有助于员工增强工作意义感；自上而下与自下而上的目标设定相结合，化被动为主动，有利于员工发挥优势。

第三，注重成长，发挥优势。著名调研公司盖洛普和德勤内部的调查均表明绩效优秀的团队与绩效一般团队的最大差异是团队成员工作中是否能够发挥自己的优势。这与斯坦福大学教授纳德拉所提出的成长型思维（Growth Mindset）相契合，即主动学习、迎接挑战、拥抱变化、寻求机会、不断探索、从失败中学习。成长型思维也反映在微软员工的绩效考核中——不是强调与他人竞争，而是和自己竞跑，最大化地增加团队协作，具体而言，微软在考核中新加入了两个要点：有没有去帮助他人；有没有采纳他人的工作成果，为己所用。

第四，频繁沟通，实时反馈。组织越来越强调领导与员工的一对一反馈，在德勤绩效考核体系中有个词叫"绩效快照"，即每个项目结束后项目经理需要回答四个问题：①根据我对此项目成员的了解，如果用我自己的钱进行奖励，我愿意给他/她加薪或者奖金吗？②根据我对此项目成员的了解，我希望他/她一直在这个团队工作吗？③此项目成员的表现使团队有没有获得低绩效的风险？④此项目成员是否已经符合晋升的要求？这些数据的收集能为员工的职业发展提供数据。

第五，及时把脉，灵活管理。以往公司大多采用年度敬业度调查或者满意度调查来了解公司的状况。亚马逊、微软等公司已将调研日常化，例如，亚马逊的员工在每天开机工作中，电脑屏幕会跳出 1~2 道题目才能登录，当然员工也可以选择"我不想回答"。典型的问题有"你的领导怎么样""你是否在最近的项目中使用 HR 服务"等。微软会每天在全体员工中抽取 1%（约 1500 人）回答一个简短的问题。这些日常化的调研为组织更好地了解管理现状提供了事实参考。

11.2.3 在绩效管理中实现敏捷性

绩效管理包括两个对象：人与业务。在不确定性时代，业务发展变化越来越快，这就需要绩效管理实现敏捷化，来适应任务的快速变化。数智化技术的发展一方面激发了业务的变化，另一方面也赋能绩效管理来适应业务变化。智享会与北森在 2019 年联合发布《从传统走向敏捷》研究报告中就提到，敏捷绩效管理包括以下特征：快速战略解码与目标对齐；持续的绩效反馈；客观及时的绩效评价；动态数据分析与挖掘。这就要求在绩效管理中能够实现：一是绩效目标可变动、可推翻；二是绩效回顾周期更短、更快；三是绩效目标变得透明；四是对直线经理与管理者提出更高要求。智享会在 2023 年发布的《绩效管理的敏捷调整与数字化工具的助力》发现相比 2019 年的实践情况，将"敏捷"付诸绩效管理实践的企业比例增加了 50%，并且企业对敏捷绩效管理有了新的理解，将其归纳为：绩效管理流程提速，且公平客观；可以动态调整，快速响应业务变化；注重过程的管理与协同。为了实现敏捷绩效管理，组织可以在以下三个方面做出努力：通过数智化优化绩效管理流程；引入新的考核工具；谨慎调整企业的管理制度。表 11-5 总结了数字化工具助力实现敏捷绩效管理的具体方式。

表 11-5　数字化工具助力实现敏捷绩效管理的具体方式

敏捷调整要素	环节	具体调整	数字化方案
绩效管理流程	绩效计划	敏捷适应业务发展；员工自主设定目标；组织目标公开	通过数字化更新绩效目标；发起对齐流程，动态调整目标；发起目标填写，要求员工填写；设置目标公开机制
	绩效管控	规范绩效沟通；加强绩效监督；及时调整目标	通过数字化固化沟通流程；数字化系统中实现反馈留痕，促进及时反馈；设置绩效进度公开机制，促进相互监督
	绩效评价	快速收集绩效数据；快速对绩效结果进行校准	借助数字化系统自动收集考核指标数据；借助系统内记录数据进行校准
	绩效改进	快速形成后续的绩效改进等行动方案	绩效管理系统与薪酬系统、人才发展系统打通，自动抓取数据，实现结果应用
考核工具	系统选型与上线	配置新系统适配新工具	选择更为简洁、轻量的数字化工具；通过宣贯、试点等提高员工对新系统的接受度；联合供应商和 IT 部门进行系统二次开发

资料来源：智享会. 绩效管理的敏捷调整与数字化工具的助力[EB/OL].（2024-01-09）[2024-04-10]. https://max.book118.com/html/2024/0106/6024041222010031.shtm。

11.2.4　在绩效管理中创造知识力

AMO 理论既是人力资源管理实践发挥作用的重要解释机制，又是知识创造如何产生的重要形成机制，为知识创造导向绩效管理行为维度划分提供了重要参考。能力—动机—机会（AMO）模型是用来解释人力资源管理实践对组织绩效产生影响的经典框架。绩效管理是一个系统，而绩效管理行为本身作为一个子系统，包含了目标制定、沟通反馈、辅导、提供结果、建立绩效期望等众多实践。上述实践分散在组织层次整体人力资源管理实践研究中，以此来看可以借助 AMO 的框架思考，在绩效管理中如何实现知识创造（见表 11-6）。此外，随着人工智能技术的发展，组织能够快速定位与发现业绩爆点，但这种业绩爆点是单点式的，人工智能技术尚不能自动总结与凝练背后的方法论。绩效管理需要做的是能够快速定位，及时复盘与总结，依靠人的优势——批判性思维与创造力，及时总结出有利于组织发展的知识。

表 11-6　绩效管理中实现知识创造的方式

维度	绩效管理实践	与知识创造的关联性
能力提升维度	鼓励成员之间相互查阅彼此的目标进度（绩效辅导）； 根据经验，给下属提供个性化的辅导（绩效辅导）； 系统总结团队工作经验，形成进度报告（绩效反馈）	分享过程信息，启发工作思路，有利于知识的社会化； 间接经验传授，促进个体自省，有利于知识的内部化； 总结工作理念，实现知识传授，有利于知识的外显化
动机激发维度	推动自下而上的团队目标制定（目标设定）； 团队目标众筹，群策群力共同讨论定目标（目标设定）； 强调工作成果对团队共享目标的重要性（目标设定）； 专注于最终绩效的实际贡献，而非目标完成率（监控）	展现自我智慧，激发创新热情，有助于知识的外显化； 促进知识交流，引发观点碰撞，有利于知识的组合化； 形成共同利益，强化内部协作，有助于知识的组合化； 鼓励知识应用，挑战自我极限，有利于知识的内部化
机会赋予维度	成员彼此之间目标透明（目标制定）； 鼓励团队成员尝试完成目标的不同措施（绩效改进）； 组织成员之间实时的绩效评价与反馈（绩效评价）； 组织非正式聚会，庆祝团队的每次进步（绩效奖励）	便于观察他人，进行自主学习，有利于知识的社会化； 提倡亲身试错，建立容错氛围，有利于知识的内部化； 鼓励实时反馈，进行思想碰撞，有利于知识的组合化； 促进内部协作，密切彼此关系，有利于知识交流与创造

资料来源：作者整理。

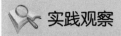

实践观察

基于业绩爆点的经验萃取

绩效管理的绩效改进作用将得到更多重视。以往谈绩效考核、绩效管理，更多地谈价值评价、价值分配，将来会更加重视绩效管理如何服务价值创造，主要体现在基于绩效爆点的经验萃取、基于过程的组织能力建设等方面。基于绩效爆点的经验萃取是指组织通过实践监测，评估组织成员绩效，利用实时数据洞察业绩爆点，及时对高绩效实践进行经验萃取，举一反三进行大规模复制，实现组织绩效的整体提升。例如，某企业在管理后台时发现安徽北部销售团队的业绩增长很快，其做法是在商超里通过促销活动换取更好的陈列位置，从而促进销售额的增加。具体而言，将公司原来榨菜一元一包的特价促销活动，改为在本店购买满 18 元，加一元换购一包榨菜。这种促销模式不仅实现了门店的特价促销，还为销售团队免费赢得了调换更好陈列位置的机会。基于过程的组织能力建设是指在绩效管理中更加注重过程，通过对过程的记录与分析，将能力建设在团队上，而非个人上。例如，过去对销售人员的考核都是唯结果论，通过搭建线上客户关系管理系统，记录销售人员的日常销售行为，一方面有利于分析高销售业绩的原因，另一方面也有助于员工之间的协同与交接，防止出现员工离职，新人无法接手业务的情况。

资料来源：陈小龙. 换了套工作系统后，这家公司 45 天实现赢利[J]. 销售与市场（管理版），

2022(3): 42-45.

本章小结

绩效管理发展的影响因素可以归纳为"两变化+双融合",两变化是指组织与个人发展目的的变化、组织发展对员工能力要求的变化;双融合是指数智技术与绩效管理的融合、绩效管理与知识管理的融合。

顺应上述发展趋势,未来组织的绩效管理应该朝着以下方向发展:在绩效管理中挖掘意义感、在绩效管理中激发主动性、在绩效管理中实现敏捷性、在绩效管理中创造知识力。

复习思考题

1. 数智化技术在绩效管理各个环节中的具体应用有哪些?
2. 管理者如何在绩效管理中激活员工的工作意义感?
3. 如何通过绩效管理提升员工的主动性?
4. 借助 AMO 的框架,如何在绩效管理中实现知识创造?

拓展阅读

[1] 董毓格,龙立荣,程芷汀. 数智时代的绩效管理:现实和未来[J]. 清华管理评论,2022(5):93-100.
[2] 哈佛商业评论. 重构绩效管理[EB/OL]. (2023-02-07)[2024-04-15]. https://www.hbr-caijing.com/#/article/detail?id=480393.
[3] 中欧商业评论. 绩效管理的内卷十年[EB/OL]. (2024-03-18)[2024-04-15]. https://mp.weixin.qq.com/s/NPTDVJXy3f3I1j_BHB5nxA.
[4] 陈春花. 绩效和人文的平衡,是实现组织成功的关键[EB/OL]. (2023-11-22)[2024-04-15]. https://mp.weixin.qq.com/s/pf27pQVbEBeENdgzT1GwGw.

应用案例

彭剑锋:数字时代绩效管理的十大困惑与烦恼

进入数字时代,"变"成了不变的主题,确定性与不确定性交织,外部环境复杂多变,新技术手段和事物看不清看不懂,都对绩效管理的实施提出了困惑。从企业实践的角度,大概有以下几点:企业未来发展方向看不清,战略目标不明确,企业绩效目标与考核指标很难准确界定;影响绩效因素变得复杂多样,个人绩效结果并不完全取决于个人的努力,外部有经济、政治、技术、客户等行业因素的影响,内部有企业、部门、团队等组织因素的影响;知识型劳动、创造型劳动的成果产出表现方式多样,难以有效衡量,评价创新绩效和知识劳动成果,成为新的困惑;随着物质生活不断丰裕,在创新与人力资本驱动的数字时代,"三高(高压力、高绩效、高回报)"绩效文化,是否适应创新时代的需求,是否适应数字经济和共享经济的要求,是否能够有效驱动 80 后、90 后、95 后?不难看出,绩效管理成了整个管理理论和实践界的"风暴眼",主要有以下十大困惑。

1. KPI 是否过时,能否用 OKR 替代 KPI?

我和雷军在交流时,他介绍小米的管理思想,就明确地说,小米没有 KPI 指标与以 KPI 为中心的绩效考核。在小米内部,强调责任感,对客户负责,不设 KPI,员工照样"996"工作,企业也获得了高速成长。我非常推崇的优秀农业企业温氏股份,2019 年销售收入 732 亿元,净利润 139 亿元,发展二十多年,从来没搞严格的绩效考核,更没有 KPI 考核指标,上市后,董事长到华为去考察,对华为的绩效评价体系很欣赏,要求我们帮他们引进华为的绩效考核系统,我还真有点疑虑:人家温氏二十多年没有 KPI 考核,员工都是秉承齐创共享的理念,自动自发工作,如果突然引进华为严格的绩效考核系统,会不会产生负面作用?

2. 绩效管理的终极目标是什么?是股东价值、客户价值还是员工价值?

绩效管理的终极目标是什么?是以追求股东价值为主、追求客户价值为主,还是追求员工发展为主?谁来定义绩效?绩效指标的源头来自哪里?是股东决定,还是客户与员工决定?绩效考核的终极权力是归股东,还是应该还权于客户与员工,为什么有上述困惑?因为不确定时代,绩效管理的目标、价值诉求、管理主角变得越来越不确定和多元化。

绩效的本质是价值创造成果或目标的实现程度,所以绩效的源头就是价值的源头,绩效管理要以源头价值为基准。如果以股东价值最大化,那么绩效目标的设定应以收入、利润等财务指标来确定,由股东给经营班子提绩效目标要求。但是,股东只是内部价值,客户才是外部价值的主体。很多高科技企业提出,绩效价值应该由客户来定义,客户应是绩效管理的出发点和源头,要以客户价值来倒逼组织绩效。所以,绩效要围绕客户满意度来进行,客户才是绩效管理的主角,比如,滴滴打车、美团外卖,司机和骑手的绩效考核主体不是其上级领导或同事,而是直接来自客户的评价。同时,随着人力资本在企业价值创造中的地位提升,越来越多的企业也将员工发展与潜能释放作为绩效管理的出发点和中心目标,认为绩效管理的终极目的是人的价值实现,员工才是绩效管理的主角,是绩效管理的主体。

在不确定时代,绩效管理正进入一个目标与价值诉求多元时代和全员参与全方位绩效管理时代。绩效考核与绩效管理的价值目标,不再以单一股东价值最大化为唯一价值基准,而是要反映相关利益者的最大化。股东价值、客户价值、员工价值,包括合作伙伴价值,它们之间并不是零和博弈关系,而是一种多赢和相互驱动、相互成就的关系。

3. 绩效内涵是什么?结果、过程、潜能,更应关注什么?

不确定时代,绩效的内涵到底是什么?考核与绩效管理到底是以结果为导向,还是以过程为导向,抑或是以潜能为导向?潜能绩效、过程行为绩效和结果绩效到底是一种什么关系?企业绩效结果受多种因素影响,绩效产生的过程难以监控,潜在绩效难以预测。所以,在理论和实践过程中,一直有结果论、过程论、潜能论之争。即绩效考核到底应关注结果还是关注过程、关注人本身?

4. 绩效管理有哪些手段和方法?都有什么适用场景?

现在绩效管理新概念满天飞,方法多种多样,那么绩效管理发展到今天,到底有哪些方法体系？各种方法体系有什么特点？企业如何来选择适合本企业的绩效管理方法体系？从具体操作运用的角度，我认为目前绩效管理方法体系主要有以下十种：KPI、平衡计分卡、OKR、EVA、标杆基准法、360度考核、全面认可评价与积分制、流程绩效考核、项目绩效考核、战略绩效管理体系。不同的企业在不同的发展阶段，对以上方法可以综合运用，比如，可以把KPI和平衡计分卡有效地结合在一起；把积分制和OKR结合在一起；把标杆基准法和平衡计分卡、KPI结合在一起；把EVA和KPI、平衡计分卡结合在一起……

5. 90后是否接受"三高"绩效文化？要不要变？

像我们这一代人过去都穷怕了，有上顿没下顿，所以用这种高压力、高绩效、高回报去激励、去进行管理是有效的，但现在很多80后、90后家里有了一定的积蓄，不再为单一的金钱去活着，更多的是追求一种精神，而且也不喜欢天天处于紧张之中，不希望天天加班，不希望在"三高"的压力下被动扛指标，而更追求工作和生活的平衡。在这一点上，企业绩效管理模式也确实面临挑战。针对80后、90后的现状，我认为，一是要提高员工对绩效目标制定的参与度，由自上而下转向自下而上，让员工有参与感，即考核指标不是简单往下压，而是要让员工给自己定目标，要把自上而下和自下而上有效结合起来，增加绩效管理的员工参与感。二是要正确分析员工的个性、兴趣和爱好，让员工有兴趣、有意愿去创造高绩效并不断提出挑战性目标。三是管理者要强化过程辅导，尤其是提高管理者PDCA的能力。绩效管理要从单一的结果考核变成关键行为与成果的全面认可积分制评价。

6. 创新成果和绩效如何衡量？如何评价失败绩效？

过去基于控制的自上而下、过于强制性地靠"三高"压力往下压的绩效管理模式，确实不太有利于颠覆式创新。所以，在这种条件下，一是要通过引入OKR，提高员工的参与度，通过管理者和被管理者之间有效的沟通和交流，让员工自己给自己提出挑战性的目标，而不是往下压目标。二是要从单一的结果考核转向"结果+行为"考核。三是增加精神鼓励，相对淡化考核结果与物质待遇强挂钩。四是强化创新行为评价，鼓励创新行为，允许员工试错，甚至犯错。

7. 绩效考核和激励要素如何挂钩，才能激发活力？

由于战略目标的不确定、创新的不确定、绩效形成的错综复杂，同时个人绩效既是个人能力与努力的结果，更是团队共同合作的结果，是公司平台资源压强支持与赋能的结果，那么，绩效考核结果与个人薪酬分配是否还要强挂钩？如果不强挂钩，如何来体现价值分配的贡献导向并激励员工不断地创造高绩效？在满足了员工基本物质需求的前提下，如何对人才进行精神激励？绩效考核作为一种有效的管理工具，是目标理论、激励理论、强化理论在日常实践中的应用，目标的制定、过程的参与、结果的达成，本身对员工就有极强的激励和刺激作用，所以才会有"让工作成为工作本身最大的回报"，这也是OKR方法的精髓，OKR强调目标比能力重要，强调过程比结果重要，OKR更强调员工的参与，要员工提出有野心、具有挑战性的目标，更强调员工潜能的开发，从这个角度来看，OKR方式下的考核结果，不适合与员工的薪酬做紧密关联。

当然，不是所有的企业都适合OKR管理方式，传统的、稳定的、匀速成长的企业，还是要平衡计分卡与KPI进行结合。这就需要用薪酬的手段来配合绩效结果的实现和改进。

绩效考核达成，予以奖金正向刺激，员工可以进一步提升工作动力；绩效考核未达成，予以奖金负向刺激，员工知耻后勇，后续也可以进一步提升工作动力。

8. 平台型组织中，如何对平台与项目进行绩效考核与管理？

组织越来越扁平化，企业内部的管理越来越强调所谓的平台化、项目制、自主经营体，在这样的组织结构下，如何实现组织、团队、个人绩效的一致性，并有利于内部的协同？如何对平台与项目进行绩效考核与管理？对平台而言，要重新思考定位，未来企业中的平台，要为前端团队提供专业化、集约化、平台化的管理服务，提高内部运营效率，提升专业能力和管理能力。作为多元业务协同发展与赋能平台，通过搭建管理体系，强化核心职能，优化管控流程，提供专业服务，推动平台与前端团队之间的矩阵式管理和协作关系，打造高效能平台。找准平台的定位之后，具有了明确的目标，有目标就可以对平台进行考核。前端的团队，将成为客户服务第一线、企业管理第一关、职工成长第一站、创新发展第一源，真正从过去的末端业务执行单元，向前端价值创造单元转变，从劳动密集型组织向科技驱动型、知识驱动型组织转变，从专业精细化分工向一专多能、高效协同化队伍转变。因此要对前端的团队进行特定目标的项目考核。具体而言，项目考核包括以关键节点和里程碑的方式，包括基于财务视角、基于客户满意、基于商业目标实现的多种项目考核方式。

9. 绩效考核责任谁来承担？绩效管理会不会走向智能化？

绩效考核的责任到底谁来承担？人力资源部、各级管理者及员工如何承担人力资源管理责任？尤其是互联网、大数据时代，如何利用互联网和大数据来简化绩效核算体系，减少绩效管理的工作量？未来基于大数据的绩效考核和绩效管理是否会走向智能化？

绩效管理是将企业目标、部门目标、个人目标层层联动的工具，所以绩效管理的责任是所有人的责任。高层管理者负责制定未来企业发展的方向和每年年度的经营计划，同时要为企业的绩效管理体系提供有效落实的保障和资源。人力资源部是绩效管理体系的设计者和组织实施者，同时也是绩效管理的宣传者和培训者。财务和经营部门要协助确定经营目标，进行经营数据分解，协助制订经营计划。各级管理者，要将考核制度进行细化，建立适合业务特色的考核指标体系，通过从计划、交流、观察、评价、沟通等角度落实绩效管理体系。员工则要在管理者的指导下，针对自身工作开展绩效管理工作，努力达成绩效，不断追求卓越，突破自我，持续创造高绩效。

正是因为绩效管理是一个大体系，需要全员参与，所以绩效体系的有效落实需要配套信息化和智能分析的相关手段。未来的数字经济时代，物联网、大数据、云计算、人工智能将大大简化绩效核算体系，通过动作标准化、能力标准化、绩效结果标准化来实现标准化、模块化、流程化，最终依靠技术手段，将绩效管理打造成智能化管理体系。未来的绩效管理，将更加注重精益管理，加强投入产出分析，优化资源配置，用数据说话、用数据管理，促进生产运营效率效益提高；而大数据、云计算、物联网、人工智能的技术手段应用，让组织运行更加数字化、智能化。

10. 绩效沟通是生命线，如何有效平衡数字化手段和优化情感体验？

沟通是绩效管理的生命线，没有沟通就没有绩效管理。在互联网、大数据时代，面对面沟通减少,如何通过网络沟通、大数据沟通来创新沟通方式,并保持面对面沟通的情感体验?企业实践中的绩效沟通有几个目的,信息的交互、目标的及时反馈、问题的指出与解决、实时复盘。过去的科层制组织,就是为了保障信息的有效传递,而随着技术手段的不断进化,信息的传递速度越来越快,也为多渠道、全方位的绩效沟通提供了技术保障。绩效沟通要实时化,随时遇到问题,随时采取即时通信工具进行沟通,指出问题所在,及时改进工作行为,达成更高绩效。

绩效沟通要全场景化,绩效沟通从过去的目标制定、考核反馈等场景下的沟通变为对客户的洞察与研究、目标的制定、组织方式的优化、团队协作机制、日常工作方式、考核反馈、结果改进等多场景应用。

绩效沟通要电子化,过去的绩效沟通主要为书面存档,信息化的普及,即时通信工具的普及,大数据、云计算的普及,都让绩效沟通工单化、电子化,实时沟通,全场景沟通,电子化沟通记录,形成数字化记录,为后续的绩效考核和绩效改进提供依据。

绩效沟通的电子化和数字化,可以提高沟通效率,但是确实减少了面对面的情感交流,这就要求管理者在日常管理的过程中,具备设计思维、场景思维、娱乐思维、认可思维,通过游戏化管理、幸福企业、荣誉体系建设、全面认可评价等方式,通过"评分""点赞""打赏""贴标签"等多样化的管理小技巧,提高绩效管理体系的游戏化、娱乐化和场景化,让冰凉的数字背后体现出浓浓的组织温度。

资料来源:彭剑锋. 数字时代绩效管理的十大困惑与烦恼[EB/OL].(2020-04-07)[2024-04-10]. https://www.sohu.com/a/385987777_343325.

思考题:上述观点在绩效管理领域反映了哪些新的发展趋势?

即测即练

自学自测 扫描此码

参 考 文 献

[1] 彼得·德鲁克. 管理的实践[M]. 齐若兰, 译. 北京：机械工业出版社, 2023.

[2] 大卫·诺瓦克, 克丽斯塔·布尔格. 赏识的力量[M]. 谭恰琦, 译. 广州：广东人民出版社, 2017.

[3] 加里·德斯勒. 人力资源管理[M]. 刘昕, 译. 北京：中国人民大学出版社, 2023.

[4] 约翰·伊佐, 杰夫·范德瓦伦. 目标变革[M]. 梁磊, 译. 北京：中国人民大学出版社, 2023.

[5] 中原淳. 反馈管理[M]. 蓝朔, 译. 北京：民主与建设出版社, 2020.

[6] Ahmed Z, Shields F, White R, Wilbert J. Managerial communication: The link between frontline leadership and organizational performance[J]. Journal of Organizational Culture, Communication and Conflict, 2010, 14: 107-120.

[7] Amsler G M, Findley H M, Ingram E. Performance monitoring: Guidance for the modern workplace[J]. Supervision, 2009, 70: 12-18.

[8] Bernadin H K, Kane J S, Ross S, et al. Performance appraisal design, development and implementation[M]// Ferris G R, Rosen S D, Bamum D J. Handbook of human resource management. Cambridge: Blackwell, 1995.

[9] Blumberg M, Pringle C D. The missing opportunity in organizational research: Some implications for a theory of work performance[J]. The Academy of Management Review, 1982, 7(4): 560-569.

[10] Borman W C, Motowidlo S J. Task performance and contextual performance: The meaning for personnel selection research[J]. Human Performance, 1997, 10: 99-109.

[11] Boxall P, Purcell J. Strategy and human resource management[M]. New York: Palgrave McMillan, 2003.

[12] Brumback G B. Some ideas, issues and predictions about performance management[J]. Public Personnel Management, 1988, 17(4): 387-402.

[13] Buckingham M, Goodall A. Reinventing performance management[J]. Harvard Business Review, 2015, 93(4): 40-50.

[14] Campbell J P. Modeling the performance prediction problem in industrial and organizational psychology[M]// Dunnette M D, Hough L M. Handbook of industrial and organizational psychology. 2nd ed. Palo Alto: Consulting Psychologists Press, 1990: 687-732.

[15] Campbell T. Equality of opportunity[J]. Proceedings of the Aristotelian Society, 1974, 75: 51–68.

[16] Carey W, Philippon D J, Cumnings G G. Coaching models for leadership development: An integrative review[J]. Journal of Leadership Studies, 2011, 5: 51-69.

[17] DeNisi A S, Murphy K R. Performance appraisal and performance management: 100 years of progress?[J]. Journal of Applied Psychology, 2017, 102(3): 421-433.

[18] Ellinger A D. Coaching and mentoring[M]//R. F. Powell, T .S. Rocco & G. Roth (Eds.). The Routledge companion to human resource development. New York, NY: Routledge, 2014: 258-271.

[19] Heslin P A, Vandewalle D O N, Latham G P. Keen to help? Managers' implicit person theories and their subsequent employee coaching[J]. Personnel Psychology, 2006, 59(4): 871-902.

[20] Iyer D N, Miller K D. Performance Feedback, Slack, and The Timing of Acquisitions[J]. Academy of Management Journal, 2008, 51(4): 808-822.

[21] Kane J S. The conceptualization and representation of total performance effectiveness[J]. Human Resource Management Review, 1996, 6: 123-145.

[22] Liu X, Batt R. How supervisors influence performance: A multilevel study of coaching and group management in technology‐mediated services[J]. Personnel Psychology, 2010, 63(2): 265-298.

[23] Locke E A, & Latham G P. A theory of goal setting & task performance[M]. NJ: Prentice-Hall, 1990.

[24] Locke E A, & Latham G P. New developments in goal setting and task performance[M]. New York: Routledge, 2013.

[25] Locke E A, Bryan J F. Knowledge of score and goal level as determinants of work rate[J]. Journal of Applied Psychology, 1969, 53: 59-65.

[26] Locke E A. & Bryan J F. The directing function of goals in task performance[J]. Organizational Behavior and Human Performance, 1969, 4(1):35-42.

[27] MBA 智库. 4A 反馈准则[EB/OL]. [2024-04-02]. https://wiki.mbalib.com/wiki/4A%E5%8F%8D%E9%A6%88%E5%87%86%E5%88%99.

[28] Murphy K R. Job performance and productivity[M]// Murphy K R, Saal F E. Psychology in organizations: Integrating science and practice. Hillsdale: Lawrence Erlbaum Associates, Inc., 1990: 157-176.

[29] Mwita J I. Performance management model, a system-based approach to quality[J]. The International Journal of Public Sector Management, 2000, 13: 19-37.

[30] Otley D T. Performance management: A framework for management control systems research[J]. Management Accounting Research, 1999, 10(4): 363-382.

[31] Pulakos E D, O'Leary R S. Why is performance management broken?[J]. Industrial and Organizational Psychology: Perspectives on Science and Practice, 2011, 4: 146-164.

[32] Rogers K M, Ashforth B E. Respect in organizations: Feeling valued as "we" and "me"[J]. Journal of Management, 2017, 43(5): 1578-1608.

[33] Schleicher D J, Baumann H M, Sullivan D W, et al. Evaluating the effectiveness of performance management: A 30-year integrative conceptual review[J]. Journal of Applied Psychology, 2019, 104(7): 851-887.

[34] Schleicher D J, Baumann H M, Sullivan D W, et al. Evaluating the effectiveness of performance management: A 30-year integrative conceptual review[J]. Journal of Applied Psychology, 2019, 104(7): 851-887.

[35] Tweedie D, Wild D, Rhodes C. & Martinov-Bennie N. How does performance management affect workers? Beyond human resource management and its critique[J]. International Journal of Management Reviews, 2021, (1): 76-96.

[36] Werner J M. Human resource development/talent management (7th ed.)[M]//Boston, MA: Publisher Cengage Learning, 2017.

[37] Zhou J. Feedback valence, feedback style, task autonomy, and achievement orientation: Interactive effects on creative performance[J]. Journal of Applied Psychology, 1998, 83(2): 261-276.

[38] 柏奕晗. 绩效管理功在平时[J]. 企业管理，2023，(7)：26-28.

[39] 包政. 任务、活动与考核评价的逻辑[EB/OL]. (2021-10-03) [2024-04-26]. https://mp.weixin.qq.com/s/_qQmLR_4Th1GNJz99_0lSQ.

[40] 保罗·R. 尼文，本·拉莫特. OKR：源于英特尔和谷歌的目标管理利器[M]. 北京：机械工业出版社，2019.

[41] 鲍明刚. OKR 需要怎样的领导者？[J]. 企业管理，2022(4)：40-42.

[42] 陈镭. 绩效考核工具不能只用一种：KPI、KPA、OKR 深度解读[J]. 人力资源开发与管理，

2018(1)：73-75.

[43] 陈小龙. 换了套工作系统后，这家公司45天实现赢利[J]. 销售与市场(管理版)，2022(3)：42-45.

[44] 陈雨点，王云龙，王安辉. 华为战略解码[M]. 北京：电子工业出版社，2021.

[45] 程延园. 绩效管理经典案例解析与操作实务全书(上)[M]. 北京：中国经济出版社，2016.

[46] 道格拉斯·斯通，希拉·汉. 如何对反馈意见说"不"[J]. 彭建辉，译. 商业评论(中文版)，2020(3).

[47] 德勤. 2024年全球人力资本趋势报告[EB/OL]. (2024-03-28) [2024-04-09]. https://www.fxbaogao.com/view?id= 4206229.

[48] 董克用，李超平. 人力资源管理概论[M]. 5版. 北京：中国人民大学出版社，2015.

[49] 董念念，尹奎，邢璐，等. 领导每日消极反馈对员工创造力的影响机制[J]. 心理学报，2023，55(5)：831-843.

[50] 董迎秋，朱仁健. 阳光保险的OKR实践[J]. 企业管理，2019(10)：82-84.

[51] 董毓格，龙立荣，程芷汀. 数智时代的绩效管理：现实和未来[J]. 清华管理评论，2022(5)：93-100.

[52] 方振邦，杨畅. 绩效管理[M]. 2版. 北京：中国人民大学出版社，2019.

[53] 付亚和，许玉林，宋洪峰. 绩效管理[M]. 上海：复旦大学出版社，2023.

[54] 付亚和，许玉林. 绩效管理[M]. 上海：复旦大学出版社，2013.

[55] 高建华. 赢在顶层设计：纪念版[M]. 北京：北京联合出版公司，2018.

[56] 龚琴. 绩效考核需合规[J]. 人力资源开发与管理，2022，(11)：87-89.

[57] 洪天峰. 一流的绩效管理，是一种投资[EB/OL]. (2023-09-30) [2024-3-27]. https://mp.weixin.qq.com/s/V8h4yzJXgTFNu-0tsR2w3w.

[58] 洪一铭，李娟. 基于一体化管控平台的绩效管理体系建设[J]. 企业管理，2022，(S1)：180-181.

[59] 胡赛雄. 绩效管理4大误区，不小心掉进去能毁掉企业[EB/OL]. (2023-07-20) [2024-03-26]. https:// mp.weixin.qq.com/s/u7hMyIDOKQiO64l6UWcanA.

[60] 虎嗅网. 别跟字节跳动讲管理[EB/OL]. (2020-03-13) [2024-04-08]. https://tech.ifeng.com/c/7unrbZVlEKO.

[61] 华夏基石e洞察. 绩效管理十原则[EB/OL]. (2023-07-18) [2024-2-29]. https://mp.weixin.qq.com/s/VDMWDzl- FErF8cfMnRP0cg.

[62] 黄波，王延玲，谢立新，等. 乾坤未定，你我皆是黑马——九机游戏化绩效管理的衍变之路[Z]. 中国管理案例共享中心案例库，HRM-0430，2022.

[63] 黄世英子，龙立荣，吴东旭. 幸福感的危与机：数字化人力资源管理的双刃剑[J]. 清华管理评论，2022，(9)：88-99.

[64] 黄志伟. 华为人力资源管理[M]. 苏州：古吴轩出版社，2017.

[65] 贾孟鹤. 新时代人力资源管理应具备的六大能力[J]. 清华管理评论，2023，(Z1)：42-49.

[66] 蒋石梅，孟静，张玉瑶，等. 知识型员工管理模式——华为案例研究[J]. 技术经济，2017，36(5)：43-50.

[67] 杰克·韦尔奇. 赢[M]. 北京：中信出版社，2024.

[68] 杰森·桑德维克，理查德·索玛，内森·西格特等. 企业应强制实施导师项目[J]. 贾慧娟，译. 哈佛商业评论(中文版)，2022，(9).

[69] 克劳迪奥·费尔南德斯-阿劳斯. 潜力：21世纪英才新标准[J]. 哈佛商业评论(中文版)，2022，(12).

[70] 况阳. 绩效使能：超越OKR[M]. 北京：机械工业出版社，2019.

[71] 拉姆·扎兰，杨懿梅. 贝佐斯的数字帝国：亚马逊如何实现指数级增长[M]. 北京：机械工业出版社，2020.

[72] 李绘妍, 陈辉. "运营+市场" 绩效薪酬管控, 服务新时代国有企业改革[J]. 企业管理, 2021(S1): 120-121.

[73] 廖卉. 五大绩效举措, 撬动员工主动性[J]. 哈佛商业评论（中文版）, 2019(8).

[74] 林凡. AI 崛起, 职场变革与人的适配[EB/OL]. (2023-07-10) [2024-04-09]. https://www.docin. com/p-4485262692.html.

[75] 林新奇, 蒋瑞. 绩效管理[M]. 北京：中国人民大学出版社, 2020.

[76] 林新奇. 绩效管理[M]. 大连：东北财经大学出版社, 2023.

[77] 林新奇. 绩效管理：技术与应用[M]. 3 版. 北京：中国人民大学出版社, 2021.

[78] 刘春雄. 不洞察人性, 拿什么驾驭管理[J]. 人力资源开发与管理, 2018, (1): 45-47.

[79] 刘俊振, 闫通慧, 卢雨琪, 等. 人事活动战略选择技术演进——人力资源管理数字化的路径与模式[J]. 清华管理评论, 2022, (Z2): 84-95.

[80] 刘善仕, 王雁飞. 人力资源管理[M]. 2 版. 北京：机械工业出版社, 2021.

[81] 刘昕. 人力资源管理[M]. 4 版. 北京：中国人民大学出版社, 2020.

[82] 刘欣. 卓越运营[M]. 北京：机械工业出版社, 2023：241.

[83] 刘秀华. 数字化支撑央企绩效变革[J]. 企业管理, 2022, (9): 108-111.

[84] 隆雨. 致胜未来, 组织先行——VUCA 时代的京东人力资源策略革新[J]. 哈佛商业评论（中文版）, 2018, (1).

[85] 吕守升. 战略解码：跨越战略与执行的鸿沟[M]. 北京：机械工业出版社, 2021.

[86] 孟庆胤, 安广曾, 李莹, 等. 多维度积分制绩效管理模式[J]. 企业管理, 2023, (5): 114-119.

[87] 苗兆光. 评价做不好, 再优秀的高管也会沦为平庸[EB/OL]. (2023-02-10) [2024-03-26]. https: //mp.weixin.qq.com/s/qHWhgwAeeVyT3MzLO_u7aQ.

[88] 宁高宁. 五步组合论Ⅴ：价值创造与评价[M]. 北京：企业管理出版社, 2023.

[89] 欧阳杰. 00 后 "血洗" 职场？如何读懂数字时代下的绩效管理逻辑[EB/OL]. (2022-06-19) [2024-02-29]. https://mp.weixin.qq.com/s/ittIKPBfmvNKhjFGwt-IVA.

[90] 潘鹏飞. 为何你的绩效管理总是以失败告终？（4 大误区及 8 个失败成因）[EB/OL]. (2023-03-20) [2024-03-26]. https://mp.weixin.qq.com/s/Fi1Pr6vW8CwMfDd6Fx-RXw.

[91] 潘鹏飞. 一图详解：什么是全过程绩效管理模型？[EB/OL]. (2022-04-25) [2024-02-29]. https://mp.weixin.qq.com/s/J0vku4X46Spc95Vaa_qVKw.

[92] 潘鹏飞. 核心价值观也能考核?——看阿里巴巴和华为怎么做[J]. 企业管理, 2018, (8): 71-73.

[93] 潘清泉. 管理心理学[M]. 武汉：华中科技大学出版社, 2020.

[94] 彭剑锋. 人力资源管理概论（第三版）[M]. 上海：复旦大学出版社, 2018.

[95] 彭剑锋. 数字时代绩效管理的十大困惑与烦恼[EB/OL]. (2020-04-07) [2024-04-10]. https://www. sohu.com/a/385987777_343325.

[96] 彭剑锋. 绩效管理的十大方法[EB/OL]. (2021-04-01) [2024-03-27]. https://mp.weixin.qq.com/s/_k8hHjo2uHfY0Xhdmdr92Q.

[97] 彭凯平, 孙沛, 倪士光. 中国积极心理测评手册[M]. 北京：清华大学出版社, 2022.

[98] 沈小滨. 绩效管理如何导向激励[J]. 企业管理, 2023, (5): 35-37.

[99] 史蒂文·罗格贝格. 充分利用一对一会面[J]. 陈战, 译. 哈佛商业评论（中文版）, 2022, (11).

[100] 《人力资源管理》编写组. 人力资源管理[M]. 北京：高等教育出版社, 2023.

[101] 宋军. 华为的执行绝学[J]. 人力资源开发与管理, 2020(12): 48-56.

[102] 苏敬轼. 正路：我在百胜餐饮 26 年的感悟[M]. 北京：东方出版中心, 2022.

[103] 孙科柳, 蒋业财, 解文涛. 华为绩效管理方法论：管理实务[M]. 北京：中国人民大学出版社,

2016.

[104] 孙克华. 回归管理的本质——新时代下的人才管理[J]. 清华管理评论, 2021, (6): 64-69.

[105] 孙新波. 管理哲学[M]. 北京: 机械工业出版社, 2018.

[106] 汪帅东. 管理哲学的实践化: 基于本田宗一郎管理模式的多维阐释[J]. 经营与管理, 2020, (7): 80-84.

[107] 汪廷云. 华为绩效管理法[M]. 广州: 广东经济出版社, 2017.

[108] 王怀明. 绩效管理理论、体系与流程[M]. 北京: 北京大学出版社, 2022.

[109] 王建和. 阿里巴巴管理三板斧[M]. 北京: 机械工业出版社, 2019.

[110] 王欣. 世界一流电力企业评价与对标分析[J]. 企业管理, 2023, (7): 62-65.

[111] 约翰·韦尔奇, 杰克·拜恩. 杰克·韦尔奇自传[M]. 北京: 中信出版社, 2017.

[112] 魏钧. 绩效考核指标设计[M]. 北京: 北京大学出版社, 2010.

[113] 吴春波. 拥有高绩效文化的公司, 多半能赢到最后[EB/OL]. (2023-05-03) [2024-2-29]. https://mp.weixin.qq.com/s/xblie0coD0UJjLjpWw_wgw.

[114] 吴梦涵. 海底捞如何管理"人"[J]. 人力资源开发与管理, 2018, (11): 62-68.

[115] 吴志华, 刘晓苏, 路锦非. 人力资源开发与管理[M]. 2版. 北京: 高等教育出版社, 2016.

[116] 谢明磊, 刘德胜. 发展型绩效考核与科技型中小企业开放式创新——一个有调节的中介效应模型[J]. 管理评论, 2021, 33(2): 142-152.

[117] 夏秀玉. 电力企业薪酬管理现状及改革创新探析[J]. 企业管理, 2022, (S1): 216-217.

[118] 徐世勇. 组织管理十大经典理论: 解读与应用[M]. 北京: 中国人民大学出版社, 2020.

[119] 许玉林. 员工翅膀硬了就想走, 到底该不该挽留?[J]. 人力资源开发与管理, 2018, (12): 34-35.

[120] 杨德民. 绩效管理的底层逻辑[EB/OL]. (2021-06-02) [2024-03-27]. https://mp.weixin.qq.com/s/6ItCf1OgYhNAPp0U-W5J6w.

[121] 杨松. 进击的飞书[J]. 21世纪商业评论, 2021, (12): 22-25.

[122] 张方国. 强制分布法, 你用对了吗? [J]. 企业管理, 2022, (1): 95-98.

[123] 张珍珠, 宋玉美, 梁伟, 等. 强制分布法在电力公司绩效考核中的应用研究[J]. 中国市场, 2022, (14): 159-163.

[124] 智享会. 绩效管理的敏捷调整与数字化工具的助力[EB/OL]. (2024-01-09) [2024-04-10]. https://max.book118.com/html/2024/0106/6024041222010031.shtm.

[125] 朱永新. 管理心理学[M]. 3版. 北京: 高等教育出版社, 2020.

中英文词汇对照表

第 1 章　绩效与绩效考核

绩效　Performance
角色内绩效　In-role Performance
角色外绩效　Extra-role Performance
组织绩效　Organizational Performance
群体绩效　Team Performance
个人绩效　Individual Performance
AMO 理论　Ability, Motivation, Opportunity Theory
绩效考核　Performance Appraisal
评估型绩效考核　Evaluative Performance Appraisal
发展型绩效考核　Developmental Performance Appraisal

第 2 章　绩效管理及其作用逻辑

绩效管理　Performance Management
基于员工胜任力特征模型 KSAOs（Knowledge, Skills, Abilities, Other Characteristics）
质量管理　Quality Management
经营计划　Business Plan
人力资本　Human Capital

第 3 章　绩效管理的理论基础与人性假设

目标设置理论　Goal-setting Theory
任务策略　Knowledge or Task Strategy
延展目标　Stretch Goals
社会承认理论　Social Recognition Theory
组织尊重　Organizational Respect
承认尊重　Recognition Respect
评价尊重　Appraisal Respect
组织公平理论　Organizational Justice Theory
分配公平　Procedural Justice
程序公平　Distributive Justice
人际公平　Interpersonal Justice
信息公平　Informational Justice

第 4 章　绩效管理系统

绩效管理系统　Performance Management System

一致性系统模型 Congruence Systems Model
绩效考评 Performance Evaluation
工作日记 Diary Keeping
组织承诺 Organizational Commitment
领导成员交换 Leader-Member Exchange
强制分布 Forced Distribution Rating Systems
直线经理 Line Manager

第5章 绩效管理的目标体系

平衡记分卡 Balanced Scorecard
经济增加值 Economic Value Added
关键绩效指标 Key Performance Indicator
标杆管理 Benchmarking
目标与关键结果 Objective and Key Results

第6章 绩效管理的开端——绩效计划

360考评反馈 360-degree feedback

第7章 绩效管理的过程管控

绩效监督 Performance Monitoring
绩效沟通 Performance Communication
绩效辅导 Performance Coaching

第8章 绩效考评

绩效评价 Performance Appraisal
行为锚定法 Behaviorally An-chored Rating Scale Method, BARS
强制分布法 Forced Distribution Method
活力曲线 Vitality Curve

第9章 周期性绩效反馈

绩效反馈 Performance Feedback
积极反馈 Positive Feedback
消极反馈 Negative Feedback
创造力 Creativity
绩效面谈 Performance Interview
汉堡法 Hamburg Method
BEST法 B：描述行为 Behavior Description；E：表达后果 Express Consequence；S：征求意见 Solicit Input；T：着眼未来 Talk About Positive Outcomes

第 10 章 绩效考核结果的应用

人力资源管理 Human Resource Management
员工薪酬 Employee Compensation
宽带薪酬 Broadbanding
绩效加薪 Merit Pay/Merit Raise
绩效奖金 Lump Sum Merit Pay
招募 Recruiting
甄选 Selection
培训与开发 Training and Development
员工关系管理 Employee Relations Management
职业生涯 Career
职业发展 Career Development
晋升 Promotion
解雇 Dismissal
工作轮换 Job Rotation

第 11 章 不确定性时代下绩效管理的走向

Z 世代 Digital Native
VUCA Volatility, Uncertainty, Complexity, Ambiguity
BANI Brittleness, Anxiety, Non-Linear, Incomprehensibility
利益相关者理论 Stakeholder Theory
职位导向 Position Orientation
职业导向 Career Orientation
使命导向 Calling Orientation
人力资源管理规划 Human Resource Management Plan
主动性 Proactivation
成长性思维 Growth Mindset

教师服务

感谢您选用清华大学出版社的教材！为了更好地服务教学，我们为授课教师提供本书的教学辅助资源，以及本学科重点教材信息。请您扫码获取。

▶▶ 教辅获取

本书教辅资源，授课教师扫码获取

▶▶ 样书赠送

企业管理类重点教材，教师扫码获取样书

清华大学出版社

E-mail: tupfuwu@163.com
电话：010-83470332 / 83470142
地址：北京市海淀区双清路学研大厦 B 座 509

网址：https://www.tup.com.cn/
传真：8610-83470107
邮编：100084